两岸产业比较研究丛书

本丛书是"2011 计划"——"中国特色社会主义经济建设协同创新中心"的子平台"区域协调与产业发展"研究团队的阶段性成果

两岸农业产业比较研究

赵一夫　周向阳　薛　莉　著

南开大学出版社

天　津

图书在版编目(CIP)数据

两岸农业产业比较研究 / 赵一夫,周向阳,薛莉著
. —天津：南开大学出版社,2019.1
（两岸产业比较研究丛书）
ISBN 978-7-310-05513-5

Ⅰ.①两… Ⅱ.①赵… ②周… ③薛… Ⅲ.①海峡两
岸－农业产业－产业发展－对比研究 Ⅳ.①F323

中国版本图书馆 CIP 数据核字(2017)第 295848 号

两岸农业产业比较研究
LIANGAN NONGYE CHANYE BIJIAO YANJIU

南开大学出版社出版发行
出版人:刘运峰
地址:天津市南开区卫津路 94 号　邮政编码:300071
营销部电话:(022)23508339　营销部传真:(022)23508542
http://www.nkup.com.cn

三河市同力彩印有限公司印刷　全国各地新华书店经销
2019 年 1 月第 1 版　2019 年 1 月第 1 次印刷
240×170 毫米　16 开本　15.5 印张　4 插页　258 千字
定价:56.00 元

如遇图书印装质量问题,请与本社营销部联系调换,电话:(022)23507125

编委会名单

编委会主任：龚　克　潘维大

执 行 主 编：刘秉镰　詹乾隆　邱永和　白雪洁　贾凯杰

编委会成员（排名不分先后）：

序　一

经历了 2009 年国际金融危机的冲击，当前世界经济进入新一轮的调整和转型期，以美国为代表的发达国家虽然经济探底趋稳，但财政悬崖、主权债务危机的阴影犹存；新兴经济体和部分发展中国家虽然经济保持较高的增速，但面临的挑战和风险也很大。从世界经济格局来看，世界经济中心向亚太地区转移的趋势有所增强，全球经济复苏放缓，而亚太新兴经济体总体上保持了难得的增速，成为世界经济的一抹"亮色"。在亚太地区，中国大陆与中国台湾作为"大中华经济圈"中实体经济发展各具千秋的两个重要经济体，彼此之间活跃的产业合作和日益紧密的经济联系会增强双方的实力，达到合作共赢、共同增强在亚太地区的主导力量的效果。

自 2008 年两岸关系出现历史性转折后，两岸双方在反对"台独"、坚持"九二共识"的共同政治基础上，本着"建立互信、搁置争议、求同存异、共创双赢"的精神，致力于两岸关系的和平发展。目前我们已经签署了空运、海运、通邮等协议，实现了两岸全面直接双向"三通"，促成了大陆居民赴台旅游，取得了两岸人员往来的又一次重大突破，在众多领域建立了两岸交往与合作机制，解决了两岸同胞关心的一系列经济、社会、民生等问题，特别是签署了《海峡两岸经济合作框架协议》以及投资保护、海关合作两项后续协议后，更推进了两岸经济一体化的进程。"三通"开放至今，两岸贸易总额已突破 5600 亿美元，大陆累计批准台商投资项目 8.7 万个，台商实际投资金额 565.3 亿美元。同期，共有 133 家大陆企业在台设立分公司或代表处，投资金额达 7.22 亿美元。2008 年两岸携手直面国际金融危机的冲击，风雨同舟，共渡难关，为两岸产业与企业界的更深入、具体、全面交流与合作奠定了坚实的情感基础。两岸发展的历史充分证明：分则两败，合则共赢。

我们惊喜地发现，在两岸经济、社会、文化、教育等领域日益频繁而密切的交流中，两岸的高校发挥了重要而独特的作用。不仅通过教师和学生的交流互访学习，取长补短，加深了理解和友谊；而且更有一些眼光深邃、做法务实的两岸高校，各取所长，为两岸的产业和企业合作发展发挥着智力支持作用。由南开大学和台湾东吴大学发起，联合了两岸十几所高校的专家学者编写出版的"两岸产业比较研究丛书"，恰逢其时，将适应两岸经济交流与合作的新形势，为两岸产业和企业加深了解、建立互信、寻求商机、互利互惠开启一扇机会之窗。

未来"大中华经济圈"的不断崛起将可能成为影响国际经济格局变化的重要力量，两岸的经济和产业合作也将不断由初期的贸易往来和直接投资向立足于两岸需求、资源、技术的全方位深层次的产业对接与合作转移。两岸内部市场的新经济增长点在哪里？两岸产业各自的竞争优势是什么？两岸产业进一步深入合作的制度政策和机制需求是什么？相信"两岸产业比较研究丛书"的出版将有助于我们寻找相关问题的答案。也希望通过这套丛书的出版，能进一步推进两岸官、产、学、研的更加深入持久的战略性合作。

目前两岸科技、文化、教育等领域交流与合作议题的正式商谈虽然还未开始，但两岸一些心系两岸和平发展之大计、脚踏实地的高校和学者已经开始他们扎实而富有成效的探索，虽然这些成果还不尽善尽美，但他们精诚合作，为两岸发展贡献绵薄之力的赤诚之心可见。愿他们的开拓性工作不断深入，结出更多更美的硕果。愿两岸产业界和企业界携手合作，实现长久的共赢共荣。

陈云林

2015 年 6 月

序 二

全球经济已经进入成长速度放缓、竞争加剧、深度转型的调整期，未来发展充满了复杂性、不稳定性和不确定性。已开发国家经济进入缓慢复苏的阶段，低速成长可能成为长期的趋势。开发中国家或地区尤其是新兴经济体具有较高的成长速度，已经成为世界经济成长的主要动力，但成长速度不如以往的压力也逐渐显现。世界经济格局正发生明显的变化，亚洲的地位与作用日益重要。为应对全球经济高度不确定性的挑战，掌握全球经济重心向亚洲转移的机会，海峡两岸应加强合作、优势互补，共同采取更为积极有效的措施以稳定、发展、繁荣两岸经济。

2008年以来，两岸关系迈入和平发展的一个新的阶段。至2012年底为止，海峡交流基金会（以下简称海基会）与海峡两岸关系协会（以下简称海协会）共举行了8次高层会谈，签署了18项协议，涉及两岸直航、大陆观光客来台、投资保障等，为两岸经济共同繁荣与发展奠定了坚实的基础。其中，2010年6月，海基会和海协会签署了《海峡两岸经济合作框架协议》（Economic Cooperation Framework Agreement，ECFA），进一步增进了双方的贸易与投资关系，建立了有利两岸经济繁荣与发展的合作机制，为台湾与大陆的经贸交流与合作揭开了新的篇章。

世界经济进入全新的发展阶段，新的形势给两岸经济交流与合作创造了新的机会，也产生了新的需求。当前，两岸经济均进入调整期，新阶段的产业合作可以基于两岸内部市场新经济成长机会的创造与成长方式的改变。如何从两岸经济发展的特色出发，选择两岸产业合作的领域与重点备受关注。就现阶段而言，两岸产业合作特别要注重对两岸内部市场的培育。两岸关系进入后ECFA时期，机制与制度的建构已经成为两岸产业合作的重中之重。两岸关系的改善以及ECFA的签署，应该在已有的架构协议层面，积极地完成相关的配套政策、机制、制度的建设，才能更加深化产业的合作。在两岸合作由初级贸易往来转向深层次产业合作的关键时刻，如何从两岸的共同利益出发，实现两岸经济与产业的合作共赢，在全球经济格局中共同实现经济再发展，已经成为两岸官方、产业界和学术界共同关心的重大课题。

欣闻台湾东吴大学和南开大学共同发起建立专业化、开放化和国际化研究平台，吸引海峡两岸的优秀学者，在两岸产业合作与对接这一新兴重要领域进行兼具创建性、开拓性与系统性的研究，共同编撰"两岸产业比较研究丛书"，深感正逢其时、意义深远。这是第一部两岸学者携手完成的两岸产业比较研究丛书，这部丛书全方位剖析了两岸产业发展现状与未来对接的机会和挑战，涉及物流产业政策、港口发展等多个不同经济发展领域，研究成果兼具深度与广度。我相信这部丛书的出版问世，将为两岸产业合作与对接提供可参考、可采纳、可使用的产业发展对策，切实有效地为两岸经济共同繁荣与发展做出贡献。

这部丛书的问世，倾注了两岸学者的卓越智慧，期盼两岸学者能够继续精诚合作，竭尽所能地进一步加强两岸教育与科研资源的交流，建立高效、稳定、可持续的合作机制，产出更多、更好的硕果，为共同提升两岸经济发展贡献力量。

江丙坤

2015 年 8 月

前　言

　　海峡两岸同根同源、休戚与共，人文历史、经济社会关系紧密，虽然受到外族侵略、战争割据以及台湾政治生态的影响，两岸经贸往来长期处于非正常状态，但血缘、地缘、商缘、文缘、法缘的"五缘"纽带从未中断。特别是在20世纪80年代两岸逐渐恢复交往以后，农业成为最先开始互动交流的领域之一，甚至在两岸关系日渐恢复和巩固的30多年来，农业成为交流最热络、影响最广泛的领域。两岸在农业领域的交流与合作有其产业发展基础，近半个多世纪以来，海峡两岸农业经营方式和制度变革经历了极其相似的发展轨迹，虽然发展阶段有所差异，但在相似的小农经营体制下，各阶段面临的问题、解决的途径都有很强的借鉴意义。对两岸农业产业的比较，正是基于两岸特殊的政治经济关系以及相似的农业发展路径，从发展基础、经营制度、重点产业、合作成效等方面展开，力求能为两岸现代农业发展及未来合作共赢提供基础性的参考和思路。

　　1945年，台湾经济包括农业生产遭受战争的严重破坏，满目疮痍、百废待兴，加之1949年国民党退守台湾导致人口剧增，物资供应紧张，人地矛盾突出，农村社会生产的基础非常薄弱，与当时战后的大陆农业条件非常相似。为了尽快理顺生产关系，调动和激发农业生产潜能，两岸几乎在同一时期分别实施了"异曲同工"的农地改革。1950年，中央人民政府颁布了《中华人民共和国土地改革法》，实行农民土地所有制，将所有没收和征收来的土地和其他生产资料，除依法收归国家所有外，其余均统一、公平、合理地分配给无地、少地及缺乏其他生产资料的农民所有，1953年基本完成了第一次土地改革。台湾在20世纪50年代初也实施了农业土地改革，通过"三七五减租""公地放领"和"耕者有其田"等一系列措施，于1952年基本完成了第一次土地改革。这一时期两岸农业政策调整，都是通过"耕者有其田"的农地制度改革，极大地调动和激发了小农的生产积极性，农业生产能力得到迅速提升。

20世纪50年代至60年代，台湾在农民土地所有基础上不断加强农业生产的软硬件条件建设，大幅提升农业生产能力，使农业经历了快速发展的"黄金期"，为稳定台湾经济、促进工业发展做出了巨大贡献。当然，小规模农户经营随着工业化、现代化水平的提升，弊端逐渐显现，因此台湾在20世纪70年代以后的第二次、第三次农地改革，目的都是希望扩大农户经营规模，提升农业现代化、规模化生产效率。农地制度改革过程中，台湾不断配套完善相应的金融制度、农产运销制度、农技推广制度等，于20世纪80年代末就基本实现了农业机械化，农业现代化水平大幅提升，逐渐树立了精致农业的典范模式。直至目前，台湾不断尝试新途径以推进农业规模化生产，但收效甚微，与大陆一样仍以典型小规模农户经营为主体，规模化程度相对较低，参与全球竞争的能力相对较弱，这可谓是亚洲地区小农经营的共同难题。

相比较而言，大陆在20世纪50年代初期完成农地私有化改革后，很快发现土地私有条件下小农分散经营的弊端，力图通过对农业进行社会主义改造，走合作化道路，逐步将农民个人的土地转变为集体所有，在经营方式上实行合作和集体经营，快速推进农业规模化、现代化生产。然而，之后20多年的生产实践表明，建立在平均主义基础上的集体所有制生产方式，大大削弱了农民的生产积极性，生产效率出现了明显的倒退。因此1978年，以安徽凤阳小岗村农民自发的"包产到户"家庭责任制改革为标志，逐步开始实行了"统分结合、双层经营"的家庭联产承包责任制，在土地所有权仍归集体所有的基础上将使用权还给了农民。这一历史性的土地制度改革，适应了当时的生产力水平，大大激发了农民的生产积极性，农业综合生产能力大幅提升。通过螺旋式的上升，农业回到了以家庭为主要生产单元的小农经营道路。十一届三中全会通过了《中共中央关于推进农村改革发展若干重大问题的决定》，提出"完善土地承包经营权权能，依法保障农民对承包土地的占有、使用、收益等权利。加强土地承包经营权流转管理和服务，建立健全土地承包经营权流转市场"。不断地探索，目标仍是要克服小农经营方式下规模、效率相对较低的弊端。两岸农业在这一目标下的各种改革尝试，有殊途同归的效果，相互参照学习对彼此有积极意义。

两岸农业虽然有相似的发展起点和小农经营体制基础，但资源禀赋差异巨大，加之工业化、城镇化发展的背景和农业改革的路径不同，导致农业发展方式和发展现状呈现出显著的差异。20 世纪 50 年代，台湾为解决人口膨胀、食品不足的问题，延续日本殖民时期的农业产业基础，大力发展"米糖农业"；进入 20 世纪 70 年代以后，随着"以农补工"政策向"以工补农"政策的转变，农业生产的目标也逐渐向品种多样和质量提高的方向转变，农产品加工业和新兴作物的生产大幅度增长；20 世纪 80 年代，台湾逐步实现了农业现代化，农业产业结构进一步加速调整，开始着力发展精致农业；20 世纪 90 年代以后直至目前，台湾农业生产处于不断转型升级过程中，总体目标朝向安全、健康农业发展，精致、安全、高价值农产品逐渐占据主导地位。大陆人口数量大，粮食供给安全始终是农业生产的头等大事，20 世纪 80 年代以前，农业生产一直是"以粮为纲"；20 世纪 80 年代中期开始，为满足人民日益多样化的消费需求，农业生产开始向多样化和优质化方向调整；20 世纪 90 年代，大陆农业生产进一步向"高产、优质、高效"并重的方向发展，尤以"高效"农业为核心；进入 21 世纪以后，现代农业发展的步伐进一步加快，面临的内需市场和国际市场竞争日趋激烈，安全、生态逐渐成为农业产业发展的主要目标之一。对比两岸农业发展历程，初步判断大陆农业产业的发展阶段和发展目标比台湾大约滞后20 年。

两岸均为典型的小农经营体制，唯发展阶段不同，对比研究无疑可为两岸农业产业可持续发展与合作交流提供参考依据。本书遵循"对比分析—差异互补—学习借鉴—促进发展"的思路对两岸农业产业的发展历程、产业竞争力和合作基础进行比较研究，以期对我国现代农业产业发展提供有益借鉴。按此思路，本书共分为四篇二十一章。第一篇和第二篇分别从两岸农业的发展基础和经营制度方面进行比较，作为两岸农业产业比较的基础研究；第三篇则从重点产业的层面分别对两岸稻米、水果、茶叶、水产、生猪、花卉、甘蔗、加工业、休闲农业等九大产业进行对比分析，通过比较进一步探讨两岸相关产业未来的发展重点和发展方向，以及合作的潜力；第四篇主要从合作共赢的角度，分析探讨两岸农业产业合作基础、合作潜力、合作途径、合作前景。本书具体分工如下：第一章至第三章由赵一夫撰写；第四章至第六章由薛莉撰写；第七、第八、第十、第十二、第十三章以及第十五章至第二十一章由周向阳撰写；第九、第十一、第十四章由周向阳、赵一夫共同撰写。全书由赵一夫统稿，并得到中国农业科学院科技创新工程基金（ASTIP-IAED-2016-04）支持。

作者对两岸农业的关注和研究已有较长时间，但受制于资料收集和研究交流的局限，研究的深入程度还远远不够，疏漏不妥之处在所难免，敬请读者批评指正。

著 者

2015 年 10 月

目　录

‖ 发展基础篇

第一章　两岸农业产业发展阶段比较

战后处于隔离状态的海峡两岸为了快速进入工业化发展阶段，以工业火车头带动整体经济的发展，起初选择的发展路径也都是"以农业支持工业"，依托农业的利益输送完成工业化的初期积累。由于资源条件和政策路径的差异，台湾在 20 世纪 70 年代就基本进入了工业化中期，并将"以农补工"政策调整为"以工补农"政策，逐步加大对农业的扶持力度。大陆直至 21 世纪初才开始由工业化初期向工业化中期迈进，历时近 60 年才逐渐实现由"以农补工"向"以工补农"的政策转变。由于两岸工业化发展阶段的差异，城镇化和农业现代化的进程都表现出显著的阶段性差异。对比两岸农业发展阶段及其特征，尤其是参考台湾工业化发展过程中农业的转型经验，可以为大陆现代农业的发展提供有益借鉴。

第一节　台湾农业发展历程与阶段划分

1945 年以后，台湾当局对农业采取了一系列制度性改革，农业产出在短短几年就恢复到战前最高水平，直到 20 世纪 70 年代以前农业一直保持了较快发展，成为东亚小农发展的先进典型。纵观半个多世纪以来的台湾农业发展，其历程大致可划分为 6 个阶段[①]。

一、战后农业恢复期（1945—1953 年）

此阶段农业产业的发展重点是迅速增加粮食生产，政策重点致力于修复农

---

① 涂勋. 台湾农业发展历程与演变[J]. 中国乡镇企业，2001（10）：17-18.

田水利设施、增加化学肥料供应、提供改良品种、改进耕作技术。这一时期，台湾当局为了缓解农村社会矛盾，提高农民生产积极性，开始了以"耕者有其田"为目标的第一次农地制度改革。通过土地改革，结束了不合理的佃租制度，大大激发了农民的生产积极性，使农业生产得到了迅速的恢复和发展。

二、农业培养工业期（1954—1967年）

农业基础奠定之后，1953年台湾开始推动第一个四年经济建设计划，此后一直到20世纪60年代中叶，台湾经济迈入起飞阶段，也是农业部门对整体经济积极贡献的时期。此阶段的农业政策，一方面加强增产性的措施，先后推行"综合性养猪计划""农牧综合发展计划"，创办"统一农贷计划"，发布"农业推广实施办法"等。另一方面，为加速转移农业部门资金至非农业部门，实施"肥料换谷制度""田赋征收实物条例"及"随赋收购稻谷办法"等，使农业剩余转化为工业资金。

三、农工并重期（1968—1983年）

本阶段初期正处于台湾经济的转折点，工商业逐渐主导经济的成长，但农业部门在粮食及整个经济中仍具重要地位，故采取农工并重的政策。本阶段的农业政策逐渐由促进生产的措施转为对农民的补偿性措施及农村建设的加强。

四、农业产销调整期（1984—1990年）

20世纪80年代初期，台湾粮食生产出现过剩，同一时期，部分农产品进口快速增加，农产品产销结构呈现较大落差，因此调整生产结构成为本阶段的重要农政措施。此阶段，除奖励家庭农场推行共同委托及合作经营、全面推动农业机械化外，执行了"农产运销改进方案"。20世纪80年代末，台湾为推进规模化经营实施的新一轮农地制度改革基本完成，农业机械化普及程度大幅提升，主要农田整地作业机械化程度达97%，农业生产率水平也得到显著提高。

五、"三生"农业发展期（1991—2008年）

所谓"三生"农业即强调农业生产、农民生活、农村生态，主要在三生一体的观念下，实现"提高农业经营效率，强化产品市场竞争力""加强农村建设，增进农民福祉"及"维护环境资源，促进生态和谐"的长期农业政策目标，以及科技、经济、环境与全球导向的长期农业发展方向。

六、"精致农业"提升发展期（2009 年至今）

2009 年，台湾行政当局提出"精致农业健康卓越方案"，将精致农业与生技、观光、绿能、医疗照护及文创等产业共同确定为台湾未来重点推动的六大新兴产业之一。"精致农业健康卓越方案"通过开发好产品，提升服务品质，开拓新市场，提供优质生活品质，从而向上提升产业竞争力，以实现台湾农业成为全民共享的健康农业、科技领先的卓越农业及安适时尚的乐活农业。

第二节　大陆农业发展历程与阶段划分

参考刘斌等 2004 年编著的《中国三农问题报告》，我国大陆的农业发展大致可划分为 7 个阶段[①]。

一、土地改革和农业生产恢复时期（1949—1952 年）

这一阶段的土地改革解放了农村生产力，促进了农业生产的恢复和发展。经过几年恢复期，农业总产值有大幅提高，农业生产获得了较大发展。

二、社会主义改造和农业稳定发展时期（1953—1957 年）

这一时期也是我国国民经济发展的第一个五年计划时期，农业的基本建设方面主要是在全国范围内扩大耕地面积，发展灌溉，兴修水利，推广优良品种。

三、人民公社化和农业生产的剧烈波动时期（1958—1965 年）

"大跃进"和人民公社化运动，导致生产秩序混乱，农业生产陷入困境。1961年以后开始实行调整，强调农业是国民经济的基础，调整工农业比例关系，恢复综合平衡，农业生产又得到了一定发展。

---

① 刘斌，张兆刚，霍功. 中国三农问题报告[M]. 北京：中国发展出版社，2004.

四、"文革"和农业生产低速增长时期（1966—1978 年）

此阶段的政策措施主要包括：急于向以生产大队为基础过渡；扩大社队规模；大力推行大寨大队的平均主义分配制度；取消或限制社员家庭副业等，使得社员的积极性再次受挫，农业生产长期徘徊，增长缓慢，农产品供应紧张。

五、家庭联产承包制改革和农业高速增长时期（1979—1984 年）

此阶段大陆开始进入经济体制改革时期，农业实施了家庭联产承包责任制，一大批适用农业技术得以推广，农业基本建设长期积蓄的潜在能量得以释放。这六年间，国民经济发展比较协调，农业出现高速度增长。

六、农业在波动中增长时期（1985—2003 年）

这一时期，大陆的农业市场化程度有了很大提高，市场机制在农业资源配置中发挥着越来越重要的作用。同时，粮食产量起伏波动，农业结构发生了很大变化，农业生产的发展速度在波动中有所下降。

七、以工补农，以城带乡发展时期（2004 年至今）

进入 21 世纪以后，大陆工业积累已初步完成，具备了反哺农业的能力，因此，"少取、多予、放活"成为 2004 年以后的主要原则，农业补贴力度明显增大，补贴方式多样化，补贴目标也从保障粮食安全到与农民增收并重，尤其是"两减免、三补贴"等措施大大增加了国家对"三农"的投入[①]。截至 2017 年，大陆农业已经连续 14 年出台一号文件聚焦三农，不断巩固和强化对农业的重视与支持。

---

① 曾富生，朱启臻. 改革开放以来中国农业补贴政策的历史考察与现状分析[J]. 中国石油大学学报（社会科学版），2010，26（4）：41-45.

第三节　两岸农业发展阶段比较

比较两岸农业从 20 世纪 50 年代以来的发展历程可以看出，虽然在局部阶段发展形势有些不同，但总体趋势都遵循了农业恢复性增长—农业支持工业发展—农业波动性增长—工业反哺农业—农业转型升级的发展轨迹。整体看来，大陆目前的农业发展阶段与台湾 20 世纪 80～90 年代的发展阶段比较接近，在全面进入工业反哺农业的发展阶段以后，逐渐向农业转型升级的方向过渡。这一时期的最大特点在于财政分配逐渐向农业倾斜，不断加大对农业基础设施、农业科技等方面的投入，同时，农业结构调整和发展方式转变的进程不断加快、趋势愈加明显。

根据黄佩民教授[①]的划分方式，农业发展主要分为三个阶段：第一阶段，农产品供给全面短缺，以解决温饱为主，主要依靠传统投入的数量发展阶段；第二阶段，农产品供求基本平衡，以提升品质、优化结构和增加农民收入为主，注重传统投入与资本、技术集约相结合的优化发展阶段；第三阶段，农产品供给多元化，知识、信息成为农业发展的重要资源，以提高效率、市场竞争力和生活质量为主，是高资本集约、技术集约和信息集约的现代农业发展阶段。以此标准判断，目前大陆农业发展水平正由第二阶段向第三阶段过渡，而台湾农业现在已经完全进入第三阶段，并且在向纵深发展。

第四节　相似阶段台湾农业发展重点及政策借鉴

无论从海峡两岸工业化发展阶段还是从农业发展阶段的对比均可以看出，当前大陆发展阶段整体上与台湾 20 世纪 80 年代中期的发展阶段比较接近，尤其在农业发展面临的问题及发展路径上有较强的相似性。因此，参照和借鉴台

---

① 黄佩民. 中国农业发展的阶段分析[G]. 中国自然辩证法研究会第五届全国代表大会文件，2001：96-99.

湾 20 世纪 80 年代以来的农业发展重点及施政措施，对推动现阶段大陆现代农业发展有较强的实际意义。

一、经营方向调整

20 世纪 70 年代至 80 年代，台湾经济发展步入工业化后期阶段，由于农产品生产成本较高，农业逐渐失去比较优势，农业的经济地位逐渐下降，而社会、生态地位迅速上升。面对这样的状况，台湾自 20 世纪 80 年代开始对农业经营方向进行全面调整，改变过去重视"量"的增加，转向"质"的提升，将农业发展与农民生活水平的提高、农村环境的改善相结合。

1984 年，台湾明确提出了发展"精致农业"的口号，即发展以"经营方式的细腻化、生产技术的科学化以及产品品质的高级化"为特征的农业生产。一是调整农业产业结构，将农业发展重点逐渐转向发展新的优质农产品，提高农产品品质，如开发与推广优质米，开发多产期与高价值水果等；二是推动农业生产企业化、自动化与科技化，以提高农业生产力，促进农业升级；三是发展森林、海洋游乐与休闲农业；四是培养核心农民，增加农民福利。从此，台湾精致农业逐渐形成体系，并迅速发展起来。

1991 年，台湾农业部门实施"农业综合调整方案"，推动为期 5 年的"农业发展建设方案"，目标为调整产业结构，健全产销体系；增进农渔民福祉；妥善利用农业资源，加强生态保育，以期实现"生产、生活、生态"（"三生"）的良性循环。由此农业发展进入一个新的转型期，农业的内涵逐步由传统的单元性农业向多元性、多功能农业的方向转变。

追求品质提升、兼顾"三生"的"精致农业"发展思路一直延续至今，2009年更进一步提出"精致农业健康卓越方案"，将精致农业与生物技术、旅游观光、绿色能源、医疗照护及文化创意等产业共同确定为台湾未来重点推动的六大新兴产业。"精致农业健康卓越方案"的发展目标概括来说，是通过开发好产品，提升服务品质，开拓新市场，促进农村活化，提供优质生活品质，从而提升产业竞争力。

二、经营制度调整

20 世纪 80 年代中期以后，台湾经济进一步加速发展，工农差距不断扩大，农业日渐成为经济发展的瓶颈，如何保持农业持续发展和农民所得增长成为台湾当局政策发力的重点。回顾发展历程，台湾农业在近30年来并未因全球市场冲击和内部经济结构转型走向凋敝和没落，重要的原因是台湾当局不断顺应形势变化对农业经营制度进行调整，以适应农业生产力发展的需要。首先，土地经营制度的改革和调整发挥了非常重要的作用。其次，农业金融制度、农业科技推广制度、农民合作组织制度及农产运销制度的创新发展也起到了积极作用。

（一）土地经营制度

自20世纪中期以来，台湾相继推行了三次农地制度改革，每次改革都是顺应农业、农村及经济社会发展需要做出的重大政策调整，实践证明均取得了显著成效。20世纪50年代初，台湾当局为了缓解农村社会矛盾，提高农民生产积极性，开始了以"耕者有其田"为目标的第一次农地制度改革。第一次农地制度改革的核心目标是解决农地分配问题，基本实现了"耕者有其田"，但因改革侧重在土地所有权分配，导致耕地生产规模狭小分散。此次农地制度改革虽然与改革开放之初推行的家庭联产承包责任制在措施与办法上有所不同，但产生的社会功效极具相似性，都是在改变生产关系的基础上使生产力在短期内得到迅速解放，同时在后期逐渐面临由于生产单元细碎、分散而导致的机械化推广应用和集约化规模生产受到局限的困境。

为适应现代农业发展的需要，台湾于20世纪70年代末至80年代初开始了新一轮的土地政策调整，推行以扩大农场经营规模、提升农业生产效率为主要内容的第二次土地改革。其主要内容包括：加速农地重划，整理分散耕地，扩大农场经营规模；鼓励小农转业，并辅以金融税收支持；推行委托经营、共同经营和合作经营；设置农业生产专业区，提高农业生产效率。第二次农地制度改革的核心目标是解决农业规模化经营问题，涉及土地所有权的转移，旨在淡化小农经济，实现农业生产的机械化、规模化和专业化，在一定程度上加快了台湾农业现代化的进程。通过这次改革，帮助农民扩大了农场规模，使农业劳动者依靠农业生产提高收入成为可能，为完善农田基本建设，实现农业机械化提供了制度保障。台湾第二次土地改革所面临和要解决的问题，与大陆当前农业、农村发展实际具有较强的相似性，因此其改革推进过程中所采取的措施对大陆当前农地改革的推进具有借鉴作用。

2008年以来推行的"小地主大佃农"政策，被称为是台湾第三次农地制度改革。2008年6月，台湾开始实施"小地主大佃农"计划，鼓励无力耕作的老农、不在农村的农民及无意经营农业的农民将农地长期租给有意愿和有能力的务农者，扶持专业农民扩大农地经营规模。第三次农地改革是在台湾迈向后工业化社会的历史时期开始的。此时工业和农业加速转型，第三产业迅猛发展，严格的农地管制成为束缚经济现代化的瓶颈，有计划增加非农用地，扩大农地转移，不仅满足第三产业发展的用地需要，也有助于农业自身的功能转换，推动农业产业多级化。

纵观台湾三次农地制度改革，其具体措施均顺应不同时期台湾农业、农村及经济社会发展的环境和需要，有针对性地解决发展中面临的问题，以促进农地资源的合理利用，提升农业生产效率。在改革过程中，"农地重划"和"小地主大佃农"政策，分别是台湾自 20 世纪 80 年代以来为促进农业规模化经营的重要举措，其操作办法和实施经验值得深入探讨和推介。

（二）农业金融制度

台湾当局直到 20 世纪 70 年代才形成统一的农业金融制度，2003 年 7 月，台湾《农业金融规定》的颁布标志着台湾农业金融制度的完善，此后的台湾农业金融体系主要由四个部分构成：主管机构、监管机构、主要金融机构以及辅助机构，"行政主管机关农业主管部门"为台湾农业金融体系的最高权力机构。

台湾《农业金融规定》施行后，台湾主要金融机构包括：①全省农业金库。全省农业金库是成立于 2005 年 5 月的股份有限公司，由台湾行政主管部门和各级农渔会共同出资建立，是农渔会信用部的上层机构，也是台湾唯一集农业专业银行与商业银行于一体的特许金融机构。其主要任务是辅助并协助农渔会信用部的事业发展，办理重大农业建设及农业项目融资，配合农、渔业政策之农、林、渔、牧融资，保证农业资金供给充足，保障存款人权益。②农渔会信用部是台湾农业金融的主体，与台湾《农业金融规定》颁布实施前相比，其地位主要的变化是多了全省农业金库作为其上层机构，其职能与主要业务变化不大。

台湾《农业金融规定》的颁布实施，实现了商业性金融与农业性金融的分离，农业性金融具有了其自身的独立性，不再依附于商业性金融机构，农业金融管理开始回归农政主体，拥有了一套独特独立的农业金融体系。

台湾完善的农业金融制度保证了充足的农业贷款来源。首先，农业金融机构会提供政策性农业生产资金；其次，农业信用保证基金会分担了农业金融机构的融资风险，保证了农渔民的贷款额度；再次，"台湾存款保险公司"为农业金融机构的存款办理了保险，为农业金融机构发放农业贷款提供了资金保障；

最后，农业金融机构以及各种兼营性事业单位（如台湾粮食局）也能够提供农贷，直接面向农渔民。

台湾农业金融制度的发展与土地制度息息相关。目前，大陆农业金融制度暂时缺乏专门的农业金融法规，在发展、运行方面与台湾的农业金融制度也有着很大的差距。台湾农民拥有对自己土地的所有权利，包括使用权、经营权以及处置权，土地也就相当于是农民的私有品。此外，农民之间交易的土地只能用于农用，农地转化为非农用地会导致土地大幅增值，但是增值这部分只能归相关行政部门所有，这种制度安排保证了农地供给的充足，是当局扶持农业发展的体现。农民也可将农地作为抵押品而获得更多的授信贷款，保证了农业生产的资金来源，也促进了农民的生产积极性。

（三）农业科技推广制度

台湾在地狭人稠、天然资源缺乏的不利条件下，现代农业发展取得丰硕成果，这些成就大多基于其切实有效的农业技术成果推广方面创新机制的有效运行、农业技术研发与应用的密切结合、农民组织的有效建立，以及产学研的有机结合，从而推动了农业技术成果迅速转化为商品。

台湾当局农业行政机构都是以产业类别为依据设置的，农业推广工作多与农会辅导、乡村建设合设一个专门机构来推动，主要负责台湾各地区农业推广教育工作的规划、组织实施和管理。

20世纪50年代至60年代，台湾农业技术推广主要以培育良种和改良化肥为主，以实现农业增产。到20世纪70年代，则调整为以普及农业综合治理、实现机械化为主，提高农民收入和福利为目的的现代农业经营模式。20世纪80年代以后，借助世界范围新技术革命浪潮的兴起，农业技术开始向微电子、自动化、信息化、生物工程、航天技术等高科技纵深领域方向发展，新成果层出不穷。1991年，台湾农业主管部门将台湾各地区农业试验改良场下属"农业推广课"扩编为"农业推广中心"，其负责事项包括农业研究成果推广、农业技术传播、农业产销、农地利用规划、农民组织辅导、农业资源维护、农业经营改善、农村综合发展、农业信息化、家政推广与社会教育、农民生活改善等。进入21世纪，为应对加入世界贸易组织（World Trade Organization，WTO）后外来农产品竞争加大的严峻形势，推动农业引进高新技术，台湾当局进一步加强农业推广教育及组织培训工作，提出"推动农民终身学习计划"，并将其列入农业发展整体计划中，为建立并完善农业推广教育体系提供良好环境。

台湾农业技术推广的经费来源主要由行政主管部门提供经费、农会提供经费、推广事业的收入和专营企业投入这四个重要渠道。由于农业推广属于服务性工作，资金主要来源除了这四个途径外，募集收入也占有相当比重。对农民而言，农业技术的推广教育基本上是无偿的，这也是台湾农业技术推广得以长期稳定发展的重要因素之一。

（四）合作组织制度

台湾的农业组织包括农会、农业合作社、合作农场、农业产销班等。其中，农会的发展历程最久，有100多年的历史。但严格讲，农会并不算是农业合作组织，而是一种多目标、多功能的农民组织，同时担负着执行当局农业政策的使命。合作农场在组织架构和章程等方面与合作社比较相似，但运营管理方式略有不同，二者可归为一类。产销班是台湾最基层的农民合作组织，由同类产品生产的农民自愿组合建立，其职能主要是进行农产品的共同运输、销售和生产资料的共同采购，产销班普遍规模较小，没有独立的法人地位，一般隶属于农会或合作社。

前面介绍的台湾农地制度、金融制度和农业科技推广制度中，涉及了农会的建制和功能，可以看出，农会是在台湾分布最广泛、农民参与比例最高，兼具经济、社会、政治等多功能性的民间合作组织，是台湾特有的农民合作组织类型。虽然其组织方式在大陆不具备条件，但其功能实现方式值得我们参考。

（五）农产品运销制度

台湾的农产品运销体系经过几十年的演进发展，在产地收购、集货处理、储藏运输、市场销售等各个环节都已逐步形成完善体制。回顾其演进历程，大致可划分为两个主要阶段：20世纪70年代以前，台湾对农业实行管制政策，市场管理归属于财政机构；20世纪70年代以后，以批发市场为主导的运销体系逐渐确立，农产品流通组织形式越来越多元化，并趋于完善。

台湾的农产品运销体系已呈现多元化的流通格局，但长期以来农产品批发市场始终是农产品流通交易的主渠道。根据台湾农产品运销学者许文富教授的测算（1997年），台湾果蔬类农产品约有87%经由批发市场流通和交易。近年来，直接运销虽然对传统市场流通渠道有所冲击，但农产品批发市场仍是最主要的运销通路，尤其对果蔬类农产品而言。

三、农村建设调整

台湾当局于 1970 年公布的"现阶段农村经济建设纲领",是台湾第一个以农村建设为名的政策文件。此后经过 20 年的发展,至 1990 年在"农业综合调整方案"中提出了"三生"农业理念和"富丽农村"建设目标,才真正将农村建设问题进行全面、科学、系统的规划,对农村发展提出了更高的要求,摆在重要的位置。

20 世纪 90 年代,台湾工业进入发展中期以后,农业和农村发展滞后问题进一步凸显,农民收入增长减缓、城乡矛盾加剧,严重制约了经济、社会与资源环境的协调发展。在此大背景下,台湾农政当局以建设富丽农村、提升农民生活品质为目标,制定了"农业综合调整方案"。"方案"中确立"照顾农民、发展农业、建设农村",最终实现"富丽农村"的长期目标。

1990 年发布的"农业综合调整方案"中,提出"富丽农村"建设的目标主要有四个方面:一是农业生产企业化;二是农民生活现代化;三是农村生态自然化;四是农业管理科学化。2001 年,台湾农业主管部门在对"四化"目标深化的基础上,进一步提出了"富丽农村"的"三圈"建设目标,即农村产业发展圈、农村社区生活圈和农村休闲圈。

无论是"四化"建设目标还是"三圈"建设目标的实现,人是第一要素。然而,随着台湾工业化进程的快速发展,农村社区建设与现代化城市建设的发展差距越来越大,农村人口外流严重,提升农民生活品质、缩小城乡差距、安定农村社会首要解决的是培养留农人才。因此,在"富丽农村"建设过程中,农民教育培训被列为政策实施的重点,先后实施了"漂鸟计划""园丁计划"和"深耕计划",以推动农民终身学习制,培育农业精英。

"漂鸟计划"自 2006 年开始由农业主管部门主导推行,以 18~35 岁的青年为对象,培训活动设定在"农业体验"的范畴,规划办理各项农业体验学习活动,提供青年学生以漂鸟方式到农村、渔村及山林体验、学习农务的机会,并实际参与农业工作,使其认同并喜爱本土农业,并期望农业及农村是他们最后能落地生根的选择。"漂鸟计划"按照内容深度分阶段进行,体验活动的据点由各区改良场选择提供,活动内容包括采竹笋、盆花组合、采制茶体验、茶道讲座、牧场体验、酿酒制作、养殖渔业体验、采果、养羊体验、水族生态巡礼、堆肥制作、农业达人经验谈等各项农业体验学习活动。后续的辅导措施,包括农业经营贷款、农业生产器材补助，以及透过农业主管部门的试验所与改良场提供专业技术与知识辅导或透过农业体系辅导加入产销班履历制度等。根据台湾相关报道，有关计划推出的前 3 年，共有近 4000 名青年人参加，最后约有450 人投身农业。

"园丁计划"继"漂鸟计划"之后于 2008 年开始推行，主要针对年龄在 35岁以上对农业有兴趣但无经验者，或 35 岁以下从事农业生产、需要进一步强化农业技能者。对他们进行农业政策、农业知识和农业技术等培训，讲授农业领域的发展机会与潜力，提升其从事农业的兴趣和能力。

"深耕计划"从 2007 年开始推行，主要针对农民缺乏系统经营管理知识，进一步强化现代经营管理技能的培训，以期达成"经营深耕、农业扎根"的目的。培训重点包括农业技术推广、网络技能、农渔民第二专长、渔船人员安全、农渔业资源保育等方面。该计划对象主要有两类：一类为新进入农业的人士或曾经参加"漂鸟""园丁"训练的学员，通过研习充实农业栽培及经营技术；第二类为有经验的农民，培训教育的对象不受年龄限制，旨在推动农民的终身教育。

2008 年，台湾地方领导人选举后政党轮替，但农村建设的整体方向和路径得到延续。台湾当局自 2008 年开始推行"推动农村再生计划，建立富丽新农村"政策。"农村再生"计划是"富丽农村"建设政策的延续，但在整体的政策设计和推动策略上有了较大的创新和突破，更符合农村永续经营的发展目标。

第二章　两岸农业资源禀赋比较

两岸农业在经营方式上都属于小农经营体制，但发展阶段不同，资源禀赋和发展条件也存在显著差异，各自具有鲜明的特点和优势，由此形成不同的农业经营方式和发展路径。

第一节　农业自然资源比较

一、大陆农业发展的资源条件

大陆疆域辽阔，土地面积约为 960 万平方千米，约占全球陆地面积的 6.5%，居世界第三；耕地面积为 1.3 亿公顷，占世界总耕地面积的 7%，位居世界第四。大陆南北地域跨越幅度大，拥有从寒温带到南热带（赤道热带）9 个热量带，热量条件地带性差异明显。由于位于全球最大大陆——欧亚大陆的东部，最大海洋——太平洋的西岸，海陆热力性质差异显著，季风气候异常发达，四季分明。地形条件上，中国大陆是一个多山地区，地形十分复杂，山地占 46.5%，丘陵占 19.9%，而平地只占 33.6%。复杂的地形，深刻影响了光、热、水资源的分布，使得资源条件变化多样。

上述自然地理环境，加上社会经济条件和人为因素的影响，形成了大陆农业自然资源的主要特点，现分述如下[①]。

（一）光热资源丰富，降水偏少

亚热带、暖温带、中温带占大陆国土总面积的 71%，适于各类作物生长。

---

① 地理教师网站. http://www.dljs.net/showart.asp?art_id=11586。

大陆东部主要农业区的亚热带和暖温带面积约占总面积的 31.9%，其热量与美国主要农业区相近似。东部主要农业区，作物生长期的光合有效辐射量相当丰富，具有较高的光合生产潜力。大陆平均年降水量较全球陆地年平均降水量约少 19%。大陆东部地区与世界同纬度地区相比，夏季热而多雨，使一年生喜温作物能种植在纬度较高的东北北部，有利于扩大喜温作物种植面积，但冬季过冷，却使越冬作物、多年生亚热带植物的种植北界偏南。

（二）水资源总量多，但地区分布不均匀

大陆地区水资源总量为 28 124 亿立方米，其中地表水资源 27 115 亿立方米，居世界第五位，但人均水量只有 2488 立方米，约为世界的 1/4。水资源的地区分布不均匀，总趋势是由东南沿海向西北内陆递减。西北部内流区面积占大陆地区的 35.4%，水资源只占大陆地区的 4.6%；东南部外流区面积占 64.6%，水资源占大陆地区的 95.4%。南北差异也很大，南方水多（占大陆地区水资源的 81%）、地少（土地占大陆地区的 36.4%，耕地占 54.7%），北方地多（土地占大陆地区的 63.6%，耕地占 45.3%）、水少（占大陆地区水资源的 19%）。

（三）土地资源辽阔、类型多样

根据《中国 1：100 万土地资源图》记载，大陆地区土地资源类型达 2700个左右。如此多种多样的土地资源类型，有利于农、林、牧、渔生产的全面发展。然而，我国大陆地区土地资源分布不平衡，土地生产力地区间差别显著。东南部季风区，水热丰富、雨热同季，土壤肥沃，土地生产力较高，集中了大陆地区 87% 的生物产量和 92% 左右的耕地、林地，95% 左右的农业人口和农业总产值，是重要的农区、林区，而且也是畜牧业比重大的地区。西北内陆区，光照充足，热量丰富，但干旱少雨，水源少，沙漠、戈壁、盐碱地面积大，草地多，耕地、林地少，土地自然生产力低。青藏高原日照充足，但热量不足，土地生产力低。

（四）生物资源丰富

我国大陆地区由于自然地理环境复杂多样，且第四纪冰川作用远不如欧洲同纬度地区那样强盛广泛，因此生物所受影响较小，种属特别繁多，陆栖脊椎动物有 2290 多种，占世界种类总数的 10.9%；海洋生物有 3000 多种；高等植物有 27 150 种，仅次于世界上植物区系最丰富的马来西亚和巴西。在这些繁多的动植物资源中，还有许多特有、稀有或珍贵的种类。这些资源，很多可用于食物、医药、工业原料、观赏、环境保护等，并可为动植物育种提供丰富的种

质资源。

二、台湾农业发展的资源条件

台湾位于大陆东南海域，由台湾本岛和周围属岛以及澎湖列岛两大岛群，共80余个岛屿组成，总面积约为3.6万平方千米，高山和丘陵面积占全部面积的2/3以上，中央山脉纵贯南北，玉山海拔3952米，造就了台湾独特的垂直立体气候。

（一）地理气候条件独特

台湾岛南北狭长，四周流域广阔，北回归线恰好横穿岛的中部偏南地区，北部地区属亚热带气候，南部地区属热带气候。从平地到高山，随着海拔高度的增加，温度逐渐降低，形成了在同一时空内热、温、寒三带兼有的气候特点。同时，台湾在气候上受海洋和大陆两方面的影响虽均较强烈，但海洋性气候明显，整体上呈现高温、多雨、多风的气候特点，年降水量多在2000毫米以上。充沛的雨量给岛上的河流发育创造了良好的条件，独流入海的大小河川达608条，且水势湍急，多瀑布，水力资源极为丰富。

（二）土地资源有限，但产品类型丰富

台湾地区农耕面积约占土地面积的1/4，盛产稻米，一年有二至三熟，米质好，产量高；主要经济作物有茶叶、水果等，蔬菜品种超过90种。台湾素有"水果王国"美称，水果种类繁多。花卉产值也相当可观，其中兰花品质和销量享誉世界。台湾森林面积约占总面积的52%，台北的太平山、台中的八仙山和嘉义的阿里山是著名的三大林区，木材储量多达3.26亿立方米，树木种类近4000种。台湾地区四面环海，海岸线总长达1600千米，因地处寒暖流交界，渔业资源丰富。东部沿海岸峻水深，渔期终年不绝；西部海底为大陆架的延伸，较为平坦，底栖鱼和贝类丰富，近海渔业、养殖业都比较发达，远洋渔业也较发达。

对比两岸农业自然资源条件，显然总体规模差异很大，但也不乏显著的互补性。以土地资源为例。从总量而言，大陆地区的土地资源相对比较丰富，农业生产自然基础较好。土地资源占世界的1/15，占亚洲的1/9，仅次于俄罗斯和加拿大，居世界第三位。耕地面积居世界第四位，草地面积居世界第三位[①]。丰富的土地资源是农产品规模优势的基本保证。相对来说，台湾的土地资源总量

---

① 宗寒. 资源经济[M]. 北京：人民出版社，1994.

就要少得多。台湾地区位居大陆东南的太平洋中，由台湾本岛与澎湖群岛及其他 80 余个大小附属岛屿组成。所有土地资源中山坡和高山地区占了总面积的 3/4，适于农业作物生产的用地极少，目前的耕地面积仅为 82.95 万公顷，只占台湾土地面积的 23.04%。

此外，大陆地区所处的自然区位和生态条件优越，适宜农产品生产，尤其是北纬 20°~50° 之间的中纬地带、温带、暖温带和亚热带地区，雨水充沛、土地肥沃、光照气候适宜。正如亚当·斯密所言，"中国土地最肥沃、耕作最精细"①。与大陆相比，台湾耕地的质量相对较差，主要为酸性冲击土壤，土层厚薄不一，母质为泥岩和面板岩，黏性较大，肥力不高。此外，台湾从平原到高山，气候具有热、温、寒三带并存的特点，使地理位置、季风和地形因素相互作用，台湾地区雨量充沛，但地区分布和降雨季节分配都有明显差异，并且经常受到台风和暴雨的袭击，这一分布特点给台湾农业生产带来很大的影响。

综上而言，大陆土地资源禀赋保证了农产品产出的规模优势，并使大陆在土地密集型农产品的生产上相对于台湾有明显的比较优势；大陆地理气候的多样性，以及地理气候的良好条件，又保证了农产品单产的水平和较好的品质，是大陆主要农产品比较优势的基本保证。

第二节　农业技术资源比较

一、大陆农业技术资源条件

（一）种质资源庞大

大陆通过 20 世纪 50 年代和 70 年代后期两次大规模的农业种质资源征集活动，共得到并保存物种资源 33.2 万份，保存种质资源 3.8 万份，数量仅次于美国，成为世界上作物种质资源第二大国，并建成国家作物种质资源管理数据库。同时，通过家畜、家禽和特种经济动物品种资源普查，发掘出具有特殊性状的品种 172 个。

---

① 亚当·斯密. 国民财富的性质和原因的研究[M]. 北京：商务印书馆，1983.

（二）遗传育种技术不断进步

据统计，中华人民共和国成立以来，培育并推广的各种农作物新品种、新组合达到 5600 多个，使粮、棉等主要作物品种在大陆地区范围内更换了 3~5 次，每次更换一般增产 10%~20%，并使农作物的抗性和品质得到改善。仅杂交玉米和杂交水稻在改革开放后的 20 年内就为我国粮食增产 8 亿吨。目前，大陆超级稻的研究已经取得一定突破，已育成"两优培九""沈农 265"等一批超高产新品种，每公顷产量能达到 11~12 吨，甚至有的品种能达到每公顷 15 吨。畜禽品种改良研究也不断出新，培育出的中国美利奴细毛羊、中国黑白花奶牛形成了品种群，广泛推广应用，使大陆细毛羊和奶牛育种步入了世界先进行列。

（三）农业生物技术先进

大陆在现代生物技术单倍体育种上处于国际先进水平，已拥有 60 多种植物花培、组培成株技术。原生质体培养和体细胞杂交研究也接近甚至达到国际先进水平。基因工程育种技术发展很快，已获得多种转基因作物。生物技术在家畜繁殖应用中取得了很大成果，20 世纪 70 年代以来，胚胎移植与分割技术、胚胎性别鉴定、体外受精技术等获得重要进展，试管羊、试管牛相继问世，克隆羊、克隆牛获得成功。此外，大陆利用核辐射诱变技术在 41 种植物上育成并推广了 605 个优良品种，占全世界诱变育种新品种总数的 26.8%。

大陆农业科技的发展除了在上述生物技术和基因育种等方面有突出成就以外，在农作物栽培、节水灌溉、农业机械化和信息化等方面也有较大的进步。

二、台湾农业技术资源条件

台湾农业科技的研究重点随农业发展的需要不断调整。20 世纪 60 年代以前，台湾为增加农业生产，侧重传统生物及化学生产技术的改进，诸如农作物品种改良、栽培技术、病虫害防治、肥料施用、灌溉技术、畜禽育种、饲料管理、疫病防治、渔业捕捞和养殖技术等。20 世纪 60 年代以后，开始重视农业机械、水土保持和农产加工运销技术。20 世纪 90 年代初开始，台湾即已进入强调"三生"农业的发展阶段，水土资源保育、自然生态环境维护、生物科技、农业自动化及信息化技术日趋重要。台湾农业技术注重创新与实用，是台湾农业维持发展的内在动力。

（一）不断提升和改进的种养殖技术

台湾种养殖技术总是在不断改进中保持先进，不断开发高产量、高品质或抗逆性好的优良品种，如水稻台中 190 号、梨台农 1 号、凤梨台农 13 号和草莓桃园 1 号等；发展园艺作物设施栽培，建立健康种苗繁殖制度，改进接枝蔬果、收获后处理技术，推广有机农业栽培；开发并推广植物病虫害非药物防治技术；改进养殖渔业生产技术，推广人工繁殖方法，开发新鱼种及改良原有品种，提高生产与环境适应能力；开发鱼虾疾病快速诊断与防治技术，以及鱼产品药物残留监测方法；改进动物检疫防疫及畜禽疾病诊疗技术，开发动物用药及疫苗；改进饲料配方及品质，提升饲料利用效率。

（二）较高的农业自动化水平

台湾自 20 世纪 90 年代开始推动"农渔牧产业自动化"计划，研发农渔牧产业及其服务业自动化的关键性技术及设备。农作物生产自动化，包括农产品收获后自动化、设施栽培自动化、田间及设施管理作业自动化等；渔业生产自动化，包括船上自动化冻结技术开发，定置网自动化起网设备改良，密闭式循环水养殖系统引进与研发，贝类自动化养殖、收获、分级、蓄养与包装设备的开发等；畜牧生产自动化，包括牧草收获、储存、混合及饲喂，蛋、乳收集，畜禽废弃物制造堆肥等自动化设备的研发推广；农产品服务业自动化，包括农产品批发市场作业自动化，农产品加工自动化，以及农产品集货、分级包装、冷藏、仓储及运输自动化等。

（三）先进、实用的农业生物科技

生物技术在植物病虫害诊断与防治方面的应用；应用作物基因转移技术进行育种、改良，提高作物抗病虫害和环境适应能力，提高作物品质；开发植物组织、细胞、原生质、胚的培养技术，以应用于优良种苗生产及品种改良；利用生物技术改良重要鱼贝类对环境适应性、生长率及品质；开发动物药品残留试剂以及动物疾病诊断技术；应用遗传工程技术，改良食品工业微生物，生产高附加值食品用酵素，提升农业废弃物利用价值等。

三、两岸农业技术资源优势比较

两岸农业经营形态相似但发展阶段不同，农业技术各有特点和长处。相对而言，大陆农业科技侧重于对生物技术、基因工程方面的基础性研究，科研实力雄厚，拥有较丰富的重要科研成果，台湾侧重于应用技术的研究开发，而且技术开发所涉及的农业产业链较长，不仅仅局限在生产环节，在加工和运销环节的技术成果也很丰富。另一方面，大陆现有农业科研成果多以增产和提高产品品质为目标，台湾农业技术的提升有相当大比例以保护农业生态环境和实现可持续发展为目标，反映了两岸农业技术发展的阶段性差异。

（一）两岸农业技术具有互补性

大陆农业科技成果从绝对数量而言相当可观，据不完全统计，从 1979—1998 年各省、自治区、直辖市确认的科技成果达 4 万多项[①]。而且，2000 年以来我国大陆每年取得农业科技成果超过 6000 多项，但这些技术中相当大比例并没有转化成为农业实用技术[②]。大陆农业技术研究往往项目起点高，精、尖、高技术化倾向严重，农业技术研究针对性差，存在着技术成果理论的先进性与实际应用滞后性的矛盾。"六五至七五"期间的统计显示，大陆农业科技成果转化率只有 30%～40%，远低于世界发达国家的农业科技成果转化率平均水平，近年虽然没有相关的农业科技转化率统计结果，但从实际调查中了解到（笔者在 2006 年 11 月 20 日对农业部全国农业技术服务推广中心进行了走访调研），目前的农业科技成果转化率仍然较低。与大陆形成对照，台湾农业技术的研发与推广有很强的针对性，非常注重农业技术的实用性，加上推广体系完善，农业技术成果很容易传播到农民手中，应用到生产实践。因此，无论从农业技术自身的发展特点还是从应用性角度进行对比，都可以看出两岸在农业技术领域存在显著的互补性。

（二）大陆在农业技术领域的优势，值得台湾引进与结合

大陆丰富的农作物种质资源和畜禽品种资源，可以为台湾农业遗传育种和品种改良提供种质资源基础。随着遗传工程等尖端科技的发展，品种改良方面所需的遗传资源范围日益扩大，所需遗传资源量也日益增多，而目前台湾所收集、保存的种质资源无法满足需求的增加。大陆作为世界第二大种质资源库，恰可以满足台湾在此方面的需要[③]。

大陆生物技术发展较快，部分技术已处于国际先进水平，特别是在基因工程育种和核辐射诱变育种方面，以及矮败小麦育种技术、水稻基因组研究、禽流感等动物重大传染病防治技术等方面值得台湾学习和借鉴。

---

① 中华人民共和国科学技术部农村与社会发展司，中国农村技术开发中心. 中国农村科技发展报告 2002[M]. 北京：中国农业出版社，2003.

② 徐清，刘义圣. 中国农业技术进步问题新探[J]. 福建经济管理干部学院学报，2006（3）.

③ "目前我国保存的作物种质资源有 38 万份，已编入国家作物种质资源目录的资源数量为 35.15 万份，成为世界上保存作物种质资源数量仅次于美国的第二大国"（引自 2007 年 12 月 25 日科学时报 A3 版"种质资源：宜珍藏更待开掘"，记者：陆琦，潘锋）。

大陆自改革开放以来，经过多年的努力，农业领域的科学研究与开发机构增长迅速，目前已形成较完善的农业科研体系，具有先进的科研设施和较好的科研条件，以及不断壮大的高素质的农业科技队伍。大陆在基础研究领域的快速发展以及庞大的高素质人才队伍，正是台湾农业持续发展所需要的。

（三）台湾先进的农业产销技术及运行、管理机制，值得大陆学习和引进

台湾在农业技术的开发和应用领域投入大，成果多。据统计，台湾农业科技经费投入不断加大，2002 年统计约占 GDP 的 2.3%，其中用于基础研究占 10%，应用研究占 32%，技术开发占 58%。目前，台湾的各种农畜水产品基本实现良种化，农业基本实现机械化，并以农产品收获后处理自动化、种苗生产自动化、设施栽培自动化及管理作业自动化为农业计划工作重点。

台湾实用化高新技术领先于大陆。台湾以生物技术为重点的农业高新技术较早进入实用化阶段，生物工程技术、电子及信息技术、遥感技术、激光技术等在农业生产、加工、流通、贸易等环节得到较广泛应用，不少技术居世界前列①。

台湾改良品种一直是大陆技术引进的重点之一。大陆从台湾引进农业优良品种是两岸农业交流与合作的开端，也是一直以来的一个重点，特别是台湾热带作物优良品种的改良速度快、品质高，对大陆农业生产和品种改进有很大帮助。

台湾的农产品加工和运销技术也是大陆引进学习的重点。台湾农产品加工业是早期经济起飞的源头，技术装备和生产水平都比较高，农产品储运和销售管理技术，特别是国际行销经验已相当成熟。

大陆南部许多省份与台湾的农地规模、地形、耕作技术等有很大的相似性，但大陆农业机械化水平落后于台湾。台湾农业已基本实现机械化，对适宜山地爬坡、操作等小型农机具有较强的研发能力，大陆大型机械研究实力较强，但小型农业机械研究实力不足，与台湾有较强的互补性。

对比看来，两岸农业技术具有较强的互补性，特别是台湾的实用农业技术，正是当前大陆农业现代化建设所缺乏和需要的，加强两岸农业交流与合作，特别是农业科技领域的交流与合作，引进台湾先进的农业技术和成功经验，对大陆农业和农村建设有不可低估的作用。

---

① 范维培，等. 创新海峡两岸农业科技合作机制的探索[J]. 中国农业科技导报，2004，6（2）.

第三章　两岸农业发展优势比较

两岸农业资源条件差异较大且具互补性，加之在不同的发展历程下形成各自鲜明特点，构成了两岸优势互补的农业产业基础。

第一节　两岸农业产业结构及主要产业类型特征比较

从单户经营规模而言，海峡两岸的农业都是小农体制，但由于整体规模的差异和发展阶段的不同，两岸在农业生产和经营模式上又存在着显著差异。

一、生产总量与结构

台湾的农业产值自 20 世纪 60 年代以后基本保持稳定增长趋势，但受土地资源的限制，虽然在农业科技和资本投入的推动下，单位面积产量（值）不断上升，但上升空间渐趋有限。进入 20 世纪 90 年代以后，台湾农业生产指数的变化开始呈现小幅波动的水平发展态势。进入 21 世纪以来，农业生产指数进一步呈现波动下降趋势。详见表 3-1。

表 3-1　台湾农业生产指数

年份	农业生产指数	农耕产品	畜产品	水产品
1970	59.7	1063	25.1	54.4
1980	87.7	117.2	52.0	101.6
1990	108.6	108.0	91.4	143.3
2000	110.7	105.6	107.3	130.1
2001	109.4	101.0	107.6	132.3
2005	102.9	89.3	100.3	139.3

年份	农业生产指数	农耕产品	畜产品	水产品
2010	96.4	94.2	96.7	101.4
2011	100.0	100.0	100.0	100.0
2012	98.3	100.6	98.6	102.7
2013	97.1	94.8	96.7	101.4
2014	98.4	10.5	96.8	101.3

资料来源：台湾《农业统计年报（2014）》，生产指数以 2011 年为基准=100。

与台湾农业生产发展趋势形成对比，进入 21 世纪以后，大陆农业总体及主要农产品的生产指数一直保持较为平稳的发展态势，并没有显著下降。从产业结构变迁的角度进行初步比较得出，大陆农业的目前状况与台湾 20 世纪 80 年代比较相似，步入工业反哺农业、城市带动乡村的发展阶段后，农业迎来新一轮的发展机遇。发展实践表明，大陆农业持续、稳定的发展为台湾成熟的农业生产要素提供了进一步发展的空间和平台。大陆农业生产指数见表 3-2。

表 3-2　大陆农业生产指数

年份	农业生产指数	粮食	畜产品	水产品
2000	99.2	96.0	98.0	104.5
2001	99.8	98.1	92.3	104.5
2002	100.5	98.4	99.5	104.2
2003	99.6	95.1	99.4	105.5
2004	102.9	102.7	94.8	105.4
2005	101.2	98.6	95.9	106.0
2010	100.0	98.5	99.0	102.3
2011	100.0	100.0	100.0	100.0
2012	100.4	98.8	99.2	103.5
2013	99.5	98.8	99.8	100.3
2014	99.8	98.8	98.6	101.3

资料来源：历年《中国统计年鉴》，生产指数以 2011 年为基准=100。

台湾的农作物生产结构与大陆相似，谷物、水果、蔬菜占了绝大部分比例，但从变化趋势来看，台湾的农作物生产结构中水果的生产比重持续增长，蔬菜增长缓慢，而谷物则呈现持续下降的趋势。这主要是由于台湾受到土地资源的限制，土地和劳动力成本的不断上升，种植业的生产重点逐渐转向附加值较高的热带水果，目前已经占到种植业产值约四成的比例。详见表 3-3。

表 3-3 台湾农作物生产结构

年份	结构比（%）						
	稻米	杂粮	特用作物	水果	蔬菜	菇类	花卉
1990	27.45	8.56	10.4	29.77	19.65	1.51	2.64
1995	23.63	8.1	9.11	32.29	20.35	1.15	5.37
2000	20.98	5.48	7.93	34.98	23.34	1.52	5.76
2005	17.31	4.59	4.56	38.31	26.22	1.76	7.27
2010	16.08	4.48	5.59	37.58	27.07	2.17	7.03
2014	16.79	5.02	5.19	39.25	24.28	2.17	6.73

资料来源：台湾《农业统计年报》。

从最近 10 多年的变化来看，两岸农业生产结构表现出相似的变化趋势，总体保持平稳变化的同时，种植业比重均有所上升，畜牧业和渔业比重都有小幅下降。横向对比来看，大陆的种植业和林业比重明显高于台湾，但畜牧业和渔业的比重相对较低，由此构成两岸农产品贸易的产业基础。详见表 3-4。

表 3-4 两岸农业的生产结构

年份	大陆生产结构比（%）				台湾生产结构比（%）			
	种植业	林业	畜牧业	渔业	种植业	林业	畜牧业	渔业
1990	64.66	4.31	25.67	5.36	44.14	0.47	26.95	28.43
1995	58.43	3.49	29.72	8.36	40.99	0.23	34.32	24.46
2000	55.68	3.76	29.67	10.89	45.41	0.07	29.57	24.94
2005	49.72	3.61	33.74	10.18	42.52	0.16	33.05	24.27
2010	53.29	3.74	30.04	9.26	44.22	0.09	34.02	21.67
2014	53.58	4.16	28.33	10.11	47.41	0.07	32.37	20.15

资料来源：大陆数据来自《中国统计年鉴》；台湾数据来自《农业统计年报》。

二、主要产业类型比较

台湾的农业产业部门包括种植业、畜牧业、水产业与林业，大陆农业产业部门划分中则不包括林业。为了比较类型一致，而且分析的目的以两岸农业互补性特点与合作基础为重点，暂不对两岸林业产业做对比分析，着重分析种植业、畜牧业和水产业的特点。

（一）两岸种植业的产业类型特点

种植业对地理气候条件的依赖程度最高，因此台湾农产种植业受地理纬度的限制，与大陆的整体产业类型存在较大差异，但与东南沿海地区及相同纬度的广西、四川等地的产业类型相似度很高。

台湾种植业产品主要有粮食作物、特用作物（经济作物）与园艺作物三大类别。粮食作物主要包括谷类（稻类、小麦、高粱、粟、大麦、玉米及荞麦等）、豆类（大豆、红豆、花豆、绿豆等）与薯类（甘薯、树薯及马铃薯等）三大类。其中，以稻米最为重要。经济作物主要有甘蔗、茶叶、烟草、亚麻、油菜、棉花、黄麻、剑麻等20余种。其中，甘蔗、茶叶最为重要。台湾园艺作物包括水果、蔬菜、洋菇与花卉等，在种植业中所占地位不断提高。台湾水果生产品种多，主要有香蕉、凤梨（菠萝）、柑橘、柚子、橙、龙眼、荔枝、木瓜、梨、苹果、桃子、柿子等。20世纪90年代以来，水果生产结构也发生了变化，梨、槟榔、荔枝、莲雾、葡萄、龙眼、木瓜等水果发展较快，而过去占绝对优势的香蕉、菠萝等所占比重开始下降①。

2014年，台湾种植业作物中，种植面积以稻米最大，约为27.1万公顷，占作物种植总面积的38.4%；其次是水果，种植面积约为18.5万公顷，占比达到26.3%；蔬菜种植面积约为14.7万公顷，占比达到20.8%。同年台湾种植业产值2402.11亿元新台币，其中以水果最多（占39.25%），蔬菜其次（占27.02%），稻米占16.79%、特用作物占5.18%、杂粮占5.01%。台湾虽然地理面积较小，但种植业生产的区域分布特点明显，主要是中南部的云林县、嘉义县、台中县、彰化县、屏东县及台南县。详见表3-5。

表3-5　2014年台湾种植业主要作物生产结构及分布情况

作物类型		种植面积（千公顷）	产量（吨）	产值（亿元新台币）	主要生产区域
稻米		271.05	1732210	414.79	彰化县、云林县、嘉义县等
杂粮		—	—	123.81	嘉义县、云林县、台南县等
	饲料玉米	13.54	62192	5.59	嘉义县、台南县
	食用玉米	13.46	103608	16.70	云林县、嘉义县
	甘薯	10.13	234883	44.76	云林县、彰化县、台中县
	高粱	2.06	2203	0.57	嘉义县、台南县

---

① 中国台湾网. http://big5.chinataiwan.org/twzlk/twjj/nongye/200909/t20090901_988336.htm。

作物类型	种植面积 （千公顷）	产量 （吨）	产值 （亿元新台币）	主要生产区域
特用作物	—	—	128.02	嘉义县、云林县、台南县等
制糖甘蔗	8.64	502706	5.20	嘉义县、云林县、台南县
生食甘蔗	0.54	39463	4.04	云林县、彰化县
茶	11.91	15200	75.24	南投县、嘉义县、台北县
蔬菜	146.51	—	599.54	云林县、彰化县、台南县、屏东县、嘉义县、南投县等
萝卜	2.65	101349	8.83	云林县、彰化县、台南县
竹笋	26.32	277201	72.81	云林县、台南县、嘉义县
甘蓝	7.89	376417	48.07	云林县、彰化县、宜兰县
结球白菜	2.01	81082	9.78	云林县
番茄	5.25	136066	32.64	南投县、云林县、屏东县
水果	185.30	—	969.52	屏东县、南投县、台南县等
香蕉	14.00	299900	72.52	屏东县、南投县、高雄县
凤梨	10.15	456243	91.43	屏东县、台南县、嘉义县
柑橘	5.84	137136	38.00	嘉义县、台中县
文旦柚	4.25	65974	17.67	花莲县、台南县
柳橙	5.39	162533	32.36	云林县、台南县、嘉义县
芒果	15.07	152932	76.21	台南县、屏东县、高雄县
槟榔	44.96	121435	106.86	屏东县、南投县、嘉义县
番石榴	7.13	168392	41.56	高雄县、台南县、彰化县
莲雾	4.71	82390	46.26	屏东县
梨	5.58	134549	67.23	台中县、苗栗县
花卉	13.25	—	166.43	彰化县、台中县、南投县等

资料来源：台湾《农业统计年报（2014）》。

　　大陆幅员辽阔、南北地理气候差异较大，各地依自然资源条件，种植业有不同的主产作物。2014 年，大陆种植业作物中谷物类粮食作物种植面积最大，接近 1 亿公顷，其中，稻谷、小麦、玉米分别约为 0.30 亿公顷、0.24 亿公顷和 0.37 亿公顷；其他作物中蔬菜的播种面积较大，约为 0.21 亿公顷；其次是油料作物，约为 0.14 亿公顷；再次是水果，约为 0.13 亿公顷。详见表 3-6。

表 3-6　2014 年大陆种植业主要作物生产结构及分布情况

作物类型		种植面积（千公顷）	产量（万吨）	主要生产区域
谷物		94603.4	55740.7	河南、山东、河北、黑龙江、安徽、江苏、湖南、四川、吉林、江西
	稻谷	30309.8	20650.7	湖南、江西、黑龙江、江苏、安徽
	小麦	24069.4	12620.8	河南、山东、安徽、江苏
	玉米	37123.3	21564.6	黑龙江、吉林、山东、河北
大豆		9178.8	1625.4	黑龙江、内蒙古
薯类		8940.2	3336.4	内蒙古、甘肃、贵州
油料作物		14042.7	3507.4	河南、湖北、四川、安徽、山东
	花生	4603.8	1648.1	河南、山东、河北
	油菜籽	7587.9	1477.2	湖北、四川、湖南
棉花		4222.3	617.8	山东、河北、河南、湖北
甘蔗		1760.4	12561.1	广西、云南
蔬菜		21404.7	—	山东、河南、河北、江苏、四川
水果		13127.2	26142.2	河北、广东、陕西、广西、新疆、山东、福建、甘肃
茶叶		2649.8	209.5	福建、云南、浙江、湖北、四川

资料来源:《中国统计年鉴（2015）》。

对比来看，两岸种植业规模相差悬殊，但产业类型结构在大类上具有一定的相似性，谷物和蔬菜的种植面积都相对较大。但进入到种植产业类型的具体细项，差异就比较明显了。①大陆的谷物中稻谷、小麦、玉米的种植面积都比较大，而台湾的谷物种植中仅以稻米独大；②大陆种植面积较大的油料作物、大豆、棉花等作物在台湾的种植面积很小，甚至没有种植；③大陆水果以温带水果最大宗，而台湾则以热带、亚热带水果为主。

以近年两岸同类种植产品进行对比发现，大陆大部分同类产品的单产普遍高于台湾，其原因主要是台湾农业自 20 世纪 90 年代转型以来，主要致力于发展精致农业，更加注重农产品质量和品质的提升，大陆种植业需要承载 13 亿人的"米袋子"和"菜篮子"，在优先满足数量保障的基础上，才开始逐渐向数量、质量和效益并重的方向调整。

（二）两岸畜牧业的产业类型特点

台湾的畜牧业主要集中于中部和西南部地区，养猪是台湾整个畜牧产业的中心，占畜牧业产值的 45.57%。高雄和屏东是台湾主要的养猪业产地。2014 年的屠宰头数约为 806.7 万头，人均占有猪肉量约为 35 千克。家禽饲养以鸡、鸭、火鸡、鹅的饲养为主。其中，养鸡业最为重要，占畜牧业产值的 24.67%。养鸡业以现代化、大规模企业经营为主，农家副业饲养的比例非常低。2014 年台湾畜牧业主要类型生产结构及分布情况详见表 3-7。

大陆畜牧业一直是农业和农村经济的支柱产业，2014 年肉类、禽蛋和奶类总产量分别为 8706.7 万吨、2893.9 万吨和 3841.2 万吨。肉类生产中猪肉的产量比重最高，2014 年猪肉产量为 5671.4 万吨，占肉类总产量的 65.14%；其次是禽肉产量，为 1917.9 万吨，占肉类总产量的 22.03%。2014 年大陆畜牧业主要类型生产结构及分布情况见表 3-8。

表 3-7　2014 年台湾畜牧业主要类型生产结构及分布情况

项目	年末存栏 （万头、亿只）	出栏数 （万头、亿只）	主要生产区域
猪	554.5	806.7	屏东县、云林县、彰化县、台南县
牛	14.6	3.4	彰化县、屏东县、台南县、云林县
羊	15.8	7.2	台南县、高雄县、彰化县、云林县
家禽	1.1	3.7	彰化县、屏东县、台南县、云林县

资料来源：台湾《农业统计年报（2014）》。

注：表中家禽单位为亿只，其他牲畜为万头。下同。

表 3-8　2014 年大陆畜牧业主要类型生产结构及分布情况

项目	年末存栏 （万头、亿只）	出栏数 （万头、亿只）	主要生产区域
猪	46582.7	73510.4	四川、湖南、山东、广东、河北
牛	10578.0	—	河南、河北、山东、内蒙古、辽宁
羊	30314.9	—	内蒙古、山东、河南、河北、四川
家禽	58.0	120.8	山东、广东、江苏、辽宁、河北

资料来源：《中国统计年鉴（2015）》。

两岸畜牧产业结构相似度较高，大牲畜均以生猪养殖最大宗，羊和牛分列第二、第三位；家禽养殖都以养鸡比例最高。但从发展趋势看，大陆畜禽养殖的规模逐年呈现增长态势，台湾畜禽养殖的规模则呈现下降趋势。

（三）两岸水产业的产业类型特点

台湾水产业是台湾农业中的一个重要部门，按作业类型划分为远洋渔业、近海渔业、沿岸渔业与养殖渔业四大类。2014 年，台湾渔户数为 13.7 万户，渔民人数 39.5 万人；其中捕捞业渔户约 9.9 万户，28.2 万人；养殖业渔户 3.8 万户，11.3 万人。2014 年，台湾渔业总产量为 141.0 万吨，产值 1049.6 亿元新台币。其中，远洋渔业产量约为 89.9 万吨，产值 436.4 亿元新台币；近海渔业产量 14.0 万吨，产值 142.8 亿元新台币；沿海渔业产量 2.9 万吨，产值 40.8 亿元新台币；养殖渔业产量 34.1 万吨，产值 429.6 亿元新台币。

大陆水产业在改革开放 30 多年来取得了辉煌的发展成就，目前水产业增长方式已逐渐由"捕捞为主"转向了"养殖为主"，成为农业、农村经济中的重要产业。2014 年大陆水产品产量达到 6461.5 万吨，是 1978 年的 14 倍。两岸水产业生产结构比较详见表 3-9。

表 3-9　两岸水产业生产结构比较

项目	大陆（吨）	比例（%）	台湾（吨）	比例（%）
远洋渔业	—	—	899035	63.8
海洋捕捞	14835700	23.0	169337	12.0
海水养殖	18126500	28.1	29287	2.1
淡水捕捞	2295400	3.6	30	0.0
淡水养殖	29357600	45.4	312118	22.1

资料来源：《中国统计年鉴（2014）》、台湾《农业统计年报（2014）》。

通过结构对比可以看出，两岸水产业的发展特点具有较大差异。以渔业类别划分来看，大陆以淡水养殖的产量比重最高，其次是海水养殖和海洋捕捞；而台湾则以远洋渔业的产量比重最高。以渔业生产类型划分来看，大陆以水产养殖的产量比重最高，约占渔业总产量的 73.5%；台湾则以远洋渔业和海洋捕捞的产量比重最高，约占渔业总产量的 75.8%。

三、两岸农产品的差异及互补

台湾受限于纬度、气候和地域面积狭小的自然约束，虽然在农业生产技术和品种培育方面比较先进，但生产的产品种类终归相当有限。加上海岛型气候的特征，农地产出容易受到台风、暴雨等自然灾害的影响，农产品的种类和数量都比较少。此外，土地比较效益决定了台湾不宜种植低附加值的大宗农产品，唯精细耕作和养殖的高附加值农业才有利可图。

相反，大陆地域辽阔，东西南北跨度极大，温带、亚热带和热带作物都有大面积的种植和生产。即使在南方与台湾具有相似地理、纬度和气候条件的地区，虽然在产品种类上具有较高的相似性和重叠性，但在品种更新、种植面积以及产品品质方面仍存在较大差异。以莲雾等热带水果为例，虽然在福建、广西、广东和海南等地都有种植，但在品种和品质方面与台湾种植的产品存在较大差别，因此使得优质、价高的台湾水果在大陆销售行情非常好，与大陆相似产品在市场定位和销售价格上形成了明显的差异和互补。

大陆的大宗农产品，如玉米、小麦及大田蔬菜等，还有温带水果，如苹果、水蜜桃、杏等，台湾基本上都难以生产或自给不足，两岸在这些产品方面具有较大的互补空间。

第二节　海峡两岸农产品贸易竞争力比较

一、两岸农产品对外贸易的产品与地区结构

台湾农产品贸易在 20 世纪 60 年代，出口贸易额一直大于进口，为台湾经济的起飞提供了必要的外汇资金。从 1974 年开始，农产品进口贸易额逐步超过出口贸易，台湾农产品贸易开始进入入超阶段，并且逆差幅度不断增加。1976年，台湾农产品贸易逆差为 2.6 亿美元，1979 年就上升到 7.4 亿美元，20 世纪80 年代稳定在 10 亿美元左右，到了 20 世纪 90 年代初贸易逆差飚升为 24 亿美元，1997 年达到贸易逆差的峰值 59 亿美元，随后稍有下降，稳定在 40 亿美元的水平。加入世贸组织后，农产品贸易逆差有进一步扩大的趋势，2013 年逆差额达到 97 亿美元。

（一）台湾农产品进出口的产品结构和地区结构

台湾农产品出口曾以畜产品所占比例最大，20 世纪 90 年代中期，畜产品的出口额占到台湾农产品出口总额的 50%以上，现在农产品出口结构中以水产品和农耕产品最多，二者 2013 年出口额占台湾农产品出口总额的比重均为

36.2%；进口则一直以农耕产品为主，2013 年农耕产品进口额占农产品进口总额的比例在 60%以上。2013 年台湾农产品主要进出口产品种类见表 3-10。

表 3-10 2013 年台湾农产品主要进出口产品种类

排名	前十大进口产品	前十大出口产品
1	谷类及其制品	牛，皮革
2	木材及其制品	鲔鱼，冷冻
3	油料籽实及粉	鲣鱼，冷冻
4	烟叶及其制品	鲔鱼，生鲜冷藏
5	活畜禽、肉类及杂碎	石斑鱼，活鱼
6	皮及其制品	烘制糕饼，谷类调制品
7	水果及其制品	猪，皮革
8	酒类	蝴蝶兰，活花卉植物
9	棉花	吴郭鱼，冷冻
10	砂糖及其制品	秋刀鱼，冷冻

资料来源：根据台湾《农产贸易统计要览（2013）》整理获得。

台湾农产品的进出口市场结构较为稳定，主要进口来源地区一直是美国、澳大利亚、日本等；主要出口地为日本、中国香港和美国等。进入 21 世纪以来，大陆在台湾的农产品进出口市场中的地位逐渐提高，2005 年，大陆成为台湾农产品第三大出口地，2010 年成为台湾农产品第二大出口市场，2013 年进一步成为台湾第一大农产品出口市场。目前，大陆成为台湾第三大农产品进口来源地。详见表 3-11。

表 3-11 2013 年台湾农产品进出口主要经济体

排名	出口			进口		
	国家（地区）	贸易额（千美元）	比例（%）	国家（地区）	贸易额（千美元）	比例（%）
1	中国	916877	18.1	美国	3358428	22.7
2	日本	829202	16.3	日本	915991	6.2
3	中国香港	522297	10.3	中国	899793	6.1
4	美国	472299	9.3	澳大利亚	812296	5.5
5	越南	388224	7.6	马来西亚	723704	4.9
6	泰国	349381	6.9	泰国	750285	5.1
7	韩国	204810	4.0	印尼	448880	3.0
8	其他	1395755	27.5	其他	6873938	46.5

资料来源：台湾《农产贸易统计要览（2013）》。

（二）大陆农产品进出口的产品结构和地区结构

大陆农产品对外贸易的规模一直以来持续增长，20 世纪 80 年代只占到世界农产品贸易总额的 1%左右，2014 年则达到约 5%的份额。根据联合国贸易统计数据，目前中国已经是世界第六大农产品出口地区，第一大农产品进口市场。详见表 3-12。

表 3-12　2014 年大陆农产品进出口结构

主要出口产品	出口额（亿美元）	占比（%）	主要进口产品	进口额（亿美元）	占比（%）
农产品出口总额	693.6	100.0	农产品进口总额	1076.0	100.0
鱼及其他水生无脊椎动物	20.3	20.3	油籽	458.9	42.6
肉、鱼、甲壳动物、软体动物	12.8	12.8	动植物油脂	91.2	8.5
食用蔬菜及根和块茎	11.9	11.9	鱼及其他水生无脊椎动物	65.8	6.1
蔬菜、水果或植物的其他部分	11.0	11.0	乳制品	64.9	6.0
食用水果和坚果	6.2	6.2	谷物	61.7	5.7
食品工业废弃物及动物饲料	4.7	4.7	肉及食用杂碎	58.4	5.4
其他	33.1	33.1	其他	275.0	25.6

资料来源：UNcomtrade 数据库。

中国大陆农产品的出口市场主要集中在亚洲、欧洲和北美洲，这在过去 20 年中都没有发生太大的变化。总体上看，包括日本、韩国和中国香港等在内的亚洲是中国大陆农产品出口的最大市场，占农产品总出口额的 70%左右。北美、南美和大洋洲是中国大陆农产品进口的主要来源地，美国位居第一。2014 年大陆农产品进出口主要市场情况见表 3-13。

表 3-13　2014 年大陆农产品进出口主要市场

出口			进口		
主要市场	出口额（亿美元）	份额（%）	主要市场	进口额（亿美元）	份额（%）
日本	109.6	15.8	美国	257.6	37.1
中国香港	86.0	12.4	巴西	212.6	30.6
美国	73.2	10.6	新西兰	62.2	9.0
韩国	47.7	6.9	加拿大	52.3	7.5
越南	29.2	4.2	泰国	48.5	7.0

资料来源：UNcomtrade 数据库。

两岸农产品的进出口市场很相似，主要出口市场以亚洲市场为主，主要进口来源地以北美和亚洲地区为主。因此，两岸只有携手合作，促进生产要素的合理配置，才能避免在国际市场上的相互竞争，实现双赢。

二、两岸间农产品贸易规模与结构

1990 年以来两岸贸易往来发展迅速，有专家统计在随后的 15 年间，两岸进出口贸易规模年均增长率达到了 23.6%（华晓红，2005）。在农产品贸易方面，1999 年大陆首次进入台湾农产品的十大出口市场（居第十位），此后排名逐年上升，目前，大陆已是台湾最大的农产品出口市场及第三大农产品进口来源地。随着两岸经贸关系日益加深，农产品贸易的规模会不断扩大，但农产品贸易在两岸农业总体贸易中所占比重还比较低，未来进一步拓展的潜力较大。

2014 年，大陆是台湾最大的农产品外销市场，但两岸农产品贸易仅占当年两岸商品贸易总额的 1% 左右。大陆向台湾出口农产品占大陆向台湾出口商品总额的 2.1%，大陆自台湾进口农产品仅占大陆自台湾进口商品总额的 0.6%。

从两岸农产品贸易的大类结构观察，畜产品在两岸农产品贸易中所占比重最大，无论是出口还是进口都占到 40% 左右；其次是农耕产品，两岸进出口贸易金额比较接近；林产品呈现台湾贸易顺差，水产品则呈现大陆贸易顺差。

表 3-14　2014 年台湾对大陆的农产品贸易额（单位：亿美元）

产品种类	2014 年	
	向大陆出口额（比重）	自大陆进口额（比重）
农产品总计	9.98	9.74
畜产品	4.18（41.9%）	3.85（39.5%）
农耕产品	2.87（28.8%）	2.16（22.2%）
林产品	2.56（25.7%）	1.87（19.2%）
水产品	0.36（3.7%）	1.87（19.2%）

资料来源：台湾《农产贸易统计要览（2014）》。

台湾向大陆出口的农耕产品结构较为稳定，大部分产品的出口规模持续稳定增长。其中，出口规模最大且近几年增长显著的产品为花卉及其种苗、谷物及其制品、蔬菜及其制品和水果及其制品。台湾从大陆进口的农耕产品结构稳定性相对较差，特别是进口规模较大的几类主要农产品规模变动幅度也比较大，并且没有明显的增长或降低规律，推断主要受两岸不稳定贸易关系影响较大。

台湾从大陆进口的农耕产品以植物性中药材、水果及其制品、蔬菜及其制品和谷物及其制品等为主，有些年份棉花的进口规模也较大。详见图 3-1。

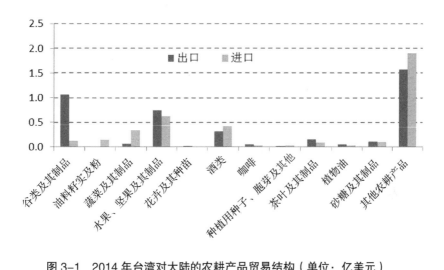

图 3-1　2014 年台湾对大陆的农耕产品贸易结构（单位：亿美元）

台湾向大陆出口的畜产品中，始终以皮及其制品为最大宗，而且在近几年的出口规模有迅速扩大的趋势；羽毛曾是台湾从大陆进口规模最大的畜产品，可是近十年来规模不断萎缩，目前台湾从大陆进口最多的畜产品为皮及其制品，可见在畜产品方面两岸的产业内贸易比例较高，主要是对不同加工程度皮革原料及产品的需求有互补性。详见图 3-2。

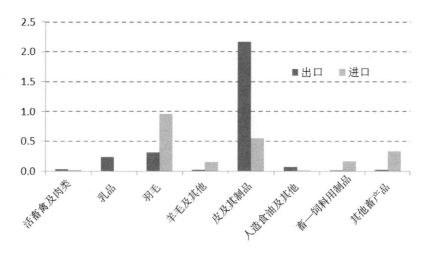

图 3-2　2014 年台湾对大陆的畜产品贸易结构（单位：亿美元）

台湾对大陆的水产品进出口种类都比较分散。近几年，台湾出口大陆的鱼类及其制品规模有明显增长，从大陆进口的各类水产品规模均比较小。详见图3-3。

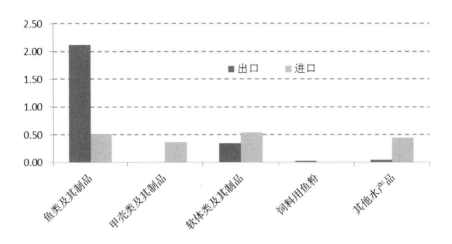

图 3-3　2014 年台湾对大陆的水产品贸易结构（单位：亿美元）

三、两岸农业贸易竞争力比较

对地区产品进出口贸易的竞争力进行测度，贸易竞争力指数（TC）是常用指标之一，特别是在地区之间进行截面比较时贸易竞争力指数能较好地反映实际。见表3-15。

表 3-15　大陆与台湾农产品贸易竞争力指数比较

产品类别（HS 二位编码）	2000 年		2005 年		2010 年		2014 年	
	大陆	台湾	大陆	台湾	大陆	台湾	大陆	台湾
01	0.76	-0.23	0.50	-0.54	0.26	-0.32	-0.18	-0.23
02	0.08	-0.95	0.12	-0.90	-0.38	-0.97	-0.66	-0.98
03	0.30	0.50	0.20	0.68	0.34	0.41	0.36	0.34
04	-0.07	-0.93	-0.27	-0.93	-0.66	-0.91	-0.83	-0.91
05	0.65	0.09	0.64	0.06	0.53	0.01	0.65	-0.03
06	0.21	0.52	0.06	0.57	0.33	0.73	0.37	0.79
07	0.90	-0.01	0.71	-0.32	0.66	-0.27	0.52	-0.22
08	0.06	-0.70	0.24	-0.86	0.11	-0.80	-0.09	-0.79
09	0.91	-0.27	0.91	-0.49	0.83	-0.58	0.76	-0.59

产品类别 （HS 二位编码）	2000 年		2005 年		2010 年		2014 年	
	大陆	台湾	大陆	台湾	大陆	台湾	大陆	台湾
10	0.48	−0.96	0.01	−1.00	−0.47	−1.00	−0.87	−0.99
11	0.19	−0.79	0.04	−0.84	0.10	−0.88	−0.22	−0.80
12	−0.56	−0.89	−0.71	−0.91	−0.86	−0.94	−0.87	−0.93
13	0.16	0.10	0.29	−0.23	0.69	−0.41	0.70	−0.72
14	−0.32	0.04	−0.16	−0.12	−0.52	−0.12	−0.32	−0.72
15	−0.78	−0.63	−0.84	−0.65	−0.92	−0.59	−0.87	−0.63
16	0.99	0.47	0.99	0.06	0.97	0.12	0.95	−0.03
17	−0.01	−0.59	−0.04	−0.80	0.01	−0.85	−0.07	−0.73
18	−0.42	−0.97	−0.24	−0.98	−0.35	−0.95	−0.28	−0.90
19	0.67	−0.55	0.52	−0.60	−0.03	−0.34	−0.28	−0.14
20	0.91	−0.38	0.90	−0.45	0.85	−0.40	0.82	−0.40
21	0.42	−0.49	0.40	−0.51	0.39	−0.41	0.32	−0.24
22	0.51	−0.76	0.27	−0.75	−0.25	−0.63	−0.29	−0.66
23	0.56	0.72	0.46	0.74	−0.25	−0.69	−0.10	0.68
24	0.19	−1.00	0.17	−0.95	0.13	−0.89	−0.14	−0.73

资料来源: 大陆贸易原始数据来自 UNcomtrade 数据库, 台湾贸易原始数据来自台湾《农产贸易统计要览》, 经整理计算获得。

上表反映了两岸农产品按照 HS 编码（海关编码）计算的两岸农产品贸易竞争力指数。通过比较可得以下结果。

（1）相对于台湾而言，大陆绝大部分农产品具有比较优势。在统计的 24 类农产品中，除第 06 产品（乳制品、禽蛋、天然蜜等）外，其余产品的贸易竞争力指数均大于台湾同类产品。

（2）进入 21 世纪以来，台湾几乎所有农产品都表现为缺乏竞争力，大陆在 21 世纪初部分产品则表现出较强竞争力，如第 01（活动物）、05（鱼类等水产品）、07（未列名动物）、09（蔬菜）、16（编制用植物性材料）、20（可可及其制品）等各类产品。截至 2014 年，虽然大陆这些农产品仍具有一定贸易竞争力，但总体竞争力水平已有明显下降，同时台湾各类农产品的竞争力也都有进一步下降。相比之下，大陆各类农产品普遍较台湾更具优势。

（3）HS 第 06 类是两岸都具有贸易竞争力，但台湾优势更明显的产品。大陆水产品和花卉种苗产品为一般比较优势产品，而台湾为具有较高比较优势的产品，与大陆相比，台湾产品更具优势。

第三节　两岸农产品市场运销体系比较

农产品运销体系就是联结生产者和消费者的各种流通渠道和流通模式的组合，由各种形式的运销组织和制度构成。台湾的生鲜农产品运销体系经过几十年的演进发展，在产地收购、集货处理、储藏运输、市场销售等各个环节都已逐步形成完善体制,可为大陆农产品物流体系建设和市场机制完善提供借鉴。

一、台湾农产品市场运销体系

回顾台湾农产品运销体系的演进历程，大致可划分为两个主要阶段。

20 世纪 70 年代以前，台湾对农业实行管制政策，市场管理归属于财政机构。1947 年相关主管部门颁布市场管理规则，规定果菜应在公有市场内批发交易，设立中介人代客买卖，按成交货值总额的 3% 提取管理费缴库。当时由相关主管部门设置并直接管理市场，目的是增加地方的财政收入。在此期间，台湾形成了行政化计划流通和市场化自由流通两种截然不同的并行运销体制[①]：一是委托运销，即所谓"行口"制，如蔬菜生产者或委托人，将产品由产地运往消费地交由"行口"代售，待完成交易扣除代售手续费和佣金，其余货款交予货主；二是行政机构与农民组织联合运销，如青果运销合作制、公营农产品运销制和特定外销产品运销制。

20 世纪 70 年代以后，以批发市场为主导的运销体系逐渐确立，农产品流通组织形式越来越多元化并趋于完善。1972 年，台湾开始执行为期 9 年的"加速农村建设计划"。1973 年，制定了"农村发展条例"，提出了一系列新的农业经济政策，通过投资直接或间接加强农民的生产意愿[②]。与此同时，开始重视农产品运销方面的问题，着重发挥批发市场在产销制度中的功能。1982 年 9 月公布实施了《农产品市场交易规定》，1983 年、1984 年、1986 年分别对有些条文

---

① 黎元生. 农产品流通组织创新研究[M]. 北京：中国农业出版社，2003.
② 张强. 台湾地区的农产品运销现状[J]. 世界农业，1996（1）：10-12.

进行修订，使《农产品市场交易规定》更趋完善。之后陆续制定了《农产品批发市场管理办法》《农民团体共同运销辅导奖励监督办法》及《农产品分级包装标准与实施办法》等一系列制度和规定，使台湾的农产运销逐渐走上了法制化的轨道。1985—1994 年，台湾农业实施新的"农产运销改进方案"，进行了改善农产品运销的十项重点工作，包括：兴办、搬迁、扩建一批果菜、鱼、花卉市场和肉品电宰场，充实市场的冷藏库工程；改进市场经营管理与交易制度；加强辅导农民组织共同运销；等等。20 世纪 90 年代末，台湾当局投资 10 亿元新台币在台北地区建立农产品配销中心，逐步着手组建了一个集产地、批发、零售于一体的三级运销系统。同时，随着直销方式和超市业的发展，通过合作社或产销班组织起来的农民方便地实现了批量直接销售。目前，台湾已经基本形成了一个包括组织体系、管理体系、市场信息系统和配套设施完善的农产品运销体系。

  如图 3-4 所示，台湾的农产品运销体系已呈现多元化的流通格局，但长期以来农产品批发市场始终是农产品流通交易的主渠道。根据台湾农产运销学者许文富教授的测算（1997 年），台湾果蔬类农产品约有 87%的供应量经由批发市场流通和交易。近年来，直接运销虽然对传统市场流通渠道有所冲击，但农产品批发市场仍是迄今最主要的运销通路，尤其对果蔬类农产品而言。

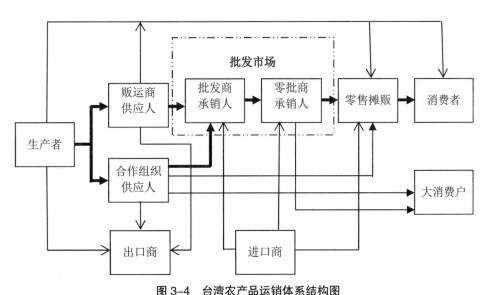

图 3-4　台湾农产品运销体系结构图

资料来源：许文富. 农产运销学[M]. 台北：正中书局，2004.

二、两岸生鲜农产品物流运销链条比较

（一）从生产到运销环节

两岸农业生产都属于典型的小农经营方式，户均耕地和园地的面积都比较小。因此，蔬果农产品从田间进入市场运销的初级环节，都要经过产品由分散到集中的过程。在此环节，两岸相似的收购方式是批发商（贩运商）从农民田间直接收购运至批发市场销售，或由专业合作组织将产品集中后经过分级、包装处理后运至批发市场销售。大陆目前以前一种方式为主要形式，台湾则以后一种方式为主要形式。

两岸农民在组织化程度方面的差异，导致与市场对接过程中所处的地位也有所不同。大陆农民以户为单位进行生产，在销售农产品时也主要以分散的个人去面对市场，结果使得交易双方利益都容易受到损害。一方面，农户在与批发商的交易过程中处于明显的弱势地位，信息不对称容易造成农户在交易中利益受损，而且由于单户的交易规模小，农户的谈判议价能力也相对较弱；另一方面，批发商面对众多分散农户，没有能力对农产品的品质和卫生质量进行严格把关，容易产生农户在交易过程中的逆向选择行为。在台湾，农民绝大多数都以合作组织的形式进行产品生产和销售，不仅可以获得生产资料共同采购和统一生产技术的好处，而且在销售农产品过程中可以共同运销的方式获得利益保障。

因此，大陆蔬果从生产进入运销的初始环节，由于农民组织化程度较低，交易主体和途径比较复杂，其中以"批发商+农户"的传统模式为主，物流运销的效率和质量控制水平相对较低。

（二）批发市场环节

大陆和台湾的蔬果农产品批发市场在流通中的地位和作用有相似之处，都是连接生产与消费的最主要环节，在蔬果流通中发挥着关键作用。不同的是，两岸蔬果农产品批发市场在发育程度和经营管理模式等方面存在明显差异。

大陆与台湾虽然在蔬果批发市场的划分上都有产地批发市场和销地批发市场之分，但大陆的产、销地批发市场主要以产品生产区域划分，因此分布上较复杂。其中，销地市场不仅分布在人口集中的大城市，而且也分布在产量相对较少的中小型城市，而台湾的销地市场则主要分布在人口密集的大中城市。

两岸蔬果批发市场的交易主体既有相似也有不同，特别在市场对交易主体

的管理方面存在明显差异。在大陆，批发市场的交易主体可以是普通的批发商或农户，无论是买方或是卖方参与市场交易都没有严格的资格审定，进入门槛较低。台湾对参与批发市场交易的从业者有严格的条件限制，不允许非交易者直接进场交易，而且对市场交易主体有明确的业务领域和范围划分。这样既保证了批发市场内的交易秩序，同时又保证了交易的规范化和公平竞争的实现①。

在批发市场的交易方式上，两岸既有相似也有差异。目前，台湾主要的蔬果和花卉批发市场都已经采用了拍卖交易的方式，大陆仅在深圳布吉农产品批发市场和山东寿光蔬菜批发市场有试点运行，其他地方的批发市场都是以购销双方对手议价方式交易。所谓拍卖，是由拍卖员站在公正的立场，在公开、公平的环境中，由果菜承销人出价竞购的方式交易；议价则是对某些不易采用拍卖方式交易的蔬果类产品，由拍卖员代表供应人根据行情，按其品质与承销人议定价格，议价方式较缺乏公开性，价格因买卖对象而不同，议定价格可能有较大差异②。

以北京市新发地批发市场和台北果菜批发市场的对比为例。北京新发地批发市场蔬果批发交易量占到北京市总需求量的 70% 以上，高峰期日吞吐蔬菜近 1000 万千克、果品近 1300 万千克③。如此大量的交易都是由批发商、农产运销大户以及城郊农户，与外地批发商、本市批零商贩以及超市、饭店、食堂配货采购商等，直接面对面议价交易完成。交易价格主要在产地收购价和市场供应量的基础上通过买卖双方议价决定。批发市场对进场交易的每批次生鲜蔬果抽取部分样本进行卫生质量安全检验，这种"事后"检验行为基本上是对进入市场交易的蔬果农产品进行质量安全控制的唯一手段。由于进场交易主体分散，每个主体的交易规模相对较小，因此在进入市场交易之前，对蔬果产品进行"事前"的质量安全检测与控制措施较少。台北果菜批发市场是台湾规模最大、最具代表性的批发市场，下设两个批发市场，都以拍卖为主、议价为辅的方式交易。按照台湾《农产品市场交易规定》，参与市场交易的供应人和承销人均须申请许可证方可进场交易。批发市场对蔬果产品在进场交易之前要进行严格的农药残留检测，对凡是超过标准的产品一律不准上市交易。

---

① 方志权，顾海英. 海峡两岸鲜活农产品流通体制若干问题比较研究[J]. 上海农村经济，2003（1）：7-10.

② 黎元生. 农产品流通组织创新研究[M]. 北京：中国农业出版社，2003.

③ 北京新发地农产品有限公司网站：http://www.xinfadi.com.cn。

台湾所有蔬果批发市场均设有农药残留快速检验室，对进场交易的蔬果进行抽样快速检测，确定安全方能进场。如检出农药残留超标，将送当地卫生主管部门进一步检测，确认具体超标数，同时追究供应人的法律责任，重者要判刑①。此外，台湾对蔬果农产品的产地检验工作也较为普遍和严格。自1994年起，基本上每个县都建立了一个"农药安全使用咨询站"，主要负责田间蔬菜农药残留检验，按照分析的结果判定农民用药习惯是否正确，进一步进行农民用药教育及追踪检验工作②。

批发市场在大陆与台湾的蔬果农产品流通中虽然都占据重要地位，但在经营管理和配套制度建设方面还存在一定差距。特别是在农产品质量安全控制方面，台湾批发市场已经形成一套较为规范的操作程序与制度，并有相应的产地检验措施和违规惩罚措施与之配套，大陆批发市场在这方面还比较薄弱。

（三）零售环节

比较起来，两岸的蔬果物流运销在零售环节最为相似，销售渠道都以农贸市场摊贩、超市销售以及大消费户的直接配送为主。虽然销售形式上相近，但在零售蔬果的货源配送方式上存在着较大差异。这一方面与物流供应链上游农民组织化程度的发展水平有关，同时也和物流各环节对蔬果产品质量安全控制与保障水平有关。

大陆农贸市场和零售摊贩销售的蔬果，大部分由商贩从本地批发市场批发采购而来，也有部分为城郊农民自产自销，但基本都没有经过严格的卫生质量安全检测。台湾农贸市场和摊贩销售的蔬果，其来源渠道与大陆相似，其中来自批发市场的蔬果经过比较严格的卫生质量检测，由农民自产自销形式销售的蔬果卫生安全程度相对较低。目前，大陆超市销售的蔬果按层次等级的不同，不仅价格差异较大，而且卫生安全程度也不相同。其中，来自基地供应商的无公害或有机蔬果价格和卫生安全程度较高，由一般供应商从批发市场或产地收购的蔬果产品价格和卫生安全程度均比较低，绝大多数的中小型超市销售的蔬果产品以供应商从批发市场采购配送为主。相比之下，台湾超市销售的蔬果产品来源渠道比较简单，有的是由超市生鲜配送中心从批发市场采购，也有是农会和合作社等开办的直销超市，由产销班或合作社直接供货销售，这两个渠道

---

① 邱章泉. 台湾农产品运销的形式和启示[J]. 台湾农业探索, 1999, 57（2）: 1-6
② 缪建平. 台湾的蔬菜、水果市场体系建设考察[J]. 中国农村观察, 1998（2）: 61-65.

的蔬果配送都有较高的卫生质量安全保障。对饭店、食堂等大消费客户的蔬果配送，大陆基本上都是由配送商通过批发市场采购完成，台湾则部分由合作组织配送，部分由零批承销商从批发市场采购后配送。

在蔬果零售环节，台湾得益于较高的农民组织化程度，近年来直销渠道的发展速度很快，逐渐成为蔬果零售配送的主要形式之一。蔬果直销是由农民合作组织设立配送中心或供应中心，通过集货和调配，在配送中心按超市或消费大户所需规格、品质与数量将蔬果加工处理好，然后进行直接配送，而且有不少直销超市本身就是由农民合作组织自己建立的。在这方面，大陆的发展相对较为缓慢。

三、台湾农产品物流运销体系发展对大陆的启示

通过对两岸生鲜蔬果物流运销模式的比较和分析，了解了大陆与台湾在相似的小农生产经营方式下，市场流通各环节的发展差异。特别是已经进入现代化发展阶段的台湾蔬果物流运销业，在产销衔接、市场运作及制度配套方面积累的成功经验与做法，对后进的大陆蔬果流通产业发展有很好的借鉴作用。从大陆蔬果物流体系发展的实际出发，结合台湾的发展经验，得到如下启示。

（一）加强立法规范是促进蔬果产销物流发展的首要保证

台湾关于农产品营销的规定比较健全，主要有《农产品市场交易规定》《农产品市场交易规定施行细则》《农产品批发市场管理办法》等，还有与市场运作和管理紧密相关的《农民团体共同运销辅导奖励办法》《农产品分级包装标准与实施办法》《农产品贩运商辅导管理办法》等。这些规定涉及批发市场建设、管理和运行的方方面面，明确了批发市场的性质、主管机关和运作方式[1]，为农产品产销物流的规范、快速发展提供了重要保证。

到目前为止，大陆还没有颁布一部完整的农产品市场流通交易法，特别是对数量、规模庞大的农产品批发市场也未制定相关"农产品市场法"，更缺乏对农产品产后处理及卫生质量安全控制方面的相关法律规定。由于缺乏法律规则的约束，在生产、产后处理及市场运销过程中容易出现交易主体庞杂、秩序混乱、产品卫生质量难以保障等不规范的市场现象，甚至难以遏制弄虚作假、投

---

① 农业部赴台湾农产品批发市场建设与管理考察团：台湾农产品批发市场建设与管理考察报告，2001年11月19日至28日。

机倒卖等影响流通效率的不法行为。因此，现代蔬果产销物流的发展必须有相关的立法作为保证，才能健康、规范地发展。

（二）提高农民组织化程度是发展现代蔬果物流运销的基础

海峡两岸的蔬果生产虽然都是典型的小农经营体制，但台湾通过辅导和支持农民合作组织的发展，大大提高了农民的组织化程度，将农业生产单元从单个农户扩大到产销班、合作社甚至策略联盟，形成了规模化生产效益。在组织化生产基础上，进一步发展共同运销，大大提高了农民应对市场风险的水平，提高了市场竞争力，同时也为蔬果流通下游的规范发展提供了基础和保障。

大陆的农民组织化发展才刚刚步入法制化轨道，现有的发展程度还比较低，与市场对接的能力也很有限。要实现规范、快速的发展，可以充分借鉴台湾的成功经验，在不涉及土地流转、不触及土地制度的前提下，在资金和技术上支持专业合作社的广泛发展，并引导运销企业与合作社之间形成联合，共同发展成为农产品产销物流的初级供应主体，大大提升农民的市场地位及其产品竞争力。

加强农民专业合作组织的发展，意义不仅在于可提高农民生产能力和应对市场的能力，还可以为提高农产品卫生质量控制水平，促进下游流通交易主体的健康发展提供基础和支持。

（三）提高卫生质量安全控制水平是蔬果物流运销发展的关键

随着居民收入和消费水平的不断提升，对生鲜蔬果消费的卫生质量安全越来越重视。台湾在蔬果物流运销中对卫生质量安全的控制，至少有两个方面的做法和经验值得大陆学习和借鉴。

第一，台湾的农产品质量安全管理部门职责明确，体系健全。[1]台湾农产品质量安全管理分别由"农业行政主管部门""卫生行政主管部门"和"标准检验局"三个部门负责，各部门之间职责明确。农产品进入市场销售前的检验工作由"农业行政主管部门"负责，市场销售农产品的检验由"卫生行政主管部门"负责，进口农产品的检验由"标准检验局"负责。"农业行政主管部门"下设农业实验所和农业药物毒物研究所，负责全省的农药安全管理工作；在全省设有8个农药监测中心，14个农药检测站；同时在各乡农会、合作社、合作农场、

---

① 农业部赴台湾农产品批发市场建设与管理考察团：台湾农产品批发市场建设与管理考察报告，2001年11月19日至28日。

果菜市场、超市设置农药残留生化检验站 80 多个。

为解决农产品市场准入，台湾快速检测方法应用广泛，在主要的果蔬产地、批发市场和超级市场，均设立了农药残留检测站，对产地及进入市场的农产品实施快速检测。对于快速检测不合格的样品，再用化学分析方法进行准确定量检测。经检测不合格的样品，一律销毁，并通知生产者加强产地管理。通过财政建立风险基金，对快速检测误判的产品给予补偿。

第二，生产履历制度。生产履历制度是指在农产品的生产、加工、运销等各个阶段，对其所有产销信息进行记录，目的是能根据信息记录对农产品进行根源追究，因此也被称为可追溯制度（Traceability System）。台湾"农委会"2004年开始选择部分农产品试行生产履历制度，初期采用纸本记录的方式，后续在网络上开发了生产履历资讯系统（http://www.taft.coa.gov.tw）。通过对农产品建立生产履历，可以实现产品的追踪以及劣质产品的回收，最大限度地促使生产者安全生产和加工，确保消费者安全消费。目前，台湾逐渐扩大蔬果产品生产履历制度的覆盖范围，同样是得益于较高的农民组织化程度，以产销班、合作社、农会系统为单位进行推广的速度较快。

在大陆，部分大城市的大型超市对基地生产的有机蔬菜也开始推行可追溯制度，通过采用条码扫描的方式进行生产记录的追溯查询。但由于基地生产的有机蔬果占消费总量的比例较小，而且有机蔬菜与普通蔬菜和无公害蔬菜相比，价格甚至高出几倍，普通消费者购买的比例也较低，因此可追溯制度的实施范围非常有限。大陆要普遍推行蔬果产品的生产履历制度或可追溯制度，首先需要提高农民的专业组织化和规模化程度，降低监督和追溯成本。

（四）注重品牌是发展现代蔬果物流运销的重要措施

台湾十分重视推行农产品质量认证，在蔬果方面已经推行了 GAP（吉园圃）、CAS（优良农产品）认证，通过质量认证，不仅有助于提高农产品的质量安全水平，而且可以树立品牌产品在市场中的信誉。吉园圃认证标章是"农委会"为蔬果产品建立的共同品牌，得到吉园圃认证标章的农民，必须接受农会、县主管部门和农业改良场等有关单位植物保护人员的病虫害防治技术指导。而且农民必须有长期的用药记录，经初查合格才批准使用，所以吉园圃就是安全、卫生蔬菜、水果的代名词。

除了加强认证管理外，台湾农民合作组织的共同生产、加工、运销也促使了品牌化发展。台湾几乎每个产销班、合作社或农会都有农产品的集货、处理、包装加工场地。对蔬果产品进行产地的分级、包装，使其容易在市场上形成自己的个性化品牌。

台湾在蔬果物流运销中对品牌化的重视和发展，不仅有助于提高产品的市场竞争力，而且也提高了产品物流运销的效率，使采购商和消费者在选择产品时减少交易成本，使优质蔬果产品能够在市场中脱颖而出，确立自己的市场地位。

（五）直销是未来蔬果物流运销的重要模式之一

直销是由生产者将货品直接供应零售的物流运销模式，目的是减少运销环节，提高流通效率的同时使生产者与消费者达到双赢。发展蔬果农产品直销有多种好处，可以减少运销转手次数，降低因此形成的运销成本；同时可以防止转手过程中的变质与失重；还可以使生产者直接从零售环节得到市场信息反馈，有助于促进运销整合①。

自 20 世纪 90 年代中期以后，台湾农会超市逐渐转向由农民团体直接进货，促使了农产直销业务的快速发展。此外，零售超市的快速发展，也对农产品直销形成了巨大的带动。目前，直销配送已成为台湾蔬果物流运销的重要渠道。

在大陆，超市的快速发展也在一定程度上带动了蔬果直销物流模式的发展，主要是由超市的供应商从其生产基地直接将蔬果农产品运至超市销售。但据调查了解，现在由基地直接供应的直销业务所占比例还很低，大部分由供应商采购后向超市或大消费户配送，已经不是真正意义上的直销了。流通环节精简、流通成本节约的直销模式，包括线上或线下交易，必然是未来蔬果运销物流的重要形式之一。但大陆要发展蔬果直销，必须要提高农民生产和运销的组织化、标准化程度，包括支持农民专业合作组织、产地运销企业以及生鲜电商平台的发展。

---

① 杨俊亮. 台湾的农产品运销[J]. 北京农业管理干部学院学报，1999（2）：45-47.

‖ 经营制度篇

第四章　农地制度

土地问题是农业、农村发展的核心问题，农村土地制度也是农村经济制度的基础和核心。两岸农地所有制形式完全不同，大陆实行的是农地集体所有制，而台湾地区则是农地私有制，两岸农地制度也因其产权制度基础和经济发展程度不同，各有其演变轨迹；但大陆和台湾自 20 世纪 50 年代起都陆续进行过几次农地制度改革，两岸农地制度都是在不断改革演进中发展完善的，并为适应经济发展的需要，推出了一系列政策措施，以期在提高土地使用效率和效益的同时，有效保障农民的土地权利和权益。

第一节　台湾农地制度改革历程

台湾地区历经四次农地改革，逐步实现农地权能物权化、流转功能制度化、农地价值市场化、收益权能稳固化、权力保障法制化[①]。

一、台湾第一阶段农地改革（20 世纪 40 年代末至 50 年代初）：通过"三步走"的改革策略，最终实现了"耕者有其田"的目标

受"工业日本，农业台湾"殖民政策的影响，台湾土地改革前的农村经济及农地产权结构特征可以归纳为：租佃制盛行、租金高、租期短、租约不规范、租权无保障，农地制度改革已势在必行，改变不合理的租佃条件成为农地制度改革的切入口[②]。为了应对经济危机和社会矛盾，缓和阶级矛盾，促进农业生产，

---

① 吕飘. 促进农民增收目标下两岸农地产权保障制度比较探析[J]. 湖南科技大学学报（社会科学版），2013，16（3）：62-66.

② 林卿. 海峡两岸农地制度改革比较与分析[J].福建农林大学学报（哲学社会科学版），2001，4（1）：20-31.

国民党有关主管部门在 20 世纪 50 年代初期实行了"台湾版"土地改革①。土地改革主要有三项内容，即"三七五减租""公地放领"和"耕者有其田"。

"三七五减租"是指佃农交给地主的地租不得超过主要作物正常全年收获量的 37.5%，超过这一限额的减到这一限额，不足的不得再增加；耕地最短租期为 6 年，订立书面租约；地主一律不得预收地租或收取押金或超收地租；同时对租约终止及耕地回收做出十分严格的限定②。1949 年 4 月开始施行，受益农户 29.6 万户，占农户的 44.5%；订约面积 25.7 万公顷，占耕地总面积的 31.4%③。

"公地放领"是指以贷放的方式把日本殖民时期侵占的土地及后来有关主管部门开垦的土地卖给缺地或无地的农民，公地放领的对象依次为承耕公地的现耕农、雇农，耕地不足的佃农、半自耕农，无土地耕作的原土地关系人；放领地价按耕地主要作物全年收获总量的 2.5 倍，以实物计算，在 10 年内分 20 期偿还，没有任何利息；承领公地的农户不再交地租，改征地价，并负担该地的土地税，还清全部地价后土地就完全归私有④。1951 年 6 月颁布《台湾省放领公有耕地扶植自耕农实施办法》，1951 年至 1976 年分 9 期实施，连同 1948 年试办部分，共出售 13.9 万公顷公地给 28.6 万农户⑤。

"耕者有其田"（或称"私有耕地的征收与放领"）是指把地主超过当局规定数量的土地由"当局"收购，再以贷款的方式转售给无地农民；放领地价以耕地主要作物全年收获总量的 2.5 倍计，农民在原定地价基础上以年息 4%有偿受领，在 10 年内分 20 期偿付；征收地价以七成实物三成债券形式偿还，本利合计，分 10 年平均清偿。1953 年 1 月颁布《实施耕者有其田条例》《台湾省实物土地债券条例》等，1953 年 12 月完成，收购地主的土地 13.9 万公顷，转售给 19.5 万农户⑥。

---

① 薛莉，任爱荣. 台湾农地政策变迁及其对农业经营模式的影响[M]//农业经济与科技发展研究 2009. 北京：中国农业出版社，2010：220-230.

② 薛莉，任爱荣. 台湾农地政策变迁及其对农业经营模式的影响[M]//农业经济与科技发展研究 2009. 北京：中国农业出版社，2010：220-230.

③ 寻访历史（第五章）三七五减租[EB/OL]. 台湾土地改革纪念馆，http://www.landreform.org.tw/html/02-05.htm#chap05.

④ 林卿. 海峡两岸农地制度改革比较与分析[J]. 福建农林大学学报（哲学社会科学版），2001，4（1）：20-31.

⑤ 寻访历史（第六章）耕者有其田[EB/OL]. 台湾土地改革纪念馆，http://www.landreform.org.tw/html/02-06.htm#chap06.

⑥ 寻访历史（第六章）耕者有其田[EB/OL]. 台湾土地改革纪念馆，http://www.landreform.org.tw/html/ 02-06.htm#chap06.

土地改革后，台湾的土地产权结构发生了重大变化，实现了农村地权的公平分配。自耕农的比例逐年提高，至 20 世纪 70 年代中期，自耕农占比已超过 80%，基本实现了"耕者有其田"[①]。从总体上说，台湾第一阶段农地制度改革属于一种强制性制度变迁（即由当局有关规定引起的变迁）。改革的对象是严重阻碍生产力发展的极不公平的土地占有与土地收益分配制度。改革的目标是要形成"农地农有"的"耕者有其田"农地制度安排[②]。这次农地改革不仅充分激发了农民的生产积极性，促进农业生产率不断提高，还使得冻结于土地的资金大量转出，推动了台湾工商业和民营经济的发展。

二、台湾第二阶段农地改革（20 世纪 70 年代末至 80 年代末）：改善农业经营环境，创新农地经营方式，扩大农地经营规模

进入 20 世纪 60 年代末期，农业劳动力随工业化快速起飞机会成本上升、工农收入失衡而大量外移，数量绝对减少，兼业农户大量出现，农业粗放经营显现。虽然自 20 世纪 60 年代中期推行了"共同经营""农业生产专业区"和"委托经营"等不改变小农土地产权的生产组织形式，但是土地规模过小、地块分散，小自耕农分散经营与大规模"加工出口"工业发展之间的矛盾日渐突出。为此，20 世纪 70 年代末台湾当局启动了以推进农业现代化为目的的新一轮农地制度改革，1980 年 2 月制定了《第二阶段土地改革方案纲要》，这次改革的主要措施如下。

（1）加速办理农地重划，由当局主导对各农业区内的农地实施整理，通过地块交换分合，将分散的耕地集中，扩大单块面积，减少田埂，修建标准田间路，完善农业基础设施，以改善水利、增加产出，提高农业机械化水平，促进农业现代化、规模化。台湾当局先后于 1980 年和 1982 年颁布《农地重划条例》和《农地重划条例实施细则》，以规定形式将耕地转移、合并与互换等农地流转模式制度化[③]。

（2）进一步推广和发展共同经营、委托经营及合作经营。合作经营有两种

① 薛莉，任爱荣. 台湾农地政策变迁及其对农业经营模式的影响[M]//农业经济与科技发展研究 2009. 北京：中国农业出版社，2010：220-230.

② 林卿. 海峡两岸农地制度改革比较与分析[J]. 福建农林大学学报（哲学社会科学版），2001，4（1）：20-31.

③ 吕翾. 促进农民增收目标下两岸农地产权保障制度比较探析[J]. 湖南科技大学学报（社会科学版），2013，16（3）：62-66.

形式，一种是举办合作农场，另一种是设立生产专业区。后一种形式发展得很快，到 20 世纪 80 年代末，参加农户近 30 万户，农地面积超过 15 万公顷，占全省农地面积的 1/6。委托经营主要有代营和代耕两种方式，其中代耕更为普遍，到 1986 年，代耕地、代插秧、代收割者均占八成以上。

（3）提供扩大农场经营规模的购地贷款。政府设立"农地购置基金"，为愿意购买农地扩大经营规模的农民提供资金协助，贷款利息为年息 7.5%，每公顷耕地的贷款额度从过去的 10 万元增加至 30 万元，每户农民可以申请 3 公顷的购地贷款。据统计，1979—1982 年，基金共为 4911 户农户贷出购地基金 13.24 亿元，用于 2555 公顷农地的购置，贷款农户的平均耕地面积由 0.94 公顷增加至 1.46 公顷[①]。

（4）加强推行农业机械化。台湾当局在 1972—1978 年间先后贷款给农场主购买了 5.2 万台农业机械；1979 年设立"农业机械化基金"，协助资金不足的农户购买农业机械；还制定了农业机械化计划。到 1985 年，水稻整地机械化率已达 98%，插秧、收获及干燥机械化分别达到 97%、95% 和 65%，每公顷使用约 1.68 马力[②]。

（5）修订农业政策，加强农政统筹与管理，实行贸工农一体化的现代经营方式。

与 20 世纪 50 年代土改不同的是：前者是解决"地权分配"，以"安定社会"为目的，后者是解决"经营管理"，以"提高利润"为目的；前者是将土地"化整为零"，打破"大地主、小佃农"的局面，后者是将土地"化零为整"，造成"小地主、大佃农"局面，最终目的是实现农业专业化、企业化和机械化，摆脱小农经营的困境，同时提高土地利用效率和农业劳动生产率[③]。台湾第二次农地改革是一项重要的农业发展策略，台湾农业在为社会经济发展做出贡献的同时，实现了农业自身的现代化，基本完成了由传统农业向现代农业的过渡。通过这次改革，台湾农业基本实现了从单一化农业结构向多样化农业结构、从以传统手工劳动为主向机械化耕作方式转变，农产品加工实现了从劳动密集型向资本技术密集型的转化，农业经济的增长方式也实现了从粗放型向集约型的

① 安增军，张昆. 海峡两岸农地改革的比较与借鉴[J]. 亚太经济，2014（6）：97-101.
② 宇赟. 台湾第二次农地改革对解决大陆农业问题的启示[J]. 改革与开放，2009（12）：104，106.
③ 李家泉，刘映仙. 台湾农村经济关系的变化[C]//厦门大学台湾研究所《台湾经济问题》论文集）. 福州：福建人民出版社，1982：59；应廉耕. 台湾省农业经济[M]. 北京：农业出版社，1983：47.

转变①。

三、台湾第三阶段农地改革（20世纪 90 年代）：放宽农地农有，落实农地农用，鼓励农地释出

第二阶段农地改革后，农业在台湾经济中的地位不断下降，1991 年，三大产业的结构转变为 3：43：54，随之而来的是第二、第三产业所需用地飞速增长，农工争地的矛盾日益突出。在这样的背景下，台湾地区于 20 世纪 90 年代，开始了第三阶段以农地释出和农地经营主体多元化为主要内容的农地改革②。其主要措施如下。

（1）实施"农地释出"计划。1993 年颁布《台湾农地释出方案》，在于变"对人对地"的双重管制为"对地"管制，在"农用"的前提条件下，适度放宽农地承受对象以及农地分割的限制，划分农地使用类型，分类控制③。

（2）1990 年修订了《土地法》，废除了私有农地所有权转移受让人必须为自耕农的限定；修订《耕地三七五减租条例》，删除中间限制承租者身份、保护承租人权利与施以出租人过重义务的条款，让双方权益史趋对等；1991 年废止了倾向自耕农保护与农地用途管制、使用长达 38 年的《实施耕者有其田条例》，放宽了农地使用及承受限制，标志着农地管理制度的根本性转变④。

（3）全面修订《农业发展条例》。台湾当局于 2000 年 1 月对 1973 年颁布的《农业发展条例》进行了全面修订，成为 21 世纪台湾农地发展的行动纲领。条例将"农地农有、农地农用"调整为"放宽农地农有、落实农地农用"政策，其重点是调整农地农有，放宽农地经营者资格，允许任何自然人购买农地，以此推动资本进入农业生产领域，提高农地利用效率⑤。

（4）建立新耕地租赁制度。租赁期限、租金支付方式与耕地收回条件可由双方协商确定，并放宽耕地承受资格限制，1996 年 2 月，台湾正式取消了农地

① 徐孝林，沈晓梅. 两岸农地产权制度的演变及启示[J]. 台湾农业探索，2005（3）：13-15.

② 安增军，张昆. 海峡两岸农地改革的比较与借鉴[J]. 亚太经济，2014（6）：97-101.

③ 赵玉榕.台湾"农地释出"政策浅析[J]. 台湾研究集刊，1995（3/4）：34-40；单玉丽.台湾三次农地改革：动因、措施、成效与启迪[J]. 台湾研究集刊，2010（3）：56-63.

④ 徐兆基. 海峡两岸农地制度改革比较与启示[J]. 中国农学通报，2009，25（9）：294-298；赵玉榕. 台湾"农地释出"政策浅析[J]. 台湾研究集刊，1995（3/4）：34-40；吕翾. 促进农民增收目标下两岸农地产权保障制度比较探析[J]. 湖南科技大学学报（社会科学版），2013，16（3）：62-66.

⑤ 徐兆基. 海峡两岸农地制度改革比较与启示[J]. 中国农学通报，2009，25（9）：294-298；周江梅，曾玉荣，林国华，等. 海峡两岸农地利用政策的比较研究[J]. 台湾农业探索，2011（5）：7-11.

农有的规定，允许企业、农民团体、农业试验研究机构承受耕地；受赠人或继承人不需具备自耕农身份①。

这一阶段的改革解决了非农业用地问题，将有限的土地资源进行了合理的分配和利用，为附加值较高的产业部门降低生产成本创造了条件②。

四、台湾第四阶段农地改革（21世纪初）：实施"小地主大佃农"政策，推动农地使用权流转

进入21世纪，台湾农业的小农经营特点已无法满足经济全球化的要求，地块分散、生产成本高、规模效益差等问题进一步凸显，严重影响台湾农业的整体竞争力，农产品贸易逆差逐年增加；农民高龄化情形严重、农工争地等矛盾也随经济发展进程而日益突出；而台湾20世纪七八十年代的农地利用制度改革，受"三七五减租条例"等的约束，效果并不明显，没能实现扩大农户经营规模的目标。为解决台湾农业发展和农地利用面临的诸多困境，台湾当局于2008年下半年又推出一项新的农地使用政策——"小地主大佃农"政策③。2009年，台湾"农业主管部门"制定并公布了《推动"小地主大佃农"政策执行方案》，开启了台湾第四阶段的农地制度改革。这一阶段农地制度改革的核心内容是促进农地使用权的流转，改革目的是扩大农业的生产经营规模，提高农业的经营效益及竞争力。

主要包括5项推动措施：建立老农退休机制、提供连续休耕农地出租与承租奖励及补助、提供大佃农长期承租农地租金零利率贷款及经营资金利率1%优惠贷款、提供大佃农企业化经营辅导与补助、强化农地银行服务管理功能④。该政策于2008年9月试办，2009年5月正式推行。该政策主要是借由辅导无力耕种的老农或无意耕作的农民，将自有土地长期出租给有意愿扩大农场经营规模的农业经营者，促进农业劳动结构年轻化，并使老农安心享受离农或退休生活。同时，协助有意承租农地扩大农业生产的经营者（包括专业农民、产销

---

① 吕翾. 促进农民增收目标下两岸农地产权保障制度比较探析[J]. 湖南科技大学学报（社会科学版），2013，16（3）：62-66；安增军，张昆. 海峡两岸农地改革的比较与借鉴[J]. 亚太经济，2014（6）：97-101.

② 安增军，张昆. 海峡两岸农地改革的比较与借鉴[J]. 亚太经济，2014（6）：97-101.

③ 薛莉，任爱荣. 台湾农地政策变迁及其对农业经营模式的影响[M]//农业经济与科技发展研究 2009. 北京：中国农业出版社，2010年12月：220-230.

④ 台湾"行政主管机关农业主管部门". 推动"小地主大佃农"政策执行方案[EB/OL]. 台湾农业主管部门网站，2009-05-27.

班、农会、合作社或农业公司等大佃农）顺利承租农地，长期耕作，并提供产销整合、技术研发、品牌通路及市场营销等专业培训机会，协助大佃农以企业化经营方式改善农业经营环境，降低生产成本，提高整体农业生产效益与竞争力[1]。既解决了农民年龄结构老化的问题，又能够扩大农业经营规模、提高经营效率。

第二节　大陆农地制度改革历程

一、大陆第一阶段农地改革（1949—1952 年）：没收地主土地，实现"耕者有其田"

大陆土改前，占农村人口不到 10%的地主和富农占有了农村约 80%的土地，而占农村人口超过 90%的农民只拥有约 20%的农村土地。为巩固新生政权，缓和人地矛盾，减轻农民负担，改革这种极不公平的土地占有与分配制度势在必行[2]。

1949 年通过的《中国人民政治协商共同纲领》规定，要有步骤地将封建的土地所有制改变为农民所有制。同年，开始组织农民协会，建立基层政权，全面进行土地改革。1950 年颁布的《中华人民共和国土地改革法》规定，废除地主阶级的土地所有制，实行农民的土地所有制。没收地主土地，把其分给无地、少地的农民。

1952 年底，除部分少数民族地区外，土地改革基本完成。土地改革完成后，原来的地主和富农占有的耕地面积下降到 8%左右，广大贫农和中农拥有了全国 90%以上的耕地。这一阶段的农地产权制度改革一步到位，形成了农地农民所有制，实现了"耕者有其田"的目标[3]。

---

① 蔡秀婉. 台湾"小地主大佃农"政策之推动与展望[C]//任爱荣. 开拓海峡两岸农业合作新视野（新形式下海峡两岸农业合作与发展研讨会论文集）. 北京：中国农业出版社，2009：234.

② 林卿. 海峡两岸农地制度改革比较与分析[J]. 福建农林大学学报（哲学社会科学版），2001，4（1）：20-31.

③ 安增军，张昆. 海峡两岸农地改革的比较与借鉴[J]. 亚太经济，2014（6）：97-101.

二、大陆第二阶段农地改革（1953—1977年）：农业社会主义改造，农地收归集体所有

分散经营的小农经济很快就遇到了生产资料相对缺乏，农业基础设施落后，应对自然灾害的能力较差等问题。鉴于此，1952年后，大陆开始了农业社会主义改造，走上了农业合作化的道路。农业合作先后经历了互助组、初级社和高级社三种形式。前两种形式都是在坚持农民土地所有制的前提下进行的合作经营，推动了农村经济的增长。高级社剥夺了农民的土地所有权，挫伤了农民的积极性，1956年开始大规模推广高级合作社以后，大陆农业生产和农民收入均出现了下降的趋势[1]。

1958年8月，中央发出《关于在农村建立人民公社的决定》，各地高级社纷纷合并为人民公社，短时间内即实现了人民公社化。人民公社是"政社合一"的组织，初期在没有任何经济基础的条件下，实行所谓的按需分配的供给制和消灭贫富差距的劳动、物质平调制，违背了等价交换与按劳分配的经济原则，给农业生产和经济发展造成巨大损失。后期改为"三级所有、队为基础"的核算制度，承认各生产单位的差别，贯彻按劳取酬，实行记工分制，恢复社员家庭副业，为今后的集体所有制改革奠定了基础[2]。

三、大陆第三阶段农地改革（1978—1983年）：推行以家庭承包经营为基础、统分结合的双层经营体制，实现"两权分离"

1978年，安徽省凤阳县小岗村的"包干到户"实践，获得了巨大成功。十一届三中全会以后，包干到户的经营方式开始试行。1983年1月印发的《当前农村经济政策若干问题》，标志着包干到户进入全面推广阶段。到1984年底，大陆实行承包到户的农户已占总农户数的96.6%[3]。

与前两次不同，这次改革是一次由生存危机引发与推动的诱致性制度变迁[4]。"交够国家的，留足集体的，剩余都是自己的"是该制度收益分配的基本形式，较之"公有公营"的集体所有制，这种"公有私营"的集体所有制实现了农地所有权与使用权的分离，极大地调动了农民的生产积极性，解放了农村生产力。

① 安增军，张昆. 海峡两岸农地改革的比较与借鉴[J]. 亚太经济，2014（6）：97-101.

② 林卿. 海峡两岸农地制度改革比较与分析[J]. 福建农林大学学报（哲学社会科学版），2001，4（1）：20-31.

③ 安增军，张昆. 海峡两岸农地改革的比较与借鉴[J]. 亚太经济，2014（6）：97-101.

④ 林卿. 海峡两岸农地制度改革比较与分析[J]. 福建农林大学学报（哲学社会科学版），2001，4（1）：20-31.

四、大陆第四阶段农地改革（1984年至今）：鼓励农地流转，促进适度规模经营

随着家庭承包经营制度的推行，农民自发的农地流转开始出现。1984年，中央一号文件就提出，鼓励土地逐步向种田能手集中。20世纪80年代中期以后，乡镇企业发达的地区和城市郊区出现了相当比例的"离土不离乡"的兼业农户，严重影响了农地的使用效率。于是，十四届三中全会提出，在坚持土地集体所有制的前提下，延长耕地承包期，允许土地使用权依法有偿转让；少数经济比较发达的地区，可以采取转包、入股等多种形式发展适度规模经营①。

2013年12月召开的十八届三中全会第一次明确将企业列入农地经营的主体，并且从政策上赋予了农民对农地承包经营权的抵押和担保的权能。2014年中央一号文件《关于全面深化农村改革 加快推进农业现代化的若干意见》正式提出农村土地"三权分离"，文件中强调要"稳定农村土地承包关系并保持长久不变，在坚持和完善最严格的耕地保护制度前提下，赋予农民对承包地占有、使用、收益、流转及承包经营权抵押、担保权能。在落实农村土地集体所有权的基础上，稳定农户承包权、放活土地经营权，允许承包土地的经营权向金融机构抵押融资。"由此，在土地集体所有、农户家庭承包经营基本框架下，农地经营方式由农户自营向农户自营、合作社经营和企业化经营等多种模式转变，"集体所有、家庭承包、农户自营"的土地经营模式逐步转变为以"集体所有、家庭承包、多元经营"为特征，所有权、承包权、经营权"三权分离"的新型农地制度。与前次一样，这次改革也是在我国农村土地制度所处的宏观背景和微观基础都在发生深刻变化的背景下推动的一次诱致性制度变迁。

第三节　两岸农地制度的共同点

一、农地制度改革的背景相似

两岸第一阶段农地改革背景相似，都是在经历了战争的破坏，农民长期受

---

① 安增军，张昆. 海峡两岸农地改革的比较与借鉴[J]. 亚太经济，2014（6）: 97-101.

到地主阶级剥削，新生政权急需得到巩固的背景下开始的。而大陆第四阶段农地改革与台湾第二阶段农地改革的背景基本一致，但也兼具台湾农地改革第三、第四阶段的背景特点。主要表现在：其一，优先发展工业的政策导向使两岸都出现了城乡二元结构，于是台湾实行了以工业支持农业的政策，大陆提出以工业反哺农业。其二，在经历了一个阶段农业生产的大发展后，两岸农业生产出现了徘徊甚至下降。台湾在 1953—1968 年，农业生产总量平均增长率为 4%～5%，但在 1969 年以后，增长率出现了下降，并出现了负增长，如 1977—1980年平均增长率为-0.5%。大陆在 1984 年改革的重心转向城市以后，农业生产增长率也开始下降。随着城市化的推进，大陆也面临着非农用地紧张的问题[①]。

二、农地制度改革的目标相似

两岸第一阶段农地改革都是以"耕者有其田"为目标，改变封建土地所有制下极不合理的土地使用制度，让实际耕作者获得土地完整产权，以促进农业的恢复与发展。而两岸第四阶段农地改革的目标则都聚焦于扩大农地的规模经营，解决小规模与大市场的矛盾，提高农业生产效率和效益。

三、农地制度改革的手段相似

两岸农地制度几经变革，最终都导向了农地使用权的流转，而非所有权的变更。自古以来，农民对土地的所有权都非常看重，台湾第二、第三阶段农地改革推进农地所有权流转来达到规模经营的目的未能取得预期的效果恰好说明了这一问题。于是两岸第四阶段农地制度改革重点都转向了农地使用权的流转。

四、改革面临的具体问题相似

两岸农地改革过程中都面临着农民兼业化、务农人口老龄化和土地经营细碎化的问题。随着两岸第二、第三产业的发展，非农就业机会增多，农业比较效益下降，农民兼业现象严重，极大地影响了农地的使用效率。台湾地区农地的复种指数下降，在大陆主要表现为农地广种薄收，粗放经营。更为严重的是一些地方出现了土地抛荒现象，台湾地区的休耕土地面积越来越大，1998 年休耕只有 8 万多公顷，到 2007 年达到了 22.7 万公顷，休耕土地 10 年增加了近 2

[①] 安增军，张昆. 海峡两岸农地改革的比较与借鉴[J]. 亚太经济，2014（6）：97-101.

倍。两岸也同时面临着务农人口老龄化的问题，据统计，目前台湾的务农人口平均年龄在 60 岁以上，而大陆农村基本上成了老少的留守地。由于两岸人多地少的资源特点，以及两岸的土地分配制度造成了土地经营的细碎化，土地规模经营收益难以实现。尽管两岸近年来都致力于扩大农业经营规模，但两岸农业依然是以小农经营为主①。

第四节　两岸农地制度的不同点

一、农地制度的所有制基础不同

台湾地区实行的是农地私有制，而大陆实行的是农地集体所有制。正是由于两岸农地所有制的不同造成了两岸农地改革选择的路径不同。台湾第一阶段和第三阶段农地改革都希望通过促进农地所有权的流转来实现农地规模经营，但效果并不显著。而大陆农地制度改革的方向一直是在坚持农村土地集体所有制的前提下，促进农地使用权的流转，实现农地的适度规模经营。

二、农地改革的指导思想和方式不同

在此主要指两岸第一阶段农地改革。台湾第一阶段农地改革，依照的是孙中山的平均地权思想（规定地价、照价征税、照价收买、涨价归公），在实际执行过程中，形成了一套具有特色的资产阶级土地改革模式。改革方式是在保持土地私有制不变的前提下，以和平方式进行的资产阶级改良，是在农业生产结构内实行的某项制度的改变，其目的在于土地财产权的再分配，以谋求小农及无地的农业工作者的福利，可称之为现行土地制度的局部改进。而大陆第一阶段农地改革，遵循的则是马克思主义的土地改革理论。认为土地改革是社会生产力发展的必然结果，只能在阶级斗争中，经过革命的暴力才能彻底完成，资本主义的土地私人占有制必然要被社会主义土地公有制所取代。改革方式则较为激烈，通过没收、剥夺等阶级斗争手段，彻底改变封建土地私有制，更倾向

---

① 安增军，张昆. 海峡两岸农地改革的比较与借鉴[J]. 亚太经济，2014（6）：97-101.

于土地革命，其目的在于彻底摧毁旧的土地制度，从根本上改变人与地的关系、人与人的关系①。

三、农地制度的改革进程不同

从第二阶段农地改革开始，两岸农地制度的改革进程就已拉开差距。台湾通过第二阶段农地改革基本实现了农业现代化，而大陆由于在第二阶段农地改革中实行了"公有公营"的"大锅饭"制度，增加了监督成本，导致农业生产遭到破坏，直到第三阶段农地改革推行"公有私营"以家庭承包经营为基础、统分结合的双层经营体制后，农业生产才得以恢复和发展。大陆第四阶段农地制度改革的目标正是提高农地产出率，实现农业现代化，保障粮食安全。而台湾目前农地制度改革已经处于追求土地综合效益的阶段，在推动农地流转的基础上致力于发展生态农业和精致农业②。

四、农地制度改革的先后顺序不同

两岸尤其在农地整理和农业基础设施建设两个方面差异较为明显。台湾第二阶段农地改革是在农地整理的基础上进行水利、道路等基础设施建设，而大陆则刚好相反，大陆的大型农业基础设施大多建于人民公社时期，而农地整理则开始于20世纪90年代，直到1998年新修订的《土地管理法》才将土地整理列专条予以规定，于是造成了部分农业基础设施不能满足调整后的农地布局需要的现象②。

---

① 晓邢. 试比较大陆与台湾的土地改革[J]. 殷都学刊，1995（4）：101-102.
② 安增军，张昆. 海峡两岸农地改革的比较与借鉴[J]. 亚太经济，2014（6）：97-101.

第五章　农产运销制度

农产品运销是实现农产品价值的必要手段，是农业生产过程在流通领域的延续。农产品运销对于促进商品流通、满足社会对农产品日益增长的需求具有重要意义。尤其是鲜活农产品的生产、健全的农产品运销体系和完善的农产品运销制度，能够保障农产品流通顺畅、提高农产品运销效率，有利于推动农业产业化进程，促进农民持续稳定增收。台湾的生鲜农产品运销体系经过几十年的演进发展，在产地收购、集货处理、储藏运输、市场销售等各个环节都已逐步形成完善体制；而大陆农产品流通体制的市场化改革已进入全面深化发展阶段，台湾农产运销制度安排和实际操作中的一些成功经验和做法，对大陆生鲜农产品物流的发展和市场体系的建设，具有一定的借鉴和参考价值。

第一节　台湾农产运销体系的演进

一、第一阶段（20 世纪 50 年代至 70 年代初）[①]：委托运销制和联合运销制并行

台湾对农业实行管制政策，市场管理归属于财政主管部门。1947 年颁布市场管理规则，规定果菜应在公有市场内批发交易，设立中介人代客买卖，按成交货值总额的 3% 提取管理费。当时由有关部门设置并直接管理市场的目的是增加地方的财政收入。在此期间，台湾形成了行政化计划流通和市场化自由流

---

① 周向阳，赵一夫. 台湾生鲜农产品在大陆流通的模式与创新思考[J]. 台湾农业探索，2013（5）：22-25.

通两种截然不同的并行运销体制[1]：一是委托运销，即所谓"行口"制，如蔬菜生产者或委托人，将产品由产地运往消费地交由"行口"代售，待完成交易扣除代售手续费和佣金，其余货款交予货主；二是行政主管部门与农民组织联合运销，如水果运销合作制。

二、第二阶段（20世纪70年代至90年代中期）[2]：传统批发市场运销制

20世纪70年代以后，以批发市场为主导的运销体系逐渐确立，农产品流通组织形式越来越多元化，并趋于完善。1972年，台湾开始执行为期9年的《加速农村建设计划》。1973年，制定了《农村发展条例》，提出了一系列新的农业经济政策，通过投资直接或间接加强农民的生产意愿[3]。与此同时，开始重视农产品运销方面的问题，着重发挥批发市场在产销制度中的功能。为了扩大农产品出口，采取了共同运销、合作运销等新的运销模式，产品主要包括猪肉及其产品、水产品及其加工品、花卉、种苗和调理食品等[4]。1982年9月公布实施了有关农产品市场交易相关规定，1983年、1984年、1986年分别对部分条文进行了修订，使其更趋完善。之后陆续制定了《农产品批发市场管理办法》《农产品贩运辅导管理办法》《农民团体共同运销辅导奖励监督办法》及《农产品分级包装标准与实施办法》等一系列规定，使台湾的农产运销逐渐走上了制度化的轨道。1992年，台湾出台了第二部有关农产运销的正式规定，该规定根据市场经济规律，对维护交易秩序、确保公平竞争、保护生产者和消费者利益做出明确规定，并成立"行政主管机关"下的公平交易委员会[5]。1985—1994年，台湾农业实施新的《农产运销改进方案》，进行了改善农产品运销的10项重点工作，包括：兴办、搬迁、扩建一批果菜、鱼、花卉市场和肉品电宰场，充实市场的冷藏库工程；改进市场经营管理与交易制度；加强辅导农民组织共同运销等。此外，从1987年起，农产品市场信息服务全面以电传视讯系统取代传统电传打字机系统，大幅度扩大了市场信息的传播面。

① 黎元生. 农产品流通组织创新研究[M]. 北京：中国农业出版社，2003：267.

② 周向阳，赵一夫. 台湾生鲜农产品在大陆流通的模式与创新思考[J]. 台湾农业探索，2013（5）：22-25.

③ 张强. 台湾地区的农产运销现状[J]. 世界农业，1996（1）：10-12.

④ 祁胜媚，杜垒，封超年，等. 台湾地区农产品运销体系的建设经验与启示[J]. 世界经济与政治论坛，2011（3）：145-159.

⑤ 单玉丽. 台湾农产品运销发展的历程及趋势[J]. 现代台湾研究，2001（6）：27-30.

三、第三阶段（20世纪90年代中期至今）：现代化农产运销制

随着城市统一连锁店、超级市场的建立，农产品直销、农产品促销展示园区等新兴流通业态逐渐涌现。20世纪90年代末，台湾当局投资10亿元新台币在台北地区建立农产品配销中心，逐步着手组建了一个集产地、批发、零售于一体的三级运销系统。同时，随着直销方式和超市业的发展，通过合作社或产销班组织起来的农民方便地实现了批量直接销售。不仅保证了产品质量，还大大增加了社员所得①。进入21世纪，农产品电子商务的发展为台湾农产品运销注入新的活力，使传统的农业产销组织、运销形式与交易模式随着"电子化生产组织""电子化商务"的出现而转变，对批发市场及直销等销售形式的市场布局、组织结构、决价方式、作业流程及行销效率产生直接影响。为适应农产品电子商务发展的需要，台湾农业主管部门于2000年制定实施了"一加五"计划，主要是建立一个包括花卉、蔬菜、水果、家禽、肉品与水产品六大类的"农产品行情报道全球资讯网"和农产品"交易价量资料库"，同时组建分布于不同地区、具有代表性的5个农产品运销电子商务示范系统，即台北农产运销公司网络批发交易系统、台北县（今新北市）农会超市联采系统、"真情百宝乡"农产食品行销资讯入门网站系统、台湾观赏植物运销合作社网络交易系统、桃园县农会网络商城系统等②。

总的来说，台湾农产运销体系从20世纪70年代初以来，经过了批发市场的传统运销、共同运销、产销基金会以及直销等类型，在几十年的发展过程中，农产品市场体系、流通中介组织、市场制度日益完善和成熟，建立了以农会、产销班、合作社、加工运销企业等多种流通中介为龙头的农产品运销体系。

第二节　台湾农产品运销制度构成

台湾的生鲜农产品运销制度主要有批发市场制度、共同运销制度、直接运

---

① 祁胜媚，杜垒，封超年，等. 台湾地区农产品运销体系的建设经验与启示[J]. 世界经济与政治论坛，2011（3）：145-159.

② 单玉丽. 台湾农产品运销发展的历程及趋势[J]. 现代台湾研究，2001（6）：27-30.

销制度及产销策略联盟。在这些运销制度的安排下，不同的经营主体采取各种运销模式和流通渠道，共同组成台湾农产品运销流通体系[①]。

一、批发市场制度

台湾自日本殖民统治时代起就开始有农产品批发市场，一直沿用至今，主要承担农产品的集中、分散和均衡功能。台湾地区的农产品批发市场按经营产品类型划分，主要有果菜市场、肉品市场、鱼市场、花卉市场及综合农产品批发市场；根据区域功能划分，主要分为两类，一类是以集货为主要职能的产地批发市场，一类是以分货为主要职能的销地批发市场。

台湾当局为规范农产品市场的经验管理，先后颁布实施了一系列的市场管理规则和办法。1946 年颁布《台湾省鱼市场管理规则》、1952 年颁布《台湾省畜市场管理规则》、1955 年颁布《台湾省蔬果批发市场管理规则》，1966 年将前述三种市场管理规则合并修订为《台湾省批发市场管理规则》，1974 年又改为《台湾省农产品批发市场管理办法》，作为农产品批发市场经营管理的依据。在此过程中，台湾积极辅导兴建果菜市场，果菜市场数量持续增加。1982 年，台湾公布实施《农产品市场交易条例》，进一步巩固了批发市场在农产品交易中的核心地位。《农产品市场交易条例》中规定"农产品第一次批发交易，应在交易当地农产品批发市场为之"，所以果蔬类、毛猪及鱼贝类产品，必须经由批发市场进行交易，仅一些特殊情况例外。然而，由于共同运销的不断发展，加之 20 世纪 80 年代后果菜直销业务的迅速扩展，部分地区果菜市场交易不再通过批发市场，果菜市场开始呈现向大区域中心集中的趋势，区域性大型市场业务量扩增，而若干产地及消费地市场业务量萎缩，甚至停业，导致近年来果菜批发市场数量有所减少。无论如何，批发市场始终是台湾农产品从生产到达消费的主要渠道，特别是蔬果等生鲜、易腐农产品一直以来都主要通过批发市场来完成交易。

据"农业主管部门农粮局"编订的《台湾地区农产品批发市场年报》显示，分布在台湾各地区经营的农产品批发市场中，花卉市场的数量最为稳定，2004年以来一直保持在 4 处；综合农产品批发市场有 1~2 处；果菜市场最多，有50 处左右，10 年来呈现出缓慢下降的趋势。详见表 5-1。

---

① 周向阳，赵一夫. 台湾生鲜农产品在大陆流通的模式与创新思考[J]. 台湾农业探索，2013（5）：22-25.

表 5-1　2004—2014 年台湾地区农产品批发市场数量变化情况

年份	综合市场	果菜市场	花卉市场
2004	2	53	4
2005	2	52	4
2006	2	50	4
2007	2	52	4
2008	2	52	4
2009	1	52	4
2010	1	51	4
2011	2	50	4
2012	2	51	4
2013	2	50	4
2014	2	48	4

资料来源："行政主管机关农业主管部门农粮局".《台湾地区农产品批发市场年报》(2004—2014 年),农产品交易行情站.http://amis.afa.gov.tw/。

对批发市场的经营主体,台湾《农产品市场交易条例》中也有明确规定,可以是:农民团体;农民团体共同出资组织的法人;当局机关、乡（镇、市）公所及农民团体共同出资组织的法人;农民以及农产品贩卖商共同出资组织的法人;当局机关或乡（镇、市）公所出资组织的法人;当局机关或乡（镇、市）公所、农民团体及农产品贩运商共同出资组织的法人。

二、共同运销制度

共同运销也称为合作运销,是指农民团体共同办理运销,即通过农民合作组织将生产的农产品集中组织运销供应[①]。为了解决小农生产方式下生产零星分散和大市场需求的矛盾,台湾注意发挥农民团体的作用,鼓励他们办理共同运销,使分散的个体农民获得一定规模和有序销售的能力。台湾从 1950 年开始办理生猪共同运销,1973 年起发展了果菜共同运销,之后逐渐推广到鱼货及蛋类等其他农产品。

早期的共同运销是由农民团体在产地集货后运到批发市场批售,随着零售超市化的发展,目前有许多果菜共同运销货物已经延伸到超市、量贩店,逐渐形成一种新的运销制度。1974 年 12 月台湾果菜运销公司（1984 年 6 月改组为台北农产运销公司）成立,以台北市场为主要供应市场,近年来共同运销货源

---

① 缪建平. 台湾的蔬菜、水果市场体系建设考察[J]. 中国农村观察,1998 (2): 63-67.

分散至台湾地区其他市场，特别是进行蔬菜共同运销的组织已遍及主要蔬菜产区。目前，办理共同运销的组织有乡镇农会、合作社场、青果运销合作社、果菜合作社联合社等四大供应系统400多个单位。

为了鼓励农民团体办理共同运销，台湾《农民团体共同运销辅导奖励监督办法》对农民团体办理共同运销的方式、参加的对象、优惠政策、经费管理等均做出了规定。如：共同运销的方式分为以供应再贩卖或以加工为目的的批发市场交易和以供应直接消费为目的的零售交易两种；参加者以该农民团体的会员为限，货源以农民直接生产者为限；农民团体应与参加共同运销的成员及农产品批发市场签订合同，形成产销的相互关系；农民组织应邀请参加共同运销的农民代表组成运销小组，加强民主管理；批发市场对农民团体办理共同运销的农产品应优先处理；办理共同运销所需土地视同农业用地，免征印花税及营业税等，这些规定鼓励和规范了共同运销的发展和运作①。

三、直接运销制度

直接运销有广义和狭义之分。广义的直销是指生产者或生产团体将所生产的产品予以包装或处理后，直接运送供应给零售业者（超级市场）或连锁零售业的包装配送中心和大消费户，借以减少不必要的中间费用，减少运销层次，缩减运销差价，从而使生产者与消费者共享其利。狭义的直销是指生产者将其产品直接售予消费者，不经过任何中间商。台湾所推行的直接运销主要是广义的直销。以蔬菜直接运销为例，其作业流程是：由农民团体的共同连锁集货场将蔬菜包装处理后，直接运送到零售业者或连锁超级市场的包装处理中心，再由超级市场销售到消费者手中②。直接运销的作业流程见图5-1。

直接运销制度下生产者或生产团体将自己的产品直接送至零售终端，不经过批发市场交易，最多只经过包装配送中心即可到达零售环节，可显著减少中间环节，减少运销费用。但直接运销必须具备一定的条件：一是超市或连锁店的发育程度要比较高，连锁超市经营规模足够大，有统一的包装配送中心完成集货和配送作业；二是生产者或生产团体要有足够的生产能力，能够满足超市或大消费户持续的供货需要，而且在数量和品质方面都要达到要求。台湾超级

---

① 相重扬. 台湾农产品运销制度[J]. 世界农业，1995（12）：6-8.

② 牛若峰. 台湾农产品运销制度与批发市场[J]. 中国农村经济，1994（3）：39-44.

市场自 20 世纪 80 年代初进入成长时期，现在已经发展得相当成熟，为农产品直接运销打下了良好的市场基础。农产品直销通路短，可节约成本，提高农民所得，提高消费者利益，有非常好的发展前景。

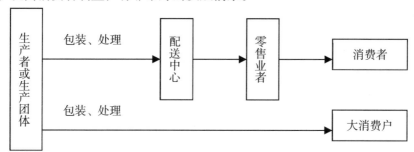

图 5-1 台湾农产品广义直销作业流程

四、产销策略联盟

产销策略联盟是台湾在加强整合农民产销班、提高产销效率的基础上发展形成的一种新的产销机制，该机制以产销班等基层农民组织为核心，辅以农会、合作社、农业企业等多种渠道，通过农业同行业内和不同行业间企业力量的整合，加强产销班的资讯、产品标准、产期调节、批量生产的资源整合，突破农业发展的"瓶颈"，实现有规模的企业化经营，从而提高生产、运销效率。目前，台湾运作较为成功的产销策略联盟有西螺美蔬菜产销班牵头成立的台湾大宗蔬菜联盟和花东地区的稻米产销策略联盟①。

第三节　大陆农产品流通体制改革历程

回顾大陆农产品流通体制的演进，大体可分为以下几个阶段②。

① 祁胜媚，杜垒，封超年，等. 台湾地区农产品运销体系的建设经验与启示[J]. 世界经济与政治论坛，2011（3）：145-159.

② 李炳坤. 农产品流通体制改革与市场制度建设[J]. 中国农村经济，1999（6）：11-18；王双进，高贵如. 农产品流通：市场约束与市场化改革[J]. 粤港澳市场与价格，2006（8）：19-21；祁春节，蔡荣. 我国农产品流通体制演进回顾及思考[J]. 经济纵横，2008（10）：45-48；戴化勇. 我国农产品流通体制的历史、现状及改革措施[J]. 物流工程与管理，2009（4）：33-36；姜长云，赵佳. 我国农产品流通政策的回顾与评论[J]. 经济研究参考，2012（33）：18-29.

一、第一阶段（1953—1977 年）：统一计划购销阶段

在此期间，大陆实行计划经济管理方式，对各种重要的农副产品先后实行统购统销或派购限销的办法，涉及品种多达 180 种。从 1953 年开始，农产品出现供需紧张，为控制这一局面，保障基本的生产、生活需要，大陆农产品开始实行统购统销的流通体系。到 1956 年，先后出台了一系列政策，实现了对粮食的统购统销、对棉花的计划控制，农业发展开始纳入国家计划经济的轨道。1957 年，国务院进一步指出，凡属国家规定计划收购的农产品，全部由国家计划收购。其后，农产品基本上都由国营商业机构独家收购。1961 年，中共中央文件又提出了三种收购政策，即第一类物资（粮食、食油、棉花）实行统购统销政策、第二类物资（其他重要农产品）实行合同派购政策、第三类物资（统购派购以外的农副产品）实行议价政策。这一时期基本上采用了农产品计划供应的方式，将农产品流通直接纳入国民经济计划，实质上否定了农产品的商品交换性质，农产品基本上不存在随行就市的自由交易。

二、第二阶段（1978—1984 年）：由计划调节向计划与市场调节相结合的过渡阶段

根据党的十一届三中全会的决定，从 1979 年起国务院及有关部门对农产品统购派购的范围和品种进行了重新规定，逐步减小统购统销和派购限售的品种和数量，缩小国家收购农产品范围。至 1984 年底，属于统购派购的农产品由过去最多时的 180 多种减少到 38 种，统购派购的范围大大缩小。除棉花外，其他农产品在完成政府收购任务后，根据市场供求实行议购议销。此阶段，农产品流通体制改革的基本内容是调整价格，以改善工农业产品之间及各自内部不合理的比价关系，使偏低的农产品价格的上升幅度快于工业品价格的上升幅度，促进国民经济的持续协调发展。1979 年，国务院陆续提高了粮食、食油、棉花、生猪等 18 种重要农产品的收购价格，平均提价幅度为 24.8%。在随后的几年内，诸如此类的价格调整在部分农产品的购销方面相继进行过。同时，由于政策放宽，刺激了农民的生产积极性，剩余农产品大量出现，曾被取缔、合并的农村集贸市场和传统农副产品专业市场得到了初步恢复和发展，成交金额增长迅速。在此期间，虽然也对某些指令性计划外的农产品流通实行议购议销，并由此开始形成"双轨制"的雏形，使农产品流通体制引进了市场调节的因素，

但从总体上来说毕竟还是局限在传统计划经济体制的范畴内。

三、第三阶段（1985—1991 年）：计划与市场并存的双轨制阶段

统购统销制使生产、消费、需求相脱节，1984 年的粮食大丰收，使国家陷入购不起、销不动、调不出的困境。因此，自 1985 年起，大陆农产品流通开始实行"双轨制"方式，计划流通与市场流通并存，农产品流通体制的市场化改革进程大大加快。1985 年，中共中央和国务院发布了《关于进一步活跃农村经济的十项政策》，其核心内容是改革计划经济时期的统购派购任务，按照不同情况分别实行合同定购和市场收购。面对各种重要商品供求关系变化的要求，政府的计划调控难以及时而又准确地做出反应，因而不得不相应加大对市场调节的运用范围。放开某些商品的价格和经营，由市场供求关系进行调节，成为必然选择。对于关系国计民生的重要农产品，仍由国家实行较大比重的指令性计划管理，价格调整和产品购销仍然由国家直接掌握；计划管理外的部分则实行市场调节，价格高低涨落主要取决于市场供求关系变化。实行流通"双轨制"的农产品，主要是粮食、棉花、食油、生猪等大宗产品。与此同时，对水果、水产品等实行放开经营、放开价格为内容的流通体制改革。

四、第四阶段（1992—1997 年）：农产品流通全面引入市场机制的探索阶段

1992—1993 年，农产品购销暂时走出"双轨制"，进入全面市场化的阶段。1992 年，中共十四大提出了建设社会主义市场经济体制的目标，促使农产品流通体制改革由开放搞活阶段进入到向社会主义市场经济转变发展阶段。农产品放开经营的范围开始扩大到国民经济中最重要的部分，其中尤为令人瞩目的举措是，由各地分散决策，逐步放开国家粮食定购计划和对城镇居民定量供应部分的粮食购销价格，即保持国家定购粮数量不变，价格实行随行就市，简称为"保量放价"。对其他重要农产品的价格和经营也积极创造条件，逐步放开。但在 1994—1997 年，农产品流通又回归"双轨制"模式。国家放开粮食购销体制后，以市场化为目标的农产品流通体制改革却并未顺利付诸实施，并由此导致了粮食供需缺口的扩大，引发粮价大幅上涨，粮食市场价与定购价的差距急剧拉大。为保持社会稳定和保证分税制、外汇并轨等重大改革措施顺利出台，中央决定加强粮食市场的宏观调控：一方面采取抛售中央储备粮等措施，稳定市

场粮价；另一方面通过较大幅度提高定购粮价格，缩小定购价与市场价的差距。在棉花的购销中，继续不放开经营，不放开市场，不放开价格，实行国家统一定价，由供销社统一经营。此外，农副产品批发市场建设也是此阶段的一项重大举措，1992—1998 年，大陆共建成农副产品批发市场近 3000 个，涉及粮食、蔬菜、肉类和水产品等多个种类。

五、第五阶段（1998 年至今）：农产品流通体制改革的深化阶段

从 1998 年开始，大陆农产品流通体制进入全面改革时期。一是继续深化粮食流通体制改革。1998 年 4 月，国家出台了深化粮食流通体制改革的措施。改革的基本原则是"四分开一完善"，即实行政企分开、储备与经营分开、中央与地方的责任分开、新老粮食财务挂账分开、完善粮食价格形成机制。改革的主要目标是：转换国有粮食企业机制，理顺粮食价格机制，完善粮食宏观调控体系，减轻国家财政负担，进一步搞活粮食流通，促进粮食生产稳定发展。为了具体实施和贯彻上述原则，1998 年 6 月，国务院又出台了"三项政策，一项改革"，即按保护价敞开收购农民余粮、国有粮食收储企业实行顺价销售、粮食收购资金实行封闭运行。二是着重提升农产品流通的现代化水平。2004 年国务院办公厅发布《关于进一步做好农村商品流通工作意见》，要求加快发展农产品批发、零售市场和物流等搞活农产品流通。2005 年商务部组织实施了以发展农村现代流通网络为主要内容的"万村千乡市场工程"，2006 年商务部又在全国组织实施"双百市场工程"，提高农产品流通企业的现代化水平，升级改造农产品批发市场。2010 年 8 月，财政部和商务部办公厅联合发布《关于开展农产品现代流通试点的通知》，提出在河北、辽宁等 9 省开展农产品现代流通综合试点。2015 年 4 月，商务部办公厅印发的《2015 年电子商务工作要点》中特别提出要"促进农产品流通和农村电子商务应用"。2008 年 12 月 30 日，《国务院办公厅关于搞活流通扩大消费的意见》要求，积极推动"农超对接"，支持大型连锁超市、农产品流通企业与农产品专业合作社建立农产品直接采购基地，培育自有品牌，促进产销衔接。2011 年 8 月 2 日《国务院办公厅关于促进物流业健康发展政策措施的意见》要求，大力发展"农超对接""农校对接""农企对接"等产地到销地的直接配送方式。2011 年 12 月，《国务院办公厅关于加强鲜活农产品流通体系建设的意见》专门针对鲜活农产品的产销衔接和市场调控做出规定。

改革开放以来，大陆初步建立了包括集贸市场、批发市场、专业市场、期货市场和零售网点等在内的，以各类批发市场为中心、城乡农贸市场为基础、直销配送和连锁超市为补充，产区、销区、集散地市场相结合的农产品市场体系，不同市场间有效衔接，功能互补，协调联动，保障农产品顺利流通。据统计，大陆农产品批发市场已达 4000 多家，经由农产品批发市场进行交易的农产品比重高达 70%以上。农产品市场主体日益多元化，已由过去计划经济体制下国营商业和供销合作社等商业组织一统天下的格局，逐步向国营商业组织、农民个体运销户、经纪人、农民合作经济组织、农业产业化龙头企业等多元化方向转变①。然而，农产品流通体制仍不健全，还存在资金投入不足、市场体系建设滞后、发展不平衡、市场交易行为不规范、制度化法制化缺欠、流通环节多头管理、农产品流通损耗大、效率低下等问题，小农户与大市场间的矛盾依然突出，不利于促进农民增收和农业现代化进程的顺利推进。

第四节　台湾农产运销制度对大陆的启示

台湾农产运销及批发市场拍卖交易制度的成功做法在整个东亚地区堪称典范，特别对大陆相似的小农经营体制下如何推进农产运销体系的建设与发展具有相当的参考价值。

一、农产品共同运销

台湾在农民组织化水平较高的条件下，自 20 世纪 70 年代开始推动农产品共同运销，不仅解决了分散农户面对市场的问题，同时也大大提高了农产品运销的品质和效率。目前，大陆积极推动农民专业合作组织的发展，主要目的之一就是要解决小农户与大市场的衔接问题。台湾通过农民专业合作组织的发展推动农产品共同运销的做法和经验值得大陆学习借鉴。

---

① 戴化勇. 我国农产品流通体制的历史、现状及改革措施[J]. 物流工程与管理，2009（4）：33-36.

二、农产品直销

农产品直销体系的构建是两岸农产运销发展的共同方向之一，其优点在于可以大大缩短运销通路，节约成本，从而既可以提高农民所得，还可以保护消费者利益。台湾自 20 世纪 80 年代以来，超级市场步入成长期，带动农产品直销业务不断扩大，直至目前，以农民通过合作组织直接将农产品供给超市、量贩店和连锁店销售的直接运行方式仍是台湾农产运销推动的重点之一。大陆近年来在农民专业合作社的逐渐兴起和超市蓬勃发展的带动下，开始逐步推行"农超对接"的直销模式，可以汲取台湾先行一步的成功经验。

三、批发市场

在台湾农产品运销体系中，批发市场一直占据核心地位，并没有随着现代农产品物流运销方式的改进减弱其集货、定价的功能，由此可在一定程度上预见大陆农产品批发市场未来的发展趋势。在小农经营体制下，农产品运销必然要经过由分散到集中再到分散的流通过程，不断培育和完善批发市场的中转枢纽功能，应是两岸农产品物流运销发展的必由之路。此外，台湾农产品批发市场始终坚持公用事业的发展道路，市场管理和规范交易的相关规定比较完善，这对大陆批发市场的发展具有很强的参照和学习价值。

四、拍卖交易

台湾农产品批发市场的拍卖交易方式的广泛推行，不仅进一步巩固了其价格指标的功能，而且有效提高了小农生产与市场对接的效率。在小农生产经营体制下，分散的小规模农户面对相对集中的批发商或贩运商始终处于定价的弱势地位，但拍卖交易方式在一定程度上可以帮助扭转农户的弱势地位，将农户之间的竞价销售转变为批发商的竞价购买。同时，拍卖交易的公开透明更加能够体现批发市场交易的公开、公正、公平。大陆于 20 世纪 90 年代在部分地区进行批发市场拍卖交易试点，可成功者寥寥，只有昆明花卉拍卖交易中心基本实现了规范的拍卖交易作业，更大范围地继续推行还需要配套政策和市场环境的不断完善，也需要产、学、研各界的共同努力。

第六章　农业合作组织制度

　　农业合作组织是小规模农业经营体制下，提高农民组织化程度、降低交易费用的有效手段，是增加农民抵御自然和市场风险、推进农业产业化经营的重要制度。实践证明，农业合作组织是解决农民千家万户的小生产与现代化农业的大生产矛盾的有效方法。台湾农业合作组织类型多样、功能齐全、覆盖面广，在增加农民收入、促进现代农业发展方面发挥了重要作用。大陆新型农业合作组织的发展虽然起步较晚，但随着 2007 年《农民专业合作社法》的施行，已逐步进入规范化、法制化的轨道，对农业农村经济发展起到了良好的推动作用。两岸农业合作组织发展所面临的现实问题和约束条件具有较强的相似性，台湾农业合作组织的发展经验对大陆具有实际的借鉴意义和参考价值。

第一节　台湾农业合作组织类型及其功能

　　台湾的农业合作组织包括农（渔）会、农田水利会、农业合作社（场）和农业产销班等 4 种类型。其中，农会是台湾分布最广、影响最大、最为完善、功能最齐全、运行最规范的农民组织；而合作社和产销班则主要是以产品为纽带进行专业化、规模化经营，二者共组织了近 100 万农民，占台湾农民的 1/3 左右。

　　根据不同的需要，不同的农民组织承担了不同的职能，分工明确，协同运作。一是生产营销、教育、技术推广、社会服务、农民福利、争取政策支持等多功能齐备的农（渔）会体系，这种地域性的农民组织同时兼有执行政策的功能；二是整合生产销售环节、争取政策支持、传递信息功能的合作社和其他农民协会；三是规模小、地域毗邻的小型微观合作组织——农业产销组织，又称产销班，它是最接近农民且数量最多的农民生产经营组织，它可以作为会员加入合作社和农民协会，接受农（渔）会和合作社的辅导与支持。

一、农（渔）会

（一）农会

台湾农会的历史可以追溯到 1900 年，缘起农民向地主要求减租，保护自己利益，台湾第一个农会——台北县三峡农会诞生，迄今已有 114 年，其间，台湾农会经历了从管治到自治的转变。第二次世界大战后，国民党当局对农会进行改组，将农会分为政治功能的农会与经济功能的合作社。此后又颁布了一系列规定，把农会建成了"农有、农治和农享的公益社团法人"，具有经济、教育、社会、文化和政治等多重功能，特别是营销、金融、技术和中介服务等经济功能。

台湾农会集农民职业团体、经济合作组织、社会组织与政府委办机构等性质于一体，是特殊的法人，既非企业法人也非社团法人，而是"公益社团"法人。

台湾农会分乡镇（市）区农会、县（市）农会、省农会三级架构，实行"一个乡镇一个农会"。各级农会既是独立法人，又与上级及其他农会互相配合，下级接受上级农会指导，共同组成一个农会网络系统。乡镇农会按实际需要设农事小组，作为农会推广工作的基层单位，小组内可再分班作业。

截至 2013 年底，台湾共有农会 302 个。其中，省级市及县级市农会 23 个，乡镇级农会 279 个；包括正式会员 1 046 654 人、个人赞助会员 892 397 人和团体赞助会员 1508 人；乡镇农会中由会员组成的农事小组 4817 个①。

农会以会员代表大会为最高权力机构，理事会在会员大会休会期间行使农会所赋予的职权，主要是实施大会的决议，监事会监察农会的业务和财务。由会员小组选出的代表来选举理事和监事，再由理事组成理事会，选举理事长，监事会选举常务监事。农会设置总干事一人，由理事会根据主管行政部门确立的候选人当中聘选。农会总干事以外的聘任人员与员工由总干事选择并负责业务的管理，他们必须参加岛内统一的考试，合格后方可录取。农会总干事以及聘任和雇用的员工不得兼任其他团体的职务或者民意代表。农会理事和监事不

---

① 台湾"行政主管机关农业主管部门"网站。

得兼任农会聘（雇）用人员和农事小组的正副组长。

农会一般设立以下下属单位：信用部（县市农会和省农会没有）、推广部、保险部、供销部、总务课。这几个部门承担着农会的四大业务：推广业务、供销业务、农村储蓄和信贷业务以及农业保险业务。农会的各项事业盈余，除了提取该项事业的公积金以外，其余都算作农会总盈余。这些盈余除了弥补亏损以外，要依规分配：一是公积金，占 15%；二是公益金，占 5%；三是农业推广、训练及文化、福利事业费，不得少于 62%；四是各级农会之间有关推广、互助及训练经费，占 8%；五是理事、监事及工作人员的酬金，不得超过 10%。

（二）渔会

台湾最早的渔会成立于 1919 年，是屏东县东港地区渔民建立互助合作的组织——"渔业组合"。由于成效显著，各地渔民纷纷仿效。

那一时期，台湾渔会的组织制度是庄、街（即乡、镇），州、厅（即县），府（即省）等三级制。二战结束后，"渔业组合"被改组，其中，社会指导部门改组为"渔会"，经济部门改组为"渔业生产合作社"。1949 年以后，台湾有关部门将"渔业生产合作社"并入"渔会"，建立省、县（市）、乡镇二级组织体制的"渔会"。渔会为法人。

截至 2013 年底，台湾有渔会 40 个，会员总数 422804 人，其中甲类会员 380455 人，乙类会员 18051 人，赞助会员 24298 人。从 1990 年至今，渔会总数只增加了两个，而会员总数增长了 53.6%[①]。

渔会能够有效保障渔民权益，提高渔民知识、技能，增加渔民生产收益，改善渔民生活，促进渔业现代化发展。渔会主要承担传播渔业规定及调解渔事纠纷，办理水产品进出口、加工、冷藏、调配、运销及生产地与消费地批发、零售市场经营，办理渔用物资进出口、加工、制造配售、渔船修造及会员生活用品供销，办理会员金融事业，以及协助配合渔政管理各项业务等任务。

渔会最高权力机关是会员代表大会，理事会负责会员代表大会休会期间执行大会的决议，监事会监察渔会业务以及财务。总干事秉承理事会决议，执行任务，向理事会负责。渔会总干事由理事会从相关主管机构选择的合格人员中聘用。由总干事聘任渔会任职人员，总干事及其所聘用人员不得兼营工商业或兼任公私团体任何有酬职务或各级民意代表。

---

① 台湾"行政主管机关农业主管部门". 台湾农业统计年报，2013 年。

渔会总盈余按如下方案分配：一是公积金 15%，不得分配；二是公益金 5%，须经主管机关核准才能动用；三是渔业改进推广、训练及文化、福利事业费，不得少于 62%；四是联合训练及互助经费 8%；五是理事、监事及工作人员酬劳金，不得超过 10%。

二、农田水利会

台湾的农田水利事业的组织化历史可以追溯到明清两代。当时的水渠和水坝，由民间私人（多是地方乡绅和地主）出资修建，视为私产。日本对台湾实行殖民统治时期推行了水利设施公共化政策，建立了公共水利设施，成立了互助合作组织——"水利组合"，并给予法人资格。

1945 年以后，"水利组合"改组为"农田水利协会"和"防汛协会"，会长由农民直接选举产生，职员由会长任用，由此，成为真正意义上的合作组织。1948 年两个协会合并为"水利委员会"，但存在职能不清、作用不能有效发挥的问题。所以 1955 年"水利委员会"被改组为"农田水利会"，界定为公法人地位的水利自治团体，会长和水利会的代表均由选举产生。

到了 20 世纪 60 年代，台湾社会经济结构转变迅速，农民收益增长趋缓且收益偏低，负担水利费用能力不足，农田水利会财务状况日渐恶化。自 1965 年起，台湾当局实施"加速农村建设时期健全农田水利会实施要点"，为期 7 年半，把农田水利会部分整合，改为行政部门代管，暂停选举会员代表，会长由行政主管部门选派。1981 年又恢复设置会员代表大会，会长由行政主管部门选择候选人，然后由会员代表选举产生。1994 年，为了加强行政部门的辅导和协助，取消了会员代表会，改设会务委员会，会长和会务委员会均由行政部门选派。自 2001 年起又改为由会员选举产生。

截至 2013 年底，台湾地区共有 17 个农田水利会，会员 1559023 人，3476 个水利小组，11116 个班。农田水利会灌溉排水受益地面积 380814 公顷，占耕地面积的 47.6%[①]。

台湾农田水利会一直以来都是一个"半官方"的组织，不是纯粹意义上的农民组织，但是这个组织体现了农民生产需要和行政部门建设相结合的特征。根据台湾《农田水利会组织通则》，农田水利会为公法人，由各地农田水利会作

---

① 台湾"行政主管机关农业主管部门". 台湾农业统计年报，2013 年。

为会员组成台湾农田水利会联合会，各会会长出席会员大会。

三、农业合作社（场）

20世纪初日本殖民当局就在台湾农业中推行了产业组合，第二次世界大战结束前各农业组织被合并为大的农业会。1946年，农业会重新分离为农会和合作社，前者负责农业推广，后者负责农业经济和金融。1949年农会与合作社再度合并。直到1974年，台湾放开对农业合作社的限制，给了很大的发展空间，合作社得到充足的发展。

截至2013年12月，台湾共有999个农业合作社，个人社员150398人，法人社员185人，股金总额约为33.5亿元新台币；其中，农业生产合作社656个、农业运销合作社315个、农业供给合作社9个、农业利用合作社2个、农业劳动合作社17个。另有225个合作农场，个人场员20176人，法人场员27人，股金总额约3.2亿元。详见表6-1。

表6-1　截至2013年12月台湾农业合作社与合作农场统计表

| 类别 | 社数 | 社（场）员数 | | | | 股金总额（元） |
| | | 个人社员 | | | 法人社员 | |
		合计	男	女		
农业合作社	999	150398	123462	26936	185	3348662498
农业生产合作社	656	61571	46162	15409	2	1948267438
农业运销合作社	315	87297	76230	11067	183	1366747460
农业供给合作社	9	430	282	148	0	4552400
农业利用合作社	2	56	45	11	0	710800
农业劳动合作社	17	1044	743	301	0	28384400
合作农场	225	20176	14885	5291	27	318724964
合作农场	223	20176	14885	5291	0	318464964
合作农场联合会	2	0	0	0	27	260000

资料来源：台湾内部事务主管部门合作事业入口网站。2013年12月合作事业按类别分半年报。

以农民为社员组成之合作社即为农业合作社。农业合作社以同类型产品的生产、供应与运销业务为主，种类繁多，包括果菜合作社、茶叶合作社、花卉合作社、林业合作社、渔业合作社、畜禽合作社及其他类。台湾农业合作社的业务覆盖农业生产各个方面，几乎与农民生产、生活有关的业务都有合作社的身影，主要包括蔬菜、花卉、青果、茶叶、渔产品、家畜、家禽、奶制品等的生产、加工、运销合作，以及农资供应、农机使用等①。

依照台湾合作社的有关规定，合作社是"依照平等原则，在互助合作的基础上，以共同经营方法，谋社员经济利益与生活的改善，而其社员人数和股金总额均可变动的团体"。合作社是法人，可依据经营业务或责任制度或组成分子分类。按经营业务，农业合作社分为专营性合作社与兼营性合作社。专营性合作社是经营一种业务的合作社，主要有农业生产合作社、农产品运销合作社、农用物质供给合作社、农业生产设备利用合作社。兼营合作社同时经营两种或两种以上主要业务，主要有区域性合作社、社区合作社及合作农场。按责任制度，农业合作社分为有限责任合作社、保证责任合作社和无限责任合作社。按合作社的组成分子，可分为以自然人为主组成的单位社和由单位社或合作社联合社组成的联合社。

合作社年息不得超过1分，合作社没有盈余时不得派发股息。合作社盈余除了弥补累积损失及付息外，信用合作社或其他经营贷款业务的合作社应提20%为公积金，其他合作社提10%；合作社应提取盈余的5%为公益金；10%为理事、事务员及技术员的酬劳。公积金不得分配。除以上提取项目以外的盈余，根据社员交易额的多少为标准进行分配。

合作社设理事和监事各（至少）3人，由社员大会从社员中选举。理事任期1～3年，监事任期1年，均可连任。合作社下设事务员和技术员，均由理事会任免。社员可自请退社。合作社除名社员需要社务会出席理事和监事3/4同意方可实施。

根据合作社有关规定，两个以上合作社或合作联社因区域或业务的关系，可以设立合作社联合社，但同一区域或同一区域内同一业务的合作事业不得同时有两个联合社。合作社联合社为法人。合作社为联合社的社员，其组织规则和运行方式与单个合作社基本一致。

四、农业产销班

台湾的农业产销班产生于20世纪70年代，其前身是共同经营班，是为了克服小农经营的分散、实现专业化生产而产生的。它是指耕地毗邻或临近的若干农户或养殖同类禽、畜、渔的农户，基于互助合作原则，承认个别农户的农

---

① 何安华. 台湾地区的农业合作组织[J]. 中国合作经济评论, 2011（2）: 157.

地所有权与利益分摊的原则，在农业推广机构辅导下，将生产资源交由组织共同运用，以增进生产力的一种经营方式，由具有作业专长的农民负责生产经营和管理，参加共同经营的农民相互探讨农业生产技术，进行共同作业。

对于农耕产品，下限一般为土地面积 5 公顷以上，班员 10 人以上；对于畜牧产品，班员和饲养数目依不同的品种而定；对于渔业产品，每班班员在 10 人以上。畜牧产销班的规模底线详见表 6-2。

表 6-2　畜牧产销班的规模底线

品种	每班班员人数	每个班员饲养数
毛猪	20～30 人	20 头以上
肉鸡	10～20 人	3000 只以上
蛋鸡	10～20 人	20 000 只以上
乳牛	10 人以上	40 头以上
羊	10 人以上	100 头以上
鸭	10 人以上	3000 只以上
鹅	10 人以上	3000 只以上
蜂	5 人以上	100 箱以上

资料来源：台湾《农业产销组织辅导办法》。

农业产销班的成立要向直辖市或县（市）政府登记，之后其所属的农渔会或农业合作社或其他相关产业团体应派人指导成立班会，选举班长、副班长、书记及会计等人员。产销班以专职从事农业产销的核心农民为主，一般是在所属农渔会、农业合作社或其他相关团体注册的农户。产销班的最高权力机构是班会，分定期班会和临时班会，定期班会两个月一次，临时班会由班长或副班长召集。产销班召开班会时，可以邀请所属农渔会、农业合作社和其他农业团体派人列席指导，也可邀请主管部门或农业实验改良场所或农学、海洋学校派人列席。这要根据产销班经营的具体需要来定。

产销班主要负责改善经营管理、提升产销技术、加强共同营销及直销、辅导休闲农业等事项，产销班要制订生产经营计划，报所属农渔会、合作社或相关农业团体，经过它们向主管机关申请补助和辅导。

截至 2014 年底，台湾农业产销班总数 6275 班，班员数 128759 人。产销班在种植面积和生产量上在台湾农业中占据着比较重要的位置，花卉、蔬菜、果树、特用作物、观光农园、肉鸡、蛋鸡、毛猪、乳牛、羊和蜂等产销班在本行业的种植面积和产量比重较高，而传统大宗农产品比重较低。详见表 6-3。

表 6-3　截至 2014 年 12 月台湾各乡镇产销班统计表

产业	班数（班）	班员数（人）	经营规模	单位
蔬菜	1941	43154	35106.06	公顷
果树	2315	48282	67803.17	公顷
花卉	385	6316	4628.28	公顷
杂粮	211	4540	5415.36	公顷
稻米	381	9225	9414.81	公顷
特用作物	412	7438	7076.73	公顷
菇类	72	1370	688.71	公顷
其他农作	10	153	238.22	公顷
毛猪	194	3972	3678723	头
牛	60	662	93911	头
鹿	16	240	8955	头
羊	33	507	97585	头
兔	—	—	—	只
肉鸡	99	1176	27261507	只
蛋鸡	32	333	9226413	只
水禽	28	368	2638754	只
火鸡	1	12	42000	只
鸵鸟	—	—	—	只
休闲农业	11	170	229.04	公顷
蜂	71	794	124685	箱
其他	3	47	45.07	公顷（头）
合计	**6275**	**128759**		

资料来源：台湾“行政主管机关农业主管部门”网站。

第二节　大陆农业合作组织发展现状

从 20 世纪 50 年代初开始，大陆农民专业合作经济组织经历了农业互助合作阶段、人民公社阶段，于十一届三中全会后重新走上健康发展的道路。随着改革开放的推进，各类农民专业合作经济组织也得到不断发展。在此，农民专业合作经济组织，是指从 20 世纪 80 年代开始，在农村家庭承包经营基础上，由农民按照"民办、民管、民受益"的原则，以发展经济为目的，自愿组织起来的一种新型农民合作经济组织①。而 2007 年 7 月 1 日《农民专业合作社法》的正式实施，使得大陆农业合作社实现了由农民自发发展到政府立法规范的转变，推动大陆农业合作组织发展迈上一个新的台阶。

农民专业合作社作为一种新型的市场主体，把千家万户小生产的农民组织起来，克服小生产与大市场之间的矛盾，提高农业标准化、规模化、市场化程度，实现农业增效、农民增收，在农业产业化经营中发挥着重要作用。

一、合作社数量和出资额持续增长

《农民专业合作社法》的颁布实施，为合作社发展提供了有利的法律和政策支持，大陆农民专业合作社如雨后春笋般迅速成长。据国家工商行政管理总局发布的"市场主体发展情况报告"显示，大陆农民专业合作社总户数由 2007 年的 3.68 万户持续增长到 2014 年的 128.88 万户，出资总额则由 2007 年的 0.03 万亿元增至 2014 年的 2.73 万亿元，呈直线上升趋势。就农民专业合作社在全国各类市场主体中所占份额来看，2014 年，农民专业合作社数量占全国市场主体的 1.9%，出资额占 2.1%。虽然其比例在各类市场主体中仍然较小，但比 2008 年 0.3%和 0.2%的户数和出资额占比已有显著提高。

二、合作社成员总数和社均成员数不断增加

《农民专业合作社法》对合作社成员的身份给予明确界定：具有民事行为能力的公民，以及从事与农民专业合作社业务直接有关的生产经营活动的企业、事业单位或者社会团体，能够利用农民专业合作社提供的服务，承认并遵守农民专业合作社章程，履行章程规定的入社手续的，可以成为农民专业合作社的成员，并且规定"农民专业合作社的成员中，农民至少应当占成员总数的百分之八十"。随着合作社总户数的增加，大陆农民专业合作社的成员总数也处于上升趋势。2008 年成员总数仅为 141.71 万个，2014 年即增至 3746 万个，其增幅明显大于合作社总户数的增幅。而从社均成员数来看，平均每个农民专业合作社的成员数由 2008 年的 13 个增至 2014 年的 29 个，虽然也有所增加，但社均

---

① 陈晓华. 改革发展中的中国农民专业合作经济组织[J]. 农村合作经济经营管理，2001（11）：5-6.

规模仍然较小，还有进一步提升的空间。见图 6-1。

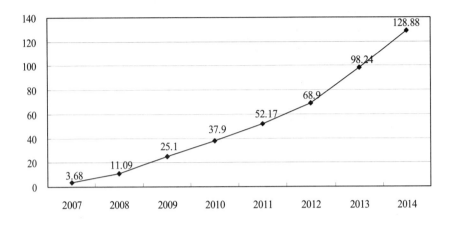

图 6-1　2007—2014 年大陆农民专业合作社户数（单位：万户）

资料来源：国家工商行政管理总局网站。

三、合作社经营范围和服务领域不断扩大

合作社经营范围广泛分布在种植业、养殖业、农机、渔业、林业、民间传统手工编织和农家乐等各个产业，且以种植业、养殖业为主[1]。就全国而言，从事种植业的合作社大约占 43.3%，从事畜牧业的合作社占 29.7%，合计达到 73%[2]。合作社的服务领域已拓展到农资供应、农技推广、土肥植保、农机作业、产品加工、储藏、运输和销售等各个环节，但主要以产品销售和生产服务为主。部分合作社已创新性开展了信用合作、互助保险等新的服务形式，服务领域更加广阔[3]。

四、合作社地区分布不均衡

从数量分布来看，2014 年，农民专业合作社数量排在前 10 位的地区依次是山东、河南、河北、江苏、山西、黑龙江、内蒙古、浙江、吉林、安徽，其合作社数量合计占合作社总户数的 59%。山东省数量最多，为 131554 户；西藏

---

① 杨秀平，张昭. 我国农民专业合作社的发展现状、存在问题与发展趋势[J]. 农业展望，2011（8）：20-24.
② 刘涛. 我国农民专业合作社发展的调查与建议[J]. 北京工商大学学报（社会科学版），2012（6）：32-36.
③ 徐刚，吴振雄. 我国农民专业合作社发展现状及对策[J]. 安徽农学通报，2015，21（19）：6-8，12.

最少，仅为 2937 户。从经济区域分布来看，东部、中部、西部、东北四个区域占比分别是 33%、33%、21% 和 13%。从增长速度来看，2014 年增长率排在前 10 位的省份依次是新疆、内蒙古、西藏、甘肃、湖南、河北、辽宁、黑龙江、河南、云南；增长率最高的是新疆，2014 年比 2013 年增长了近 3 倍；增长率最低的是北京，仅为 7.7%。由此可见，大陆各地区农民专业合作社发展速度差异性较大①。

五、农业合作经济组织类型多样

大陆农民专业合作经济组织大体可分为三类。一是专业合作社型，是从事专业生产的农民平等持股、自我服务、民主管理、合作经营的经济组织。合作社一般制度比较健全、管理比较规范、与农民利益联系紧密。农民入社需交纳一定股金，合作社除按股付息外，主要按购销产品数量向社员返还利润。二是股份合作社，是在合作制基础上实行股份制的一种新型合作经济组织。这类经济组织发展较快，农民兴办龙头企业或龙头企业牵头兴办合作组织，进行农产品加工、销售、运输、储藏、资源开发和水利建设等方面多采取这种形式。三是协会型，是一种较为松散的合作形式。从事专项农产品生产、销售、加工的农民，按照自愿互利的原则，以产品和技术为纽带，组建这种社会性合作经济组织。凡是从事专业生产并达到一定规模的农民都可以加入协会，协会对会员进行无偿和低偿服务，入会农民根据协会的要求进行生产、销售②。

其中，农民专业合作社按创办主体来划分，又可分为以下三类：一是农民创办型，即由农村能人、种养大户和村组干部等牵头创办；二是涉农部门领办型，主要由基层供销社和县、乡（镇）农技推广机构等利用自身技术优势创办；三是龙头企业创办型，即由农产品加工企业利用其加工、品牌和营销等优势组织农民创办③。

---

① 安徽财经大学，中华合作时报社联合专题调研组. 2014 年中国合作经济年度发展报告之农民专业合作社发展研究报告[J]. 中国合作经济，2015（10）：57-68.

② 陈晓华. 改革发展中的中国农民专业合作经济组织[J]. 农村合作经济经营管理，2001（11）：5-6.

③ 杨秀平，张昭. 我国农民专业合作社的发展现状、存在问题与发展趋势[J]. 农业展望，2011（8）：20-24.

第三节 大陆农业合作组织发展中存在的问题

一、法律体系不健全

目前合作社发展主要依据《农民专业合作社法》，该法仅是在宏观层面对农民专业合作社这一种类型的合作社进行了界定，而在实践中不断涌现的社区股份合作社、土地股份合作社、信用合作社、金融合作社、专业合作社联合社等多种类型的农民合作社，已突破了专业合作的界限，超出了《农民专业合作社法》的调整范围，已不能满足农民合作形式多元化发展的需要。此外，法律条文的规定过于笼统，只能作为纲领性的规范指导，难以应对具体繁杂的实际问题。

二、运营管理规范化程度低

合作社章程流于形式，合作社内部治理结构不完善或形同虚设，合作社成员间关系松散，社员的生产销售等行为受合作社的约束较小。生产经营、人事调整、技术服务、利润分配等重大事项不经成员大会讨论决定，而是掌握在极少数出资额较多的出资者（称为"大股东"）手中，缺乏有效的民主管理与监督机制。特别是个别龙头企业、村干部牵头成立的合作社，行政色彩浓，资本"集中化"、负责人"干部化"现象导致民主管理形式大于实质，"一股独大""内部人控制"的情形较为普遍，普通社员的合法利益难以得到有效保护。

三、利益分配机制不合理

大多数合作社与成员之间的利益形式是产品买断式或订单式，许多尚未实行盈余返还，或没有按法定比例进行盈余分配。多数合作社实行"按股分红"，按成员与合作社之间的交易量（额）比例分配盈余的合作社很少。大股东出于自身利益考虑往往倾向于限制二次返利，这严重背离了合作社区别于一般企业的本质特征，必将制约合作社的长期发展。

四、专业人才匮乏

绝大多数农民专业合作社的形成和发展主要依赖于生产和运销大户、农村基层组织、供销合作社和龙头企业等少数处于相对"强势"地位的非小农群体，他们虽经验丰富、能力突出，但在知识和专业背景上存在局限，其管理水平和营销理念等仍不能满足需求，而合作社成员大部分为农民，文化程度较低，其合作意识和专业技能较差，尤其是随着农村青壮年劳力向二、三产业的转移，直接从事合作社的管理人才和技术骨干越来越紧缺。合作社发展普遍存在缺乏专业人才及完善的人才引进机制的问题。农民专业合作社最缺的是经济组织带头人、会计人员、农产品经纪人、农产品营销人员和企业经营管理骨干等 5 种类型人员。缺乏人才的原因主要是合作社生产效率低、发展能力弱，于是，出现了"生产效率低—人才短缺—生产效率低"的恶性循环①。

五、发展资金短缺

资金短缺、融资困难是制约合作社发展的主要"瓶颈"。从合作社角度来看，退股自由、社员收入较低且重分配轻积累，以及法定分红比例过高等因素都易导致资金积累困难。从金融机构角度看，因合作社多数存在财务不够规范、产权不明晰、抵押担保难解决等问题，难以满足金融机构放贷要求，融资较难。从政府机构角度看，财政扶持资金有限，受益面窄，主要是小部分大型优质合作社能获得资金扶持，且在扶持过程中各部门竞相分割财政支持资金，多渠道、多头管理指导的现象大大降低了财政资金的使用效率。由于资金不足，相当一部分合作社的服务形式主要是简单的代购代销或停留在信息和技术咨询等方面，经营服务形式单一，产业链短，在组织开展农产品加工、包装以及出口等业务和行业维权等方面发挥作用不够②。

---

① 安徽财经大学，中华合作时报社联合专题调研组. 2014 年中国合作经济年度发展报告之农民专业合作社发展研究报告[J]. 中国合作经济，2015（10）：57-68.

② 杨秀平，张昭. 我国农民专业合作社的发展现状、存在问题与发展趋势[J]. 农业展望，2011（8）：20-24；徐刚，吴振雄. 我国农民专业合作社发展现状及对策[J]. 安徽农学通报，2015，21（19）：6-8，12.

第四节 台湾农业合作组织制度对大陆的启示

一、促进多元化发展

在小农经营体制下，分散的农户处于弱势地位，如果不组成强大的农民利益集团共同体，就难以应对激烈的市场竞争。从台湾合作事业的发展情况看，农（渔）会、农田水利会、农业合作社和农业产销班的共存反映了不同形式、不同层次的合作组织都有发展空间，关键要看合作组织的适应能力，看它能否适应市场经济和农民的具体需求①。应允许不同地区根据自身资源优势和产业发展需求发展多形式、多层次的农业合作组织，拓展合作组织功能，为农民提供产前、产中和产后服务。此外，台湾农业合作组织之所以能发展壮大，其成功秘诀在于坚持"民办、民管、民受益"原则。因此，大陆在推进合作组织发展进程中，无论是哪种类型的合作组织，都要始终以农民需求为基本导向，这既是农业合作组织成立的初衷，也是其最终目标。

二、健全政策管理体系

台湾各类农业合作组织均有与之对应的相关规定予以规范，如农会有《农会选举罢免办法》《基层农会章程范例》，农田水利会有《农田水利会组织通则》，合作社有《合作社实施细则》，产销班有《农业产销组织辅导办法》等，这些规定对合作组织的成员资格、组织架构、运行机制、业务范围、分配制度等都有明确规定，使得台湾各类农业合作组织的发展真正做到有章可循，利用制度约束使合作社的经营趋于规范化、有序化。因此，要推动大陆农业合作组织的进一步发展，必须从完善法律法规的建设入手，除了已经颁布实施的《农民专业合作社法》，还应制定一部能够涵盖各类合作社的《合作社法》或《合作组织法》，弥补金融合作社、社区合作社、农业协会等方面的空白；同时，细化政策法规条文，提高其针对性和可操作性，使其不只作为纲领性的规范指导，而且能够

---

① 何安华. 台湾地区的农业合作组织[J]. 中国合作经济评论，2011（2）：156-180.

解决实际中纷繁复杂的具体问题。此外，由于大陆各省市经济发展不平衡，地方政府应根据本地区农业经济发展情况出台相应的地方性政策措施，包括政府补贴、税收扶持和信贷支持等，全方位为农业合作组织的发展提供宽松的外部环境①。

三、完善运营管理机制

如前所述，台湾各类农业合作组织机构健全、运行机制完善、经费来源和盈余分配方式较为合理，这些制度安排对提高台湾农业合作组织的运营效率、保障合作组织稳定有序发展，维护成员权益等方面都发挥了积极的作用。因此，要提高农业合作组织的自治水平，实现服务于农民利益的宗旨，首先要完善合作组织的内部管理运营机制，在建立健全成员大会、理事会和监事会三大组织机构的同时，明确界定各自的职权范围，厘清相互之间的责、权、利关系，防止"一股独大""一言堂"现象发生，建立完善的监督体系和利润分配机制，有效保障全体成员的各项权益。

四、培育现代新型农民

台湾农业合作组织得以成功运行的一个重要原因是在其运营中培养了大量高素质的合作组织成员，提升了分散农户的素质，从而提高了整体竞争力。例如，农会的推广业务，即负责对农民进行技术培训，组织农民观摩研习，开办训练班，还辅导青年创业，开展四健活动，组织农村文化活动等，不仅提升了农民的专业技能和整体素质，还增强了乡村青少年热爱家乡故土的人文情怀，为台湾农村培养了大批优秀的农业生产者和农业经济组织领导人。此外，还规定盈余的很大比例必须用于对成员的培训，由此保证了对农民培训活动的物质支持和可持续性②。大陆合作组织虽然也对农民提供技术咨询和服务，但开展定期技术培训的组织较少，对提升农民素质的贡献较小。大陆应结合台湾农业合作组织培育农民的经验，将对农民的培训和教育制度化、规范化，并加强资金支持，为培养有文化、懂技术、会经营的现代新型农民提供助力。

---

① 邓志红，危文高. 中国台湾农业合作组织发展的历史、经验及启示[J]. 世界农业，2014（11）：180-184.

② 吴丽民，袁山林. 台湾农业合作社的发展及其对大陆的启示——以台湾汉光果菜合作社为案例的实证分析[J]. 现代经济探讨，2006（5）：37-40.

五、提升资金筹集能力

从台湾合作组织的发展历程看，台湾合作组织的经费来源主要是会费、当局补助费、农技推广经费等。此外，农会还有各项事业盈余及委托事业提拨收入，而合作社则可以向社会发行债券和股份债券募集资本。首先，因合作组织不是一个以营利为目的的机构，所以运作收入较少，但通过修改条款，在社员可接受的范围内，根据社员接受服务的多少增加服务费或股金，逐步提高合作组织的积累资金，达到增加自有资金的目的；其次，由于合作经济组织发挥了有关职能部门末梢神经的作用，台湾当局在预算中给予了政策倾斜，并增加补助，使合作组织有可靠的收入来源；最后，相关主管部门在农业实用技术推广方面的许多项目是交由合作组织承办的，相关主管部门提供一定的经费，而合作组织通过推广应用技术获得经济收益。这些都可为大陆农业合作组织拓宽资金来源渠道提供借鉴①。

---

① 何安华. 台湾地区的农业合作组织[J]. 中国合作经济评论，2011（2）：157.

第七章　农业技术研发及推广制度

科学技术是第一生产力，是推动农业现代化发展的重要力量。两岸农业取得长足发展的重要原因是两岸农业科技持续进步，科技对农业生产、农产品产量扩张、质量提升都起到了举足轻重的作用。回顾台湾农业走出一条以精致农业为特色的发展道路，其科技因素不容忽视，以生物科技为新的经济增长点，台湾农业正在结合世界农业科技发展前沿趋势，发起新一轮的攀登。大陆农业现代化建设逐步加快，城镇化和工业化发展对农业现代建设支持能力越来越强，大陆的科技创新和科技对农业的引领不断突出，农业科技推广体系逐渐完善，农民的科学素养不断提高。两岸可以在农业科技领域加强合作与交流，为共同追赶世界农业科技前沿潮流迈出有力步伐。

第一节　台湾农业技术研发

一、台湾农业技术研发机构的变迁

在日本殖民时代，1896 年，"台湾总督府"在台北城内设立农业试作场，1899 年改称为台北县农事试验场。1901 年，台中、台南也分别设立了农业试作场。1902 年，日本殖民统治者废置台北、台中、台南三个农业试作场，另外成立"台湾总督府农事试验场"。1921 年，将其改组为"台湾总督府研究所农业组"，下设 7 个支所。1939 年，又将其裁撤，"农业组"改组为"台湾总督府农业试验所"，下设嘉义农业试验支所、台东热带农业试验支所、恒春畜产试验支所等 8 个支所，1944 年增设屏东农业试验支所、台中农业试验支所两个支所。到 1945 年，国民党接手"台湾总督府农业试验所"，改称"台湾农业试验所"，隶属于行政长官公署①。

20 世纪 80 年代，在台湾科技体制中，当局领导人配有专门的科技政策咨询机构——"科学技术发展指导委员会"，行政主管机关负责人配有科技参谋单位——"应用技术研究发展小组"和"科技顾问组"。其中，"科技顾问组"聘请国际知名专家组织召开科技顾问会议，研讨关于台湾经济社会发展的重要科技政策和发展战略。其中，早期的"农业主管部门"在农业科技咨询方面扮演重要角色，对农业科技计划的制订和组织协调起到关键作用。该时期，台湾农业研究分为基础研究和应用研究两个方面。基础研究包括"台湾研究院"的"植物研究所"和"动物研究所"，以及各大学农学院农业类研究所，如台湾大学农学院下设的农业类研究所，中兴大学农学院下设的农业类研究所。在农业应用研究方面，主要以试验所为主体，例如，"省政府农林厅"下属开设农业试验所、畜产试验所、水产试验所、林业试验所、家畜卫生试验所等五个试验所，"省财政厅"下设烟叶试验所、酒类试验所，"经济主管部门"下属台湾糖业公司专门成立糖业研究所和台糖畜产试验所，同时还有"经济主管部门"财团法人机构养猪科学研究所、香蕉研究所、食品工业研究中心、农业工程研究中心等，这些机构都是台湾当时农业应用技术研发的重要组成部分。此外，台湾还拥有亚洲蔬菜研究中心、亚太粮食肥料技术中心等国际农业研究机构②。

时至今日，台湾农业主管部门进行了必要改组，将过去由"农林厅"管理的试验所纳入"行政主管机关农业主管部门"，总体上而言，台湾农业技术研究的机构框架，基本延续 20 世纪 80 年代的结构，并进行了适当调整，农业技术研发机构门类相比过去更加齐全。目前，台湾"农业主管部门"下辖各个农业试验所等科研机构，专门从事农业技术基础和应用研究，基础研究的单位主要包括林业试验所、水产试验所、畜产试验所、家畜卫生试验所、农业药物毒物试验所等。其中畜产试验所还分设宜兰分所、新竹分所、恒春分所、彰化种畜繁殖场、高雄种畜繁殖场、花莲种畜繁殖场、台东种畜繁殖场、澎湖工作站。农业改良场更加侧重应用研究，主要包括桃园区农业改良场、苗栗区农业改良场、台中区农业改良场、台南区农业改良场、高雄区农业改良场、花莲区农业改良场、台东区农业改良场、茶业改良场、种苗改良繁殖场等。

---

① 施洁斌. 日本殖民时期的台湾农业科技[J]. 古今农业, 1999（1）: 66-72.
② 程振琇. 台湾农业科研体系与管理特点[J]. 台湾农业情况, 1989（4）: 6-10.

二、当前台湾农业技术研发状况及趋势

台湾农业科技创新具有较强的实力，在农业科技政策引导下，积极适应全球农业科技变化新的挑战，以新技术改造农业，推动以农业生物技术、智慧农业为代表，加快农业科技创新，为未来农业发展奠定良好基础。

第一，加强产学研一体化相结合。台湾积极搭建平台，为农业科技产业相关厂商、科技人才提供交流机会，推动各界科技创新的广泛合作，加快农业科技成果转化，提高农业科技创新的经济效益。具体做法是，成立平台网站，提供交流环境，传播农业科技创新、农业科技计划等最新信息。

第二，加快推动农业生物技术产业发展。随着全球生物技术创新发展的加快，台湾紧密关注这一重大科技发展趋势，突出台湾在农业生物科技创新上的优势，积极采取举措争夺农业生物科技创新高地。根据台湾当局最新计划，台湾将目标设定在，台湾通过启动实施"台湾生物经济产业发展方案"，到 2020 年促进生物技术产业达到 3 兆元新台币的规模。

第三，推动农业 4.0 升级发展。近年来，台湾农业生产力的提高主要驱动力来自农业生物科技发展，通过开发新品种、创新新技术带动了整个农业发展。台湾提出发展农业生产力 4.0，进一步推动农业升级转型。在理念上，传统农业重视劳动力和农事经验的结合，随着农业机械化的发展，农业经营的机械化程度不断提高，机械与技术的组合使用明显提高了农业生产力水平。由于信息技术的发展，农业信息化发展趋势加快，农业实现了自动化的生产方式转变，台湾提出的所谓的农业生产力 4.0 是指"智慧农业+数字服务"，这种农业生产方式通过生产、销售和服务，全面吸收使用农业最新科技成果和信息化、大数据等资源，整合构建全新的价值链，形成新的生产体系。具体来说，台湾将在2017—2020 年，农业科技创新将重点关注智能机械辅助机具、智能栽培管理、智慧农业巨量资料平台。在 2021—2024 年，要实现农业生产智慧化，整合生产端和消费端大数据库，促进产销平衡，构建农业物联网，保障食品质量安全①。

---

① 台湾行政主管机关生产力 4.0 产业与技术发展策略——农业生产力推动策略. http://agritech-foresight.atri.org.tw/archive/file/2015-33.pdf.

第二节　台湾农业技术推广制度

一、台湾农业技术推广制度的演变

早在日本殖民时期，台湾农业部门就已经建立起农业技术推广制度。当时，日本侵占台湾后，实行"日本工业、台湾农业"的方针，并十分重视台湾农业发展，在台湾"总督府农林局"专门设置农业技术推广部门——农务课。该时期，农业技术推广采取行政命令方式，对当时台湾农业发展起到了较为积极的作用。在日本殖民时期，日本殖民主义者在农业技术推广上开展了一些工作，例如，在甘蔗种植上推广"糊仔栽培法"；在水稻种植上推广"水田轮作制"，提高了土地利用率，改良推广"蓬莱米"，促进了稻米产量的大幅度提高；在茶叶种植上，日本引进印度阿萨姆纯种，改良推广红茶品种；在水果种植上，推广柑橘、凤梨等改良品种①。

在日本战败投降之后，国民党迁台管理台湾，继续沿用了日本遗留下的农业技术推广制度，与此同时，台湾加强与美国合作，在美国帮助下，成立了"农村复兴联合委员会"（简称"农复会"），引入了美国农业技术推广经验，即"四健会"②。在农业技术推广对象上从日本殖民时期只针对成年男性农民转变为成年男性农民、青少年、家庭妇女三大群体。在相当长的时期，台湾农业技术推广分成"省农会（推广组）—县农会（推广课）—乡镇农会（推广股）—农事小组（在村层级）"4个层次。在农技推广内容方面，针对不同群体分别开设不同的技术推广。针对成年男性农民，主要开展种植业、养殖业等农业专业技术推广，通过开展农事研讨班的方式将农业先进技术推广给成年男性农民，服务生产、改进农业经营管理状况。据统计，在高峰时期，农业技术推广覆盖了 283 个乡镇，乡镇指导员多达 521 人，而农民义务指导员多达 9000

---

① 范小芳. 日本殖民时期台湾农业研究[J]. 台湾研究，2002（4）：85-93.

② "四健会"是四个 H 字母缩写的代表。四个 H 分别代表健全头脑（Head）、健全心胸（Heart）、健全双手（Hands）、健全身体（Health）。

人，农事研讨班近 5000 个，班员超过 8 万人①。

二、台湾农业技术推广现状

目前，台湾农业技术推广体系的组成部分主要包括三个方面：一是农业改良场；二是高等院校农业推广部门；三是各级农会组织。这三个方面既相互重叠，又相互补充、各有侧重。

农业改良场从 1999 年开始均归台湾"行政主管机关农业主管部门"统一管理。目前台湾拥有桃园区、苗栗区、台中区、台南区、高雄区、花莲区、台东区 7 个区域性改良场和茶业改良场、种苗改良繁殖场。改良场的主要工作职责在于针对区域性农作物改良种原繁殖、栽培管理技术，对区域性农作物病虫害进行防治技术改良，对区域性农业机械及自动化进行改良，对土壤肥料进行改良，对农产品品质检测加工进行改良，对区域性农业推广、农业经营和农产品运销进行改良，以及从事区域性农业示范推广工作。

高等院校农业推广部门主要是指从 1964 年开始在中兴大学、屏东技术学院（现称为"屏东科技大学"）、台湾大学、嘉义农专（现称为"嘉义大学"）等高等院校开设的农业推广委员会。同时，在上述学校，专门设置了推广教授、推广副教授，并兼任所属地区农业改良场的推广研究员或推广副研究员，还与"农业主管部门"下属各区农业改良场密切配合工作。从表 7-1 可以看出，目前 5 所大学的农业推广机构分别针对台湾不同地区开展农业推广工作。从具体业务来看，这些大学的农业推广委员会（或中心）主要开展农业产销技术咨询辅导工作，编制印刷农业推广刊物、办理农业推广人员的教育培训，不定期下乡指导农业产销技术。

而农会等组织是农民成立的团体，目前有省、县（市）和基层三层农会。农会组织结构设置中，通常会专门设立农业推广部门从事农业推广。台湾基层农会推广人员在台湾农业技术推广教育方面发挥了重要作用，已经成为台湾农业技术推广的主体。根据台湾农会有关规定，农会要承担优良种籽及肥料的推广，农业生产的指导、示范、优良品种的繁殖及促进农业专业区的经营，农业推广、训练及农业生产的奖助事项等具体任务。同时，农会对农业推广经费要单独进行会计核算。

---

① 吕从周. 台湾农业技术推广[J]. 台湾农业情况，1985（2）：19-23.

表 7-1　台湾高等院校农业推广地区划分

学校名称	推广教授名额	专任职员名额	合作改良场	推广工作地区
台湾大学	3	2	桃园区、苗栗区	基隆市、台北市、新北市、桃园县、新竹县市、苗栗县
中兴大学	6	4	台中区	台中市、彰化县、南投县
嘉义大学	6	2	台南区	云林县、嘉义县市、台南市
屏东科技大学	5	1	高雄区、屏东区	屏东县、高雄市、澎湖县
宜兰大学	6	1	花莲区	花莲县、宜兰县

资料来源：台大农业推广委员区域划分. http://www.bioagri.ntu.edu.tw/extcom/sub_title/cae/cae_02.html。

从图 7-1 可以看出，台湾农会系统农业推广事业费呈现明显上涨趋势，从 2005 年的 4.1 亿元新台币上升到 2014 年的 6.51 亿元新台币，上升幅度达到 58.78%。与此同时，农业推广用人费呈下降趋势，从 2005 年的 6.54 亿元新台币下降到 2014 年的 6.32 亿元新台币。在事业费中，农事推广事业费从 2005 年的 3.07 亿元新台币上升到 2014 年的 4.76 亿元新台币，占比从 74.75% 略下降到 73.13%。四健推广事业费从 2005 年的 3750.9 万元新台币下降到 2015 年的 3324.4 万元新台币，占比从 9.14% 下降到 8.18%。家政推广事业费从 2005 年的 6611.1 万元新台币上升到 2015 年的 1.08 亿元新台币，占比从 16.11% 上升到 16.54%。

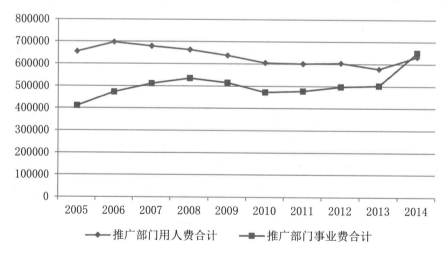

图 7-1　台湾农会推广部门用人费和事业费变化趋势（单位：千元新台币）

资料来源：台湾各级农会年报. http://www.farmer.org.tw/files/farmer/yearReport/2015%E5%B9%B4%E5%B9%B4%E5%A0%B1_130819383892345652.pdf。

从台湾农会系统开展农业推广的班（组）次数来看，农事推广和家政推广的班数都在增长，而四健作业组数有所下降；到2014年，农事推广和家政推广班数分别达到8444个和7536个，四健推广作业组数下降到2901个。从推广指导人员次数来看，农事推广、家政推广班班员人数均呈大幅度增长，四健推广会员数也呈现明显的增长趋势；到2014年，农事推广和家政推广班班员人数分别上升到21207人和243277人，四健推广会员数则上升到116304人。详见表7-2。

表7-2　台湾农会系统农业推广班（组）数及人数

年份	农事推广		四健推广		家政推广	
	班数	班员人数合计	作业组数	会员数	班数	班员人数合计
2005	6822	8070	3306	79390	7394	181816
2006	7017	8849	3223	85576	7796	195589
2007	7207	8574	3525	86536	7887	193557
2008	6842	8136	3065	83380	7549	193227
2009	6847	7631	2848	74866	7268	184224
2010	6686	7933	3011	78122	7448	190183
2011	7286	8995	2620	78243	7608	199365
2012	7110	8837	2749	81670	7392	188312
2013	8315	15419	5406	167632	10445	263044
2014	8444	21207	2901	116304	7536	243277

资料来源：台湾各级农会年报. http://www.farmer.org.tw/files/farmer/yearReport/2015%E5%B9%B4%E5%B9%B4%E5%A0%B1_130819383892345652.pdf。

第三节　大陆农业科技研发体系

　　大陆农业科技研发主要是由科研院所、高等院校以及涉农企业共同完成的。其中，农业科研院所和高等院校侧重基础研究，涉农企业侧重应用研究。农业科研院所属于公益部门，承担了大多数具有国家战略需求的技术研发工作，高等院校根据学科发展方向进行规划，着眼于国内外农业学科前沿领域热点问题。而涉农企业面向农业与农村，研发新品种、新技术和机具，有效为三农提供技术支持。

一、大陆农业科技研发取得的成就

（一）农业科技对农业发展的贡献在增强

2016 年中央一号文件明确提出，强化现代农业科技创新体系建设，促进大陆农业科技创新能力总体上达到发展国家领先水平，力争在农业重大基础理论、前沿核心技术方面取得一批达到世界先进水平的成果。根据农业部测算，农业科技进步贡献率已经超过 56%，2015 年，农业科技进步对粮食安全发挥了积极作用，2015 年因单产提高增产粮食约 110.5 亿千克，对粮食增产的贡献率达到 76.9%，农作物良种覆盖率稳定保持在 96% 以上①。

（二）农业科技创新领域进一步拓宽

目前，大陆的农业科技创新已经覆盖了农业育种、农机装备、农业生态环境保护等多个领域，随着"互联网+"经济模式运行，信息技术向传统农业渗透的程度进一步强化，农业领域已经呈现出运用大数据、云计算、物联网等新兴技术改造农业生产的趋势，大陆正在努力加强智慧农业的探索。大陆农业生产要向高效、优质、安全、绿色方向全面升级转变，必然要求科技提供强大的支撑。

（三）加强企业在农业科技创新领域的地位

大陆农业龙头企业在农业科技创新体制中，既是农业科技的创新研发者，又是技术的使用者，还对农业技术推广应用发挥示范作用。近年来，在一系列促进农业产业化发展的政策引导下，龙头企业的发展规模、竞争能力以及科技创新引领能力得到全面提升，一方面，实用科技成果的研发数量不断增多，另一方面，优良品种、新技术的应用范围不断扩大。2013 年，农业部专门下发《关于促进企业开展农业科技创新的意见》，明确提出要"着力提升企业在农业科技创新中的地位"。《意见》要求企业着重开展应用技术研发，并尽快成为农业商业化育种、农药兽药化肥等农业生产投入品、农机装备、渔船及渔业装备、农产品加工等领域的技术创新主体。鼓励和支持企业自主开展或与优势农业科研院所、高等院校联合开展基础研究或应用研究②。

---

① 人民日报. 农业科技进步贡献率已超五成[EB/OL]. http://politics.people.com.cn/n1/2015/1227/c1001-27980641. html. 2015-12-27.

② 农业部. 农业部关于促进企业开展农业科技创新的意见[EB/OL]. http://www.moa.gov.cn/govpublic/KJJYS/201301/t20130121_3202984.htm. 2013-01-08.

二、大陆农业科技研发存在的问题

（一）大陆农业科技创新体制仍不健全

目前，大陆农业科技创新的体制还不够健全，需要从各个方面加以完善。一是农业科技创新选题、攻关、立项等机制还有待进一步完善，根据大陆现代农业建设状况合理布局农业科技研发力量的任务仍然繁重；二是农业科研机构的改革还需要进一步深入推进，大陆现代农业科研院所制度的建设还不够完善，科研环境和经费保障水平都有待进一步优化和提高；三是农业科技创新的联盟与协作深度不够，大陆面积较大，地方特点不同，跨地区、跨部门、跨院所之间开展协同创新的紧迫性比较强。

（二）农业科技成果转化力度仍须加强

目前，大陆不断探索完善农业科技成果转化制度，力求促进农业科技创新成果与农业产业建立起紧密的对接关系。但目前农业科技成果转化的服务机制不够完善，农业科技成果转化率需要讲一步提高，农业科技成果转化的经费投入不足，农业科技转化的平台建设相对滞后，特别是农业科技成果转化过程中的利益调节机制不健全，阻碍了政府、研发机构、科技人员的利益协调，对市场在农业科技成果转化过程中的作用机制重视不足。

（三）农业科技人才资源配置仍不合理

目前，大陆已经建立了一整套农业科研人才的建设机制，例如，实施农业杰出科研人才的培养计划，评选农业科技领军人物，设立"中华农业英才奖"和"千人计划"，加强国内外农业高端人才资源的引进与整合。但与此同时，农业科技人才的管理制度仍然存在很多障碍，例如，人才合理流动的机制尚未建立，目前农业科研人员在事业单位和企业单位之间还不能合理流动，科技人才岗位的薪酬设计和管理制度也存在不合理，对在农业科研院所和高等学校的科研人员从事科技创业、创办企业等活动还没有形成完善的管理制度。

第四节　大陆农业技术推广体系

长期以来，大陆农业科技贡献率低，基层先进农业科技应用少，农业生产方式相对落后，农产品数量供给不足，质量得不到保障。改革开放后，农业快速发展的同时，政府对农业科技推广的力度不断加深，并创建了一整套农业推广体系和制度，有效保障了农技推广，促进农业社会化服务和提高农民收入。近年来，政府对农技推广更加重视，2015 年，中央一号文件在"强化农业社会化服务"一节的专门论述中，提出"稳定和加强基层农技推广等公益性服务机构，健全经费保障和激励机制，改善基层农技推广人员工作和生活条件。发挥农村专业技术协会在农技推广中的作用"。2016 年，中央一号文件在"强化现代农业科技创新推广体系建设"一节中，提出"健全适用现代农业发展要求的农业科技推广体系，对基层农技推广公益性与经营性服务机构提供精准支持，引导高等学校、科研院所开展农技服务。推行科技特派员制度，鼓励支持科技特派员深入一线创新创业。发挥农村专业技术协会的作用"。同时，在"加快培育新型职业农民"一节中阐释，"引导有志投身先进农业建设的农技推广人员加入职业农民队伍"。

一、大陆农技推广取得的成效

（一）大陆实施科技特派员制度，强化农技推广

大陆为了解决三农问题，根据市场需求和农民需要，依托地方政府部门选派具有科技成果转化、特色产业开发技能的专业技术人员，到乡村进行服务支持。2009 年，科技部等八部门出台了《关于深入开展科技特派员农村科技创业行动的意见》，提出"通过体制机制创新，建立新型社会化农村科技推广服务体系"。该意见还提出，通过科技特派员制度，在 5 年内实现引进农林动植物新品种 5 万个，推广先进适用新技术 5 万项，大幅度提高科技成果转化率，促进农业与农村经济增长方式的转变[①]。根据科技部数据，科技特派员工作已经覆盖了全国 31 个省、自治区、直辖市和新疆生产建设兵团的 90% 的县（市、区），目前已经拥有 72.9 万名科技特派员，是 2010 年的 5 倍，与农民形成利益共同体 5.14 万个，创业企业 1.59 万家，建立科技特派员服务站 1.6 万个，直接服务农户 1250 万户，受益农民 6000 万人，选派了一大批科技特派员到"三区"开展

[①] 科技部. 关于印发《关于深入开展科技特派员农村科技创业行动的意见》的通知[EB/OL]. http://www.most.gov.cn/tztg/200906/t20090617_71330.htm. 2009-06-17.

创新创业服务①。

（二）增强基层农技推广经费支持，促进基层农技推广改革

大陆为了提升农民科学种田水平，全面推进农业科技进村入户，中央财政安排专项资金，整合既有科技推广培训项目，加大经费投入力度，设立财政专项，广泛发动和组织各级各类农业科研、教育、推广单位和涉农企业等参与，推进基层农技推广体系改革与建设②。从2009年起，中央财政安排资金支持基层农技推广体系改革与建设，2015年，中央财政安排基层农技推广体系改革与建设补助项目26亿元，截至2015年5月底，已累计投入资金127.7亿元。从2012年起，实现了基层农技推广体系改革与建设项目基本覆盖大陆所有农业县。大陆实施该项政策以来，有力促进了基层农技推广体系改革与建设，明确了基层农技推广工作的公益性定位，稳定了农技推广队伍，完善了以"专家定点联系到县、农技人员包村联户"和"专家+试验示范基地+农技推广人员+科技示范户+辐射带动户"的技术服务模式，加速了农业科技成果转化，主导品种和主推技术的入户率和到位率均达到95%以上，农技人员入户率达97%③。

（三）大陆农技推广服务模式多样化

近年来，大陆基层农技推广服务涌现了新的做法和新的模式。一是有的基层农技推广系统与企业开展合作，对当地农业主导产业重点提供农技推广服务；二是有的地方已经采取移动互联网等新兴信息技术手段开展农技推广服务；三是通过与现代农业产业体系建设相结合开展农技推广；四是针对家庭农场、种粮大户等新型经营主体的农技推广服务模式。

二、大陆农业技术推广体系存在的问题

（一）农业技术研发、推广对农民技术需求的了解程度不够

长期以来，大陆农业科技研发工作是由国家公益性科研机构和高等院校完成的，科研成果大多数侧重基础研究，更加注重学科创新和理论创新。目前大

---

① 中国经济网. 72.9万名科技特派员服务6000万农民获国际组织高度评价[EB/OL]. http://www.ce.cn/xwzx/gnsz/gdxw/201603/01/t20160301_9216677.shtml. 2016-03-01.

② 农业部，财政部. 农业部办公厅 财政部办公厅关于印发2009年基层农技推广体系改革与建设示范县项目实施指导意见的通知[EB/OL]. http://www.moa.gov.cn/ztzl/njtgtxgghjs/gztz/201002/t20100203_1427597.htm. 2010-02-03.

③ 中国新闻网. 中央下拨26亿元支持基层农技推广体系改革与建设[EB/OL]. http://www.chinanews.com/cj/2015/06-01/7313512.shtml. 2015-06-01.

陆的农业科研评价体系重论文等科技成果发表，轻农业实用技术研发。农业科研人员作为农业科技成果的供给者与农业科技需求者农民之间缺乏沟通机制，技术研发与技术需求脱节。与此同时，农业技术推广部门对农民农业技术需求的了解也有限，农业技术推广部门只负责定向向农民推广技术，但缺乏有效的反馈机制，例如及时将农民的技术需求信息进行整理汇总提供给科研工作者等。

（二）农技推广与市场需求之间存在一定矛盾

农业技术推广与市场对高品质农产品需求之间存在矛盾。长期以来，大陆农业科技创新和农业技术推广侧重在数量增长方面的技术，即促进农业生产单产水平提高，忽视了农产品品质的提升。随着大陆居民生活水平的提高，购买力增强，消费者对高品质、符合质量安全的农产品需求持续增长。近年来，中央明确提出农业供给侧结构性改革，其方向之一就是提高优质农产品的有效供给。因此，大陆农业技术推广应充分借鉴台湾经验，进一步强化农技推广机构与农民的互动，转变方式，在提高品质和质量的关键技术推广上下一番功夫。

（三）农技推广人员的激励机制不健全

长期以来，农技推广工作缺少优秀人才，从而造成了农技推广效果不够理想的局面。吸引优秀人才从事农技推广，一方面需要改进目前农技推广体系的用人机制，另一方面，必须要改善农技推广人员的薪酬方案。根据实证研究结果，基础工资比例对农技推广人员的农技推广绩效缺乏激励，而开发创收比例的提高有助于农技推广人员推广绩效的提高[①]。该研究还表明，农技推广人员的工作经验对推广绩效的影响比学历和职称更为明显。这说明构建农技推广人员稳定的岗位就业机制，解决退休、养老等社会保障问题，对提高农技推广效果将带来积极影响。因此，大陆应加快制定相关政策，完善农技推广人员的收入结构，促进工资、奖金、津贴、推广绩效工资等结构合理化，完善农技推广人员的社会保障体制。

---

① 申红芳，廖西元，王志刚，等. 基层农技推广人员的收入分配与推广绩效——基于全国 14 省（区、市）44 县数据的实证[J]. 中国农村经济，2010（2.）：57-67.

第五节　台湾农业技术研发和推广对大陆的借鉴意义

台湾的农业技术研发和技术推广自成体系，在推动台湾农业现代化建设上发挥了积极作用。大陆可以学习借鉴台湾经验，完善大陆的农业技术研发和推广体系。

一、大陆可以整合农业科研资源，构建自上而下严密的科研体系

大陆的农业技术研究主要是由科研院所、高等院校和涉农企业等多个主体完成的。其中，科研院所由于关注国家农业战略科研选题，研究具有基础性、前瞻性特点，科研院所包括中国科学院，涉及农业学科有关院所、中国农业科学院和各地农业科学院，但这二类农业科研系统分别由中央财政、地方财政等经费支持，并没有形成有机的统一整体。目前，大陆已经开展了农业科研工作联盟，但在科研深度合作上尚未有明确的制度安排。大陆可以借鉴台湾经验，构建统一体系的农业技术研究院所，协调农业科学院所的科研力量。

二、完善大陆农业技术推广体系，更加重视农民及农民专业组织自身作用

目前，大陆的农业推广主要通过中央和各地农业推广部门来完成农业技术推广工作，其主体更多在政府部门，农民及农民组织在农业技术推广中的作用没有得到充分开发。这样，农民参与农业技术推广的程度会被降低，由于农业技术推广工作呈现单向技术流向，农业技术推广过程中对农民技术需求变化和接受程度掌握和了解不足，不能结合农民自身实际情况进行必要完善和改进，导致农业技术推广效果有待提高。大陆可以借鉴台湾经验，推动农民专业组织开展相关农业技术推广工作，克服过度倚重政府部门的现象。

第八章　农业支持与保障制度

两岸经济社会发展呈现相似性。早期，经济发展需要大量资金投入，农业剩余成为支持工业发展的主要来源。但随着经济社会发展，大量的农业剩余劳动力转移到工业中，农业的弱质性导致经济效益低下、生产停滞、农民的收入利益得不到保障。在工业发展已经具备较强实力的情况下，反哺农业变成一种必要的策略，以协调农工发展的不平衡。本章主要比较两岸农业支持与保障制度，特别对两岸工业支持农业发展的具体做法和制度安排进行比较分析。

第一节　台湾农业支持与保障制度的变迁

一、1949 年至 20 世纪 80 年代

1949 年，国民党当局为了推动台湾农业生产发展，采取了一系列有效政策。其中，在 1946—1952 年间推动的土地改革，对推动农业生产力发展提供了有力的支撑，这次土地改革被称为"第一次土地改革"，主要做法包括"三七五减租""公地放领"和"耕者有其田"等措施。此后，台湾农业得到较快发展，逐渐为台湾工业化发展提供了必要支持。在 1953—1968 年间，台湾主要采取了"农业培养工业""农工并重"等政策，促进了农业科技和生产发展。然而，随着经济社会快速发展，农业剩余大量流入工业，农业内部自身矛盾不断出现，农产品价格较低，农村劳动力价格快速上涨，农业发展受到严重影响，到 1969 年，台湾农业已经呈现负增长趋势。在这样的背景之下，台湾逐渐回归探索支持农业、保护农业的政策调整，特别是取消了农业挤压政策，出台了大量"工业支持农

业"的政策措施①。

在20世纪70年代，台湾工业发展逐渐取得一定效益，对农业的支持更有能力。这一时期之后，台湾在农业支持政策上进行了如下调整。

第一，保护稻谷等农产品价格。从1973年开始，台湾对稻谷实行生产成本加二成利润报价收购制度，标志着农产品价格政策从牺牲农业的低价政策向提高农民收入过渡。对不同的农产品，台湾农政部门也采取保证价格、公定价格和市场价格等不同的价格支持政策和措施，以保证农民的收入②。

第二，废除肥料换谷政策。台湾的农产品生产已经不能再适应岛内工业发展和国际市场的需要，废除肥料换谷政策变得十分突出。1972年9月，台湾当局下发了《加速农村建设重要措施》，废除了肥料换谷制度等措施，标志着台湾农政部门"盘剥农业"政策结束③。

第三，推动实施农地重划政策。虽然在第一次土地改革过程中，实现了耕者有其田的目标，保证了农业生产力的提高。但是随着农业进一步发展，农地经营规模过小，阻碍了农业进步。于是，台湾农政部门开展第二轮土地改革，这次改革的主要目标是促进农地更加适应机械化作业，改善农地设施和田间道路，有利于增加生产量。重划农地，人地关系得到改善，边界明确，权利分明，防止产生土地纠纷。同时，重划土地之后的地块面积扩大，田间道路更加笔直，有利于农村景观美化。

第四，制定《农业发展条例》。台湾农政部门在1973年颁布了《农业发展条例》，该条例专门为加速农业现代化、促进农业生产、增加农民所得、提高农民生活水平而制定。《农业发展条例》促进了农户扩大经营规模，并且完善农业金融制度和保险制度。

第五，粮食平准基金制度。该制度是在台湾废除肥料换谷制度之后，为了应对国际市场冲击，应对岛内农业自然灾害采取的新的制度。《农业发展条例》中专门规定"重要农产及农产加工品之内外销，得由有关业者设置价格平准基金，并由农业主管机关监督其保管与运用"。1974年，台湾当局拨付30亿元新台币设置粮食价格平准基金，保护粮食价格，并通过价格保护达到保护农民利

① 李明. 台湾农业支持政策的演变与借鉴[J]. 中共济南市委党校学报, 2006（1）: 69-71.
② 山东经济战略研究编辑部. 韩、日及我国台湾地区农业保护政策的调整[J]. 山东经济战略研究, 2008（10）: 57-59.
③ 韩永涛. 海峡两岸农业保护政策的比较与借鉴[J]. 中国青年政治学院学报, 2013（6）: 114-118.

益的目的。粮食平准基金制度一方面以稻米生产成本加上 20%的利润制定保护价，提高农民种粮的积极性，保证了政府掌握粮源；另一方面，稳定了稻米价格，在市场供给增加的情况下，及时买入粮食，不至于粮食价格过度下跌，在需求增加的情况下，抛售粮食，避免粮食价格骤然上升。

二、20 世纪 90 年代至 2002 年

进入 20 世纪 90 年代，台湾为了更加适应 21 世纪世界农业发展趋势，以及面临加入 WTO 谈判的影响，积极采取政策措施保护农民的利益。具体来说，该时期台湾制定推行如下农业保护和支持政策。

（一）以"现金直接给付"取代了保护价收购

在 20 世纪 80 年代稻米种植面积扩大的情况下，台湾当局一度为减少稻米生产实施稻田转作计划，但随着岛内外经济环境的变化，为了适应新世纪发展要求以及为加入 WTO 做好准备，台湾取消了稻田转作计划，促进稻米供需平衡，稳定稻米生产，同时对玉米、高粱、大豆以及制糖甘蔗的种植面积和收购数量逐年降低，以"现金直接给付"的方式取代了保护价收购。该政策措施的主要目的是维护台湾岛内粮食安全，促进稻米供需平衡并稳定稻米的价格，同时符合 WTO 的规则。

（二）推动实行市场区隔政策

为了应对岛外农产品对岛内生产的冲击，台湾着力提高农牧渔产品竞争力。一是推动农业产业结构调整，改善农业生产环境，淘汰低效率农业设备；二是推动农业经营规模化发展，特别是辅导畜禽产业规模化养殖，提高经济效率；三是构建高效率的研发中心，将研发作为推动农业产业竞争力的重要因素；四是突出岛内生产畜禽产品的特色，建立岛内畜禽产品生产标准和规格，提升加工水平，区隔市场。

（三）减免农民负担，改善农渔业融资

台湾在农田水利会费上对农民进行减免，在农业用电、用油上实行优惠，在农渔机械上以优惠价格出售给农民，减轻农民生产负担。为了解决农民资金短缺问题，台湾向农民开展农渔业贷款服务，支持农业发展。台湾农业融资主要通过农会和渔会信用部完成，台湾构建了农业信用保证基金，协助农民获得农渔业经营资金。

（四）加强农业自然灾害的救助

农业生产容易受到自然灾害的影响，导致农民收入降低。台湾为了加强保护农业、支持农业发展，在农业自然灾害救助上制定了相关政策：一方面，简化救助程序，提高救助效率，在受灾认定上采取更加富有弹性的方式进行；另一方面，对农产品和农业设施受灾给予现金救助或提供紧急纾困贷款①。

（五）建立农产品进口救济与损害救助机制

为了应对加入 WTO 之后对农业的挑战，台湾构建农产品进口信息监视系统，及时跟踪台湾岛内进口农产品情况和变化。同时，台湾根据 WTO 规则构建特别防卫措施，积极协调实施农产品进口救济、反倾销及平衡税措施，并根据《农产品受进口损害救助办法》广泛筹集救助基金，及时开展农产品进口损害救助工作。

三、2002 年至今

进入 21 世纪，台湾积极推动精致农业发展，推动构建"健康、效率、永续经营的全民农业"，还发起"新农业运动"，促进台湾农业亮起来。台湾为了保护农业、支持农业，采取了积极有效的政策措施。具体来说，包括如下几个方面。一是实施价格稳定措施，开展稻米报价收购和余粮收购工作，保护农民经济利益。台湾实施的"公粮稻谷保价收购政策"肩负保护农民经济利益、保障粮源和粮食安全两大任务，每年办理两次。从 2011 年开始，台湾在 WTO 补贴限定范围内提高公粮稻谷收购价 3 元新台币/千克，具体来说，蓬莱稻谷每千克计划收购由 23 元新台币提高为 26 元新台币，辅导收购由 20 元新台币提高为 23 元新台币，余粮收购由 18.6 元新台币提高为 21.6 元新台币②。二是实施进口损害救助措施，针对因农产品大量进口而遭受损失的农渔民提供适度救助。三是台湾向农户提供农业自然灾害救助，协助农渔民复建、复耕，减轻经济利益损失，根据台湾农政部门数据，2014 年，台湾针对台中市等 15 个县市农业自然灾害救助农户 15 978 户，核定救助金额达到 6.74 亿元新台币。四是台湾向农民提供农田水利会费补助及渔业用油优惠，减轻农渔民负担。五是开展渔船保

---

① 台湾"行政主管机关农业主管部门". 跨世纪农业建设方案（1997 年 07 月—2000 年 12 月）[EB/OL]. http://www.coa.gov.tw/view.php?catid=2953.

② 台湾"行政主管机关农业主管部门农粮局". 公粮稻谷保价收购政策[EB/OL]. http://www.afa.gov.tw/Policy_index.aspx? CatID=18. 2012-03-03.

险奖励及渔民海难救助，安定渔家生活。六是办理政策性项目农业贷款，提供低利营农资金融通。七是辅导产业结构调整，健全产销失衡处理机制，稳定产销秩序①。

从目前台湾农业发展趋势变化来看，未来一段时间，台湾将着力从以下几个方面加强对农业的支持与保护。一是推动"绿色环境给付"。台湾为了鼓励发展环境友好型农业，鼓励农民减少化学肥料和农药的使用，采取对环境友善的生产方式从事农业生产，即扩大有机种植的面积和规模，保护土壤资源，在这样的条件下，农户将获得绿色环境给付。该项给付与保护价格收购制度并行存在。二是积极支持农民防范自然灾害、气候变化和动物疫病，台湾积极推动农业保险发展，在农民受到损失时，能够通过保险获得相应的经济补偿。三是拟专门成立农渔产品出口公司。为了应对市场竞争，提高台湾农渔产品的市场竞争力，特别是提高热带水果、花卉、特色粮食作物、畜禽产品的出口竞争能力，台湾农政部门拟成立公司，扩大岛外高端市场开发，探索建立多元化出口渠道。四是加强科技支农和网络营销，重点应用大数据、物联网、生物技术等高新技术改造农业生产方式，促进智慧农业发展，同时将农产品纳入网络交易平台，促进农产品更好销售②。

第二节　大陆农业支持与农业保障制度的演变

长期以来，大陆为了发展工业，以牺牲农业的方式来进行原始资金的积累。改革开放后，农村率先进行了改革，农村实行包干到户，推动家庭联产承包责任制，调整了农业的生产关系，极大地解放了生产力。乡镇企业的发展，为农业释放的农村剩余劳动力提供了就业出路。但农业比较效益低，农民从事农业生产的积极性降低，大陆粮食安全得不到有效保障。从 2000 年开始，大陆采取一系列政策措施，推动工业反哺农业政策，城市支持农村的方针。

---

① 台湾"行政主管机关农业主管部门". 农业统计年报 2015 年.
② 台湾"行政主管机关农业主管部门". 强化体质、创新价值，共创台湾全民农业新愿景[EB/OL].
http://www.coa. gov.tw/view.php? catid=2504755. 2016-05-20.

一、减免农业税

随着大陆经济发展强劲，财政收入大幅度提高，大陆从2002年开始启动了农村税费改革。2002年3月，国务院办公厅下发《关于做好2002年扩大农村税费改革试点工作的通知》，决定在河北、内蒙古、黑龙江等16个省份继续开展农村税费改革试点，2003年，农村税费改革试点在大陆全面推开。在此后的3年时间内，大陆农业税逐渐降低并最终取消。2005年，十届全国人大常委会第十九次会议审议了废止农业税条例的决定草案，农业税从法律上正式被废止。

二、推动粮食直接补贴、良种补贴、农资综合补贴和农机具补贴

为了维护农民利益，提高农民种粮积极性，降低农民种粮成本，大陆从2000年开始准备，从2004年试点向农民发放粮食直补、良种补贴、农资综合补贴和农机具补贴等补贴。其中，粮食直补是针对种粮农户给予的补贴，2004年大陆29个省份种粮补贴金额达到116亿元，其中13个粮食主产区补贴金额达到101亿元。2015年，大陆粮食直补标准为小麦每亩（1亩≈666 67平方米）85元，玉米每亩60元，杂粮每亩80元，薯类每亩60元。在良种补贴方面，大陆针对小麦、玉米、大豆、油菜、青稞每亩补贴10元。其中，新疆地区的小麦良种补贴15元，水稻、棉花每亩补贴15元，马铃薯一、二级种薯每亩补贴100元，花生良种繁育每亩补贴50元，大田生产每亩补贴10元。在畜牧良种补贴方面，生猪良种补贴标准为每头能繁母猪40元，奶牛良种补贴标准为荷斯坦牛、娟姗牛、奶水牛每头能繁母牛30元，其他品种每头能繁母牛20元，肉牛良种补贴标准为每头能繁母牛10元，羊良种补贴标准为每只种公羊800元，牦牛种公牛补贴标准为每头种公牛2000元。农资综合补贴是为了减轻农民购买种子、化肥、农药和柴油等生产资料向农民发放的直接补贴，降低其经营成本，保证农民的种粮积极性。农机具购置补贴是针对农民个人、农场职工、合作社、专业大户等对象，在购买农机具、农业机械时给予的补贴，降低其采购成本，从而扩大农业机械使用范围，提高农业机械化水平，提高农业生产效率。2015年中央一号文件提出，为了增加农民收入，必须健全国家对农业的支持保护体系。国家要保持农业补贴政策连续性和稳定性，逐步扩大"绿箱"支持政策实施规模和范围，调整改进"黄箱"支持政策，充分发挥政策惠农增收效应。选择部分地方开展改革试点，提高补贴的导向性和效能。完善农机具购置补贴政策，

向主产区和新型农业经营主体倾斜，扩大节水灌溉设备购置补贴范围①。大陆为了提高农业补贴政策的效果，在 2015 年，启动了农业"三项补贴"改革工作，具体来说，将粮食直补、良种补贴和农资综合补贴三项补贴整合为"农业支持保护补贴"。2015 年，在浙江、山东、安徽、湖南、四川 5 个省份开展试点，2016 年农业支持保护补贴在大陆全面推进。

三、完善粮食最低收购价

一般的经济规律表明，粮食价格过低，农民种植粮食的积极性就会下降，农民的利益受到损失，于是粮食生产萎缩，国家粮食安全受到威胁。国家从 2004 年开始开放粮食市场，粮食生产按照市场规律运行，但政府要对粮食价格变化进行宏观调控，以便达到保护农民的利益、稳定粮食市场价格的目的。于是政府制定了最低收购价制度，与此配套的是临时收储制度。当市场粮食价格低于这个收购价时，政府将委托符合条件资质的企业，按照政府制定的最低收购价对农民的粮食进行收购。同时，根据经济发展状况及时上调最低收购价，确保政策调控发挥应有的作用。2014 年，大陆针对小麦的最低收购价提高到每 50 千克 118 元，早籼稻（三等）、中晚籼稻和粳稻最低收购价格分别提高到每 50 千克 135 元、138 元和 155 元。在实行最低收购价政策初期，大陆仅将粮食品种限定在稻谷和小麦，但随后也将玉米纳入粮食最低收购价政策之内。近几年来，大陆对玉米的临时收储出现一些问题；一是增加粮食库存，导致了财政压力增加；二是农民种植面积过大，总量上超过了大陆境内的饲料加工和使用需求，很多专家提议在未来取消临时收储政策。大陆粮食临时收储政策正处于调整和改革时期，可以预见，为了增强农业竞争力，政府将不再鼓励缺乏竞争力的品种生产，促进农业结构调整，让农民更多地根据市场供需状况改变生产行为。

2016 年中央一号文件明确提出，到 2020 年，要促进农业支持保护制度进一步完善。在文件当中提出，要坚持市场化改革取向与保护农民利益并重，采取"分品种施策、渐进式推进"的办法，完善农产品市场调控制度。继续执行并完善稻谷、小麦最低收购价政策。建立玉米生产者补贴制度，将种粮农民直

---

① 新华社. 2015 年中央一号文件（全文）[EB/OL]. http://www.farmer.com.cn/uzt/ywj/gea/201601/t20160128_1176622.htm.

接补贴、良种补贴、农资综合补贴合并为农业支持保护补贴，重点支持耕地地力保护和粮食产能提升。完善农机购置补贴政策，研究出台完善农民收入增长支持政策体系的指导意见，完善农业保险制度[1]。由此可见，大陆将继续促进农业支持保护体系的健全和完善，通过多种途径、多种手段保护和促进农业生产发展。

第三节　两岸农业支持与农业保障制度的比较

通过对两岸农业支持和保障制度的历程回顾，不难发现两岸在农业支持和保护的立场上存在相通之处。首先，都是在 WTO 框架协议的规定范围内，积极调整农业支持政策，力求突出"绿箱"政策，减少"黄箱"政策，充分利用 WTO 框架协议赋予的权利，积极制定有利于保护农业、保护农民的政策。其次，两岸制定农业支持和保护政策的出发点和落脚点都是相同的。一是为了保护农民的利益，如通过补贴生产资料价格上涨带来的成本推动，减轻农民的负担，提高农民农业生产积极性，稳定粮食等农产品供给；二是为了保证地区粮食安全，粮食价格波动容易引起社会不稳定，在经济发展较快的现代社会，保证粮食安全的压力持续增加，农民从事粮食种植等传统农业，比较效益较低，外出务工和经商的经济性空前提高，农民从事农业生产积极性下降，减少了粮食种植，降低了粮食总产量，一旦粮食供小于求，粮食价格上涨必然侵害广大城乡居民的购买力，特别是低收入群体。最后，两岸在农业支持和保护政策的改革方向上存在一定的相似性，即都越来越重视市场手段，减少政府干预。从未来趋势来看，农业支持和保护的重点是提高农业的竞争力以及农业的可持续发展能力，因此，两岸农政部门都在加强农业资源开发利用和保护上制定了详细的政策，完善了土壤、水资源等农业生产资源的保护。同时，为了应对自然灾害和市场价格波动带来的农业风险，两岸都积极推动农业保险制度的完善和健全，从而建立起更加完整的保护体系。

两岸农业的支持和保护也存在一定的差异性。首先，两岸农业支持与保护

---

[1] 人民日报 2016 年中央一号文件（全文）. http://www.farmer.com.cn/xwpd/jsbd/201601/t20160128_1176309_5.htm. 2016-01-28.

的紧迫性不同。由于两岸农业规模差异太大，对于台湾来说，农业支持和保护政策调整显得更加灵活，在粮食安全问题的考虑上，也和大陆相比显得不够紧迫。大陆农业支持与保护政策的调整存在较大的刚性，必须充分考虑粮食安全和农民利益。其次，对两岸农业现代化建设考虑不同。台湾在农业发展过程中，已经基本实现了现代化，目前正在转型升级，朝向更加先进的农业生产方式转变，如智慧农业等；虽然大陆在总体发展方向上与台湾基本一致，但由于大陆规模较大、地区差异较大，还面临农业现代化建设的重要任务，因此，大陆必须同时兼顾农业支持保护与现代化建设两个任务。最后，两岸农民所处状况不同。台湾对农业生产者——农民已经建立起非常完善的照顾体系，例如，台湾已经建立了农民养老保险制度，实施了"老农津贴"制度，由于其土地制度和财产制度与大陆不同，台湾农民享受到较高的社会保障待遇，甚至比部分城市居民享受到更好的保障水平，从这个角度上来看，大陆农业发展任重道远，大陆农民数量众多，农民作为一个职业，还没有成为热门职业，这使得农业对较高素质人才缺乏足够吸引力，这就要求大陆在农业支持和保护上需要投入更多，以稳定农业生产，保证粮食等主要农产品供给。

‖ 重点产业篇

第九章　稻米产业

稻米产业是两岸农业产业中最为重要的产业之一。两岸稻米产业发展均具有悠久的历史。我国是世界上稻作历史最悠久、水稻遗传资源最丰富的地区之一。浙江河姆渡、湖南罗家角、河南贾湖等地出土的炭化稻谷证实，我国的稻谷栽培至少有 7000 年以上的历史。同时，我国也是世界上水稻品种最早有文字记录的国家。作为祖国的一个省，台湾稻米产业发展同样具有较为悠久的历史。但在被日本侵占后，台湾就被日本拿来当作稻米主要生产基地，源源不断补充日本国内稻米供给。由于气候条件，加上引入日本优质改良稻米品种，台湾稻米发展取得了长足进步。为了鼓励稻米生产，台湾农政部门实施了一系列政策手段，例如，制定了"稻米收购计划政策"，补贴农民生产稻米。

第一节　台湾稻米产业特征

台湾稻米产业具有如下 7 个基本特征。

一、台湾稻米育种技术不断提升

明清时期台湾的籼稻品种，大部分是早期祖国大陆移民随身携带家乡优良品种在台湾进行试种成功的。据有关资料记载，台湾当时的主要籼稻栽培品种有过山香、大伯姆、早占、圆粒、埔占、吕宋占、花螺、清游早、七十日早、霜降、安南早、鹅卵术、尖仔术、赤壳术等，其中除吕宋占及安南早两个品种分别由菲律宾及越南引进外，其余品种均来自祖国大陆[1]。日本侵占台湾以后，

---

① 邓耀宗. 台湾稻作之回顾与展望[J]. 高雄区农业改良场研究汇报，2004，14（5）.

先针对籼稻进行有系统的改良工作，包括去除红米、限定种植推广品种、纯化地方品种、自各国引进籼稻品种等，并自地方品种中选育新品种。根据台湾农业试验所"稻作育成品种资料库"统计，目前台湾累计育成的水稻品种有 193个。其中，新育成命名的品种主要有台中 192 号、台农籼糯 21 号、台中 193 号、花莲 21 号、高雄 146 号、台中 194 号、台东 32 号、台南 13 号和台农 84 号等。

二、台湾稻米种植面积与产量均呈波动下降变化趋势

从台湾农政部门统计的数据可以看出（如图 9-1 所示），台湾稻米种植面积与产量均呈波动下降变化趋势。1990 年，台湾稻米两期种植面积合计达到 45.43万公顷，到 2014 年下降到 27.11 万公顷，比 1990 年下降 40.33%。台湾两期稻谷产量合计从 1990 年的 228.37 万吨下降到 2014 年的 180.66 万吨，下降幅度达到 20.90%。按照糙米产量计算，台湾两期糙米产量合计从 1990 年的 173.22万吨下降到 2014 年的 139.94 万吨，下降幅度达到 19.22%。

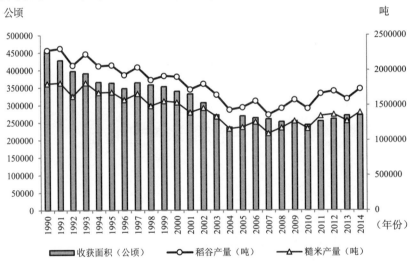

图 9-1　1990—2014 年台湾两期稻米种植面积及产量合计变化趋势

资料来源：台湾"行政主管机关农业主管部门"，历年《农业统计年报》。

三、台湾一期稻米种植面积和产量占比呈上升趋势

台湾稻米一般种植为两期。根据台湾《农业统计年报》，从收获面积来看，台湾一期和二期稻米的收获面积均呈下降趋势，分别从 1999 年的 24.23 万公顷

和 21.20 万公顷下降到 2014 年的 16.66 万公顷和 10.44 万公顷，下降幅度分别达到 31.24% 和 50.76%。一期稻米收获面积占比呈上升趋势，从 1999 年的 53.34% 上升到 2014 年的 61.47%；二期稻米收获面积占比呈下降趋势，从 1999 年的 46.66% 下降到 2014 年的 38.53%。

从稻谷产量来看，台湾一期稻谷产量和二期稻谷产量均呈下降趋势，分别从 1999 年的 134.20 万吨和 94.17 万吨下降到 2014 年的 111.78 万吨和 61.51 万吨，分别下降了 16.70% 和 34.68%。一期稻谷产量占比呈上升趋势，从 1999 年的 58.77% 上升到 2014 年的 64.49%；二期稻谷产量占比呈下降趋势，从 1999 年的 41.23% 下降到 2014 年的 35.51%。

从糙米产量来看，台湾一期糙米产量和二期糙米产量均呈下降趋势，分别从 1999 年的 106.35 万吨和 74.31 万吨下降到 2014 年的 90.37 万吨和 49.56 万吨，分别下降了 15.02% 和 33.31%。一期糙米产量占比呈上升趋势，从 1999 年的 58.87% 上升到 2014 年的 64.58%；二期糙米产量占比呈下降趋势，从 1999 年的 41.13% 下降到 2014 年的 35.42%。

四、台湾蓬莱米收获面积和产量占比最大，其他品种收获面积和产量占比均较小

台湾稻米分成蓬莱米（属于粳稻）、在来米（属于硬籼稻）、籼稻（属于软籼稻）、圆糯和长糯等品种。

根据台湾《农业统计年报》，从收获面积来看，蓬莱米是台湾收获面积最大的稻米品种，但收获面积呈下滑趋势。1999 年蓬莱米收获面积达到 40.23 万公顷，到 2014 年，收获面积下降到 24.55 万公顷，下降幅度达到 38.98%。蓬莱米收获面积占比从 1999 年的 88.58% 波动上升到 2014 年的 90.58%。在来米、籼稻、圆糯和长糯收获面积占比均较小。籼稻收获面积占比从 1999 年的 4.94% 下降到 2014 年的 3.76%，长糯的收获面积占比从 1999 年的 1.62% 上升到 2014 年的 2.91%，圆糯和在来米收获面积占比分别从 1999 年的 3.55% 和 1.32% 下降到 2014 年的 1.91% 和 0.85%。

从稻谷产量来看，台湾蓬莱稻谷产量最大，占比最高，但产量呈下降趋势。1999 年，台湾蓬莱稻谷产量达到 201.60 万吨，到 2014 年下降到 155.98 万吨，比 1999 年下降 22.63%，蓬莱稻谷产量占比从 1999 年的 88.30% 上升到 2014 年的 90.05%。其他品种中，籼稻、圆糯和在来米的稻谷产量占比分别从 1999 年

的 5.40%、3.33%和 1.31%下降到 2014 年的 3.91%、1.97%和 0.90%，而长糯的稻谷产量占比从 1999 年的 1.66%上升到 2014 年的 3.17%。

从糙米产量的变化趋势来看，基本与稻谷产量呈现类似的变化趋势。蓬莱糙米的产量从 1999 年的 159.91 万吨下降到 2014 年的 126.22 万吨，蓬莱糙米的产量占比从 1999 年的 88.53%上升到 2014 年的 90.20%。到 2014 年，籼稻、圆糯和在来米的糙米产量占比分别从 1999 年的 5.25%、3.32%和 1.27%下降到 2014 年的 3.78%、2.00%和 0.91%，长糯的糙米产量从 1999 年的 1.62%上升到 2014 年的 3.12%。

五、台湾稻米单位面积产量不断增长，其中长糯、在来米和籼稻的单产水平均相对较高

台湾稻谷每公顷一、二期平均产量呈现不断增长趋势。根据台湾《农业统计年报》，1999 年，台湾稻谷每公顷产量达到 5027 千克，到 2014 年上升到 6391 千克，比 1999 年上升 27.13%。其中二期单位面积产量增长幅度更大，从 1999 年的 4443 千克/公顷上升到 2014 年的 5889 千克/公顷，上升幅度达到 32.55%，而一期单位面积平均产量从 1999 年的 5539 千克/公顷上升到 2014 年的 6705 千克/公顷，上升幅度达到 21.05%。由此也可以看出，台湾一期稻谷单位面积产量要明显高于二期产量，1999 年一期单位面积产量高出二期 1096 千克/公顷，2014 年则高出 816 千克/公顷。从糙米单产情况来看，一、二期合计每公顷平均产量也呈现不断增长趋势，从 1999 年的 3977 千克/公顷上升到 2014 年的 5163 千克/公顷。按单独一期计算，一期平均产量从 1999 年的 4389 千克/公顷上升到 2014 年的 5424 千克/公顷，二期平均产量从 1999 年的 3506 千克/公顷上升到 2014 年的 4745 千克/公顷。

从品种来看，长糯、在来米和籼稻的单产水平均相对较高。长糯、在来米和籼稻的单产水平分别从 1999 年的每公顷 5179 千克、5011 千克、5498 千克上升到 2014 年的 6966 千克、6798 千克和 6643 千克。由此可见，到 2014 年，长糯、在来米的单产水平已经超过了籼稻。对于其他品种，蓬莱、圆糯的单产水平分别从 1999 年的每公顷 5011 千克和 4716 千克上升到 2014 年的 6353 千克和 6605 千克。

六、台湾中部是稻米生产的最主要区域，中部稻米收获面积与产量占比均呈略上升趋势

台湾中部的稻米收获面积和产量均呈下降趋势。根据台湾《农业统计年报》，1999 年，台湾中部稻米收获面积达到 16.74 万公顷，到 2014 年下降到 13.55 万公顷，比 1999 年下降 19.06%。台湾中部稻谷产量和糙米产量分别从 1999 年的 92.85 万吨和 75.24 万吨略下降到 2014 年的 89.06 万吨和 72.27 万吨，分别下降了 4.08% 和 3.95%（见表 9-1）。台湾中部稻米收获面积占比从 1999 年的 47.42% 略上升到 2014 年的 49.98%，稻谷产量和糙米产量占比分别从 1999 年的 48.45% 和 48.28% 略上升到 2014 年的 51.42% 和 51.64%。

台湾南部是除了中部外稻米生产的主要区域，稻米收获面积占比从 1999 年的 26.90% 略下降到 2014 年的 25.95%，稻谷产量和糙米产量占比分别从 1999 年的 28.03% 和 28.12% 略下降到 2014 年的 27.37% 和 27.39%。

表 9-1　1999—2014 年台湾稻米生产地区分布变化趋势

地区	1999 年			2014 年		
	收获面积（公顷）	稻谷产量（吨）	糙米产量（吨）	收获面积（公顷）	稻谷产量（吨）	糙米产量（吨）
台湾北部	**62537.53**	**319227.68**	**261293.23**	**35123.20**	**197050.91**	**156442.15**
新北市	783.52	3810.48	2934.76	162.32	831.11	665.67
台北市	559.38	2370.91	1884.71	474.62	2167.11	1634.80
宜兰县	12442.21	64091.28	52405.59	10942.62	69627.89	55939.05
桃园县	31479.00	156068.04	128149.38	14477.00	74594.63	58218.98
新竹县	14277.84	75538.08	61685.02	8002.66	44051.31	35342.90
基隆市	—	—	—	—	—	—
新竹市	2995.58	17348.90	14233.78	1063.98	5778.86	4640.75
台湾中部	**167432.15**	**928534.88**	**752446.43**	**135480.94**	**890631.21**	**722713.91**
苗栗县	18755.25	96002.40	77579.03	11544.12	65649.87	53104.79
彰化县	56240.58	323932.01	257816.15	47848.65	323818.34	256518.70
南投县	6134.18	33237.72	27317.04	4669.81	31112.86	25052.96
云林县	50419.33	282206.20	231074.28	45127.93	315281.87	262391.03
台中市	35882.81	193156.56	158659.92	26290.43	154768.27	125646.43
台湾南部	**94957.02**	**537144.08**	**438214.23**	**70324.31**	**474030.43**	**383319.29**
嘉义县	37249.40	209924.27	171544.57	32613.37	215610.19	173258.48
嘉义市	1751.62	10291.26	8440.57	1440.47	9476.09	7562.06
台南市	35518.11	201781.10	164310.12	24470.17	166594.75	135489.30
高雄市	10333.15	56486.44	46117.82	5162.58	35693.81	28630.61
屏东县	10104.74	58661.00	47801.17	6637.72	46655.59	38378.84
澎湖县	—	—	—	—	—	—

地区	1999年			2014年		
	收获面积 （公顷）	稻谷产量 （吨）	糙米产量 （吨）	收获面积 （公顷）	稻谷产量 （吨）	糙米产量 （吨）
台湾东部	**28138.29**	**131398.21**	**106639.90**	**30122.52**	**170497.14**	**136916.60**
台东县	13490.92	61641.91	50214.28	12449.51	74780.92	60024.35
花莲县	14647.37	69756.30	56425.62	17673.01	95716.22	76892.24

资料来源：作者根据相关资料整理。

七、台湾稻米进口数量增长较快，超过出口数量

如图 9-2 所示，从 2001 年开始，台湾稻米出口数量下降，2001 年稻米出口数量高达 17.33 万吨，到 2015 年下降到 6.44 万吨，比 2001 年下降 62.84%。台湾稻米的进口数量呈现快速增长，从 2001 年的 6514.79 吨猛增到 2004 年的 10.79 万吨。到 2015 年，台湾稻米进口数量上升到 13.45 万吨，比出口数量高出 7.01 万吨。2015 年进口数量比 2001 年增长 19.65 倍。2001 年台湾稻米出口值达到 3496.39 万美元，到 2015 年出口值增长到 5942.31 万美元，比 2001 年增长 69.96%。受进口数量激增影响，台湾稻米进口值呈现快速增长趋势，2001 年进口值低于出口值，但从 2002 年开始，进口值超过出口值，2015 年稻米进口值达到 9515.55 万美元，比 2001 年增长 19.25 倍。

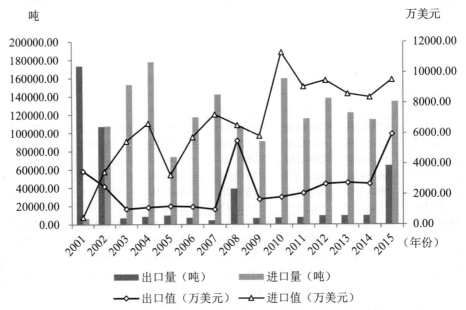

图 9-2　2001—2015 年台湾稻米进出口数量与进出口值变化趋势

第二节　大陆稻米产业发展特点

一、台湾与大陆稻米产量规模相差悬殊

台湾与大陆相比，无论是稻米播种面积还是稻谷产量规模都相差悬殊。2000—2014年，大陆稻谷播种面积呈明显上升趋势，从2000年的2665.3万公顷上升到2014年的3031.0万公顷。大陆2014年稻谷播种面积占农作物总播种面积的比例达到18.32%，占谷物播种面积的比例达到32.04%。仅从2014年来看，大陆稻谷播种面积是台湾播种面积的113倍。2000—2014年，大陆稻谷产量呈波动上升趋势，从2000年的1.92亿吨上升到2014年的2.65亿吨，上升幅度达到38.02%。2014年大陆稻谷产量占全部粮食产量的34.02%，占谷物产量的37.05%。从2014年产量来看，大陆稻谷产量是台湾产量的114.3倍。即使是与台湾隔海相望的福建省，稻谷生产规模仍然大于台湾。从福建省稻谷播种面积、产量与台湾比较来看，受工业化发展、劳动力转移影响，福建稻谷播种面积呈下降趋势，2014年福建稻谷（包括早、中、晚稻三种类型）播种面积80.45万公顷，虽然比2000年下降34.18%，但仍然达到台湾当年播种面积的2.97倍。2014年福建稻谷产量达到497.06万吨，是台湾的2.75倍。

二、大陆水稻育种品种丰富，可为两岸技术合作提供基础

目前大陆保存的水稻品种已达3万多种，稻种类型繁多且分布较广，尤其是长江流域、华南和西南各省的早籼、中籼、晚籼以及华北、东北各地的优质中、晚粳水稻品种资源十分丰富。20世纪90年代，大陆水稻消费需求出现变化，不再局限于数量上的满足，改善稻米品质成为缓解供需矛盾的重点，随后优质稻研究和生产开始兴起。根据国家水稻数据中心的统计，目前获得品种权授权的品种有1322个，其中经省级以上审定并获得品种权授权的品种有713个。在获得品种权授权的水稻品种中，粳稻品种309个，籼稻品种1008个。在省级以上审定的品种中，历年来经农业部审定的品种有771个。同时，大陆目前拥有世界最大的稻米种质库资源，有3万多种，能够为两岸合作开展水稻育

种技术研发提供良好的基础条件。

三、大陆稻米市场消费空间较大

大陆人口多，市场消费空间大，2014 年在稻米产量实现"十一连增"的情况下，进口数量仍达到 258 万吨的水平，比 2013 年增长 13.66%，进口金额达到 12.54 亿美元。2014 年，台湾水稻对外出口数量 9464 吨，2015 年激增到 6.44 万吨。由于大陆市场消费空间较大，未来台湾加强对大陆稻米出口，对增加大陆优质稻米的供给具有较强的可行性。

四、大陆稻米生产流通还存在进一步完善之处

总体而言，与台湾相比，大陆稻米生产属于粗放型生产。近年来，随着大陆加工技术不断革新，在土地流转、机械化推广等基础上，稻米生产技术效率逐步上升，稻米逐渐向集约化发展。但不可否认，大陆稻米市场仍然存在有待改进的地方。例如，稻米市场品牌良莠不齐，稻米营销在品质、地域特色上宣传不够，特别是部分优质稻米品种在地理标识的管理和应用上存在很多混淆，误导消费者的同时，对提高生产者利益也缺乏机制构建。大陆稻米的食品安全可追溯体系还没有建立起来，需要进一步加强龙头企业、生产专业合作社和农民之间的联合，为稻米质量安全保障提供有力支撑。

第三节　两岸水稻产业合作发展的政策建议

基于两岸稻米产业互补性优势和发展特点，未来进一步加强两岸稻米产业合作具有广阔的空间和潜力。就目前阶段的发展实际，可重点开展以下几个方面的合作，并对合作方式与途径提出建议。

一、建立稻米产业信息交流及合作研究通道，优先开展技术领域的交流与合作

2012 年以来，在海峡两岸农业交流协会和台湾农村发展基金会的共同协作努力下，两岸稻米产业技术领域的交流与合作已开始接触并取得初步的合作进

展，后期可在此基础上进一步凝聚共识，合力推动。2012 年 7 月，台湾八位稻作专家前往大陆水稻研究所进行学术交流，次年 10 月大陆水稻研究所组成专家团赴台交流，初步建立了两岸稻米研究机构和专家团队的常态化互动交流机制。目前，两岸在克服水稻种原遗传背景狭窄的育种合作研究方面，以及合作开展稻米栽培机械化研究与应用方面达成了合作共识，并已开始逐步进入实质性合作阶段。2012 年在浙江诸暨市举行的"海峡两岸水稻机械化育插秧技术研讨暨稻田机械开沟现场会"，以及 2013 年 8 月在江苏海安由两岸水稻专家共同举办的水稻生产全程机械化现场观摩交流会，为两岸水稻育种和机械化生产领域的专家提供了充分交流学习的平台。目前，上述通过民间组织牵线搭桥，建立两岸稻米研究领域的合作平台的形式不仅能够避免两岸在产业合作和技术交流过程中遇到的政治阻隔，而且能够充分沟通和了解彼此在产业合作领域的需求和互补性优势，迅速进入常态化、制度化的实质性合作阶段。随着交流与合作的不断深入，结合两岸产业发展需求，可进一步拓展合作领域与合作内容。

二、引进学习台湾先进经验和技术，提升大陆稻米产业化发展水平

台湾稻米产业经过多年发展，逐步走向精细化、现代化发展道路，在工厂化育苗、田间管理、加工储运、市场营销方面形成了较为完备的现代化技术支撑体系。开展两岸稻米产业合作，学习引进台湾先进的稻米产业化经营管理经验和做法，会对提升大陆稻米产业现代化发展水平大有助益。目前大陆稻米产量全球第一，但稻米精品化程度不高，进口的稻米品种以精品米为主。从满足市场需求和提升产业竞争力的角度出发，大陆有必要在两岸稻米产业合作中重视对先进经营管理理念及技术的引进和学习。台湾稻米在生产、加工、销售方面积累的先进经验，受制于岛内产销规模的局限，也有寻求应用推广的内在需求，我国幅员辽阔，地理资源条件丰富，大陆可以为台湾技术的试验推广提供优势互补的平台。近年来，在上海崇明岛和福建邵武等地，通过投资项目合作方式引进台湾有机稻米的品种和栽培种植方式，都取得了较好的经济和社会效益，值得鼓励和推广。此外，台湾在稻米深加工、米产品开发、稻米文化的挖掘与产业化推广、产业链的延伸方面已具备丰富的经验和案例，大陆在对台农业园区的规划建设以及台资项目引进过程中，可从政策和资金方面进行鼓励和引导，以项目带技术、带管理、带标准进行示范带动，促进大陆稻米产业化水平

的提升。

三、建立和完善台湾稻米行销大陆市场的常态化流通机制，丰富大陆高端稻米市场供给

台湾市场容量狭小，近年来稻米产销常常出现过剩性失衡，农业主管部门和业界对出口大陆市场的期望和呼声较高。大陆为推动两岸合作惠顾台湾农民，于 2012 年第十二届海峡两岸经贸交易会上正式宣布开放台湾稻米进口，并于同年 7 月由中粮集团承办进口台湾 100 吨稻米，分批执行。这样采取专案进口的方式在开放进口初期具有试验性质，未来进一步促进稻米进口的常态化，仍需要两岸共同协商和努力，不断完善产销信息衔接、检验检疫标准统一及通关和贸易渠道建设等后续工作。以 2007 年 7 月中粮集团进口日本 24 吨天价大米在北京和上海市场不足 1 个月以高价售罄的情形判断，台湾高品质的稻米会丰富和满足大陆高端市场消费需求，只是在常态化市场流通机制建设方面还需要进一步加强两岸合作。具体如两岸共同认定检疫标准，减少重复检疫；大陆经销商与台湾稻农或合作组织开展契约方式的合作，稳定价格，避免销量大幅变动；加强稻米贸易和流通渠道的监督管理，避免劣币驱逐良币的现象；简化通关检验检疫程序，保持稻米上市的新鲜度等。

第十章 水果产业

从气候区的划分来看，台湾气候区可以划分成亚热带季风气候和热带季风气候，中间主要以北回归线为分界线。这样的气候条件适宜水果生产，特别是适宜热带水果和亚热带水果生产。台湾在农业品种改良上积累了大量经验，因此，台湾水果种类丰富多样。据统计，台湾水果种类多达 80 余种，品种包括番石榴、莲雾、菠萝、木瓜、香蕉、柠檬等。从水果生产成熟季节来看，台湾一年四季均有水果成熟上市，较好地满足了台湾城乡居民对水果的消费需求。大陆水果产业也是农业产业中具有特色和优势的产业，覆盖的区域广泛，既有温带水果，也有热带和亚热带水果。两岸水果产业既存在互补性，又具有竞争性。

第一节 两岸水果产业发展特征分析

一、台湾水果产业发展特征

（一）台湾水果产业产值呈现不断增长趋势

如图 10-1 所示，1996—2014 年，台湾水果产业的产值呈现不断增长的趋势。1996 年，台湾水果产值达到 579.01 亿元新台币，到 2014 年，台湾水果产值上升到 969.52 亿元新台币，比 1996 年上升 67.44%。1996—2014 年，台湾水果产业的产值年均保持 2.91% 的增长率，其中，2000—2014 年，台湾水果产业的产值年均增长率相对较高，达到 8.11%。与此同时，台湾水果产值占全部农产品产值的比例逐年攀升，从 1996 年的 13.79% 上升到 2014 年的 18.61%。

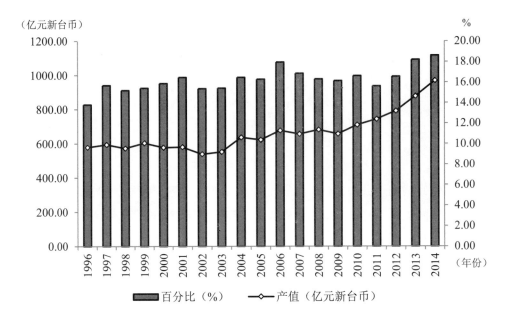

图 10-1　1996—2014 年台湾水果产值变化趋势

资料来源：台湾"行政主管机关农业主管部门"，历年《农业统计年报》。

（二）台湾水果种植面积和收获面积波动下降，水果产量波动上升

如图 10-2 所示，台湾水果种植面积和收获面积均呈波动下降趋势。1990 年，台湾水果种植面积达到 22.28 万公顷，收获面积达到 19.08 万公顷，收获面积占种植面积的比例达到 85.64%。到 2014 年，台湾水果种植面积波动下降到 18.53 万公顷，比 1990 年下降 16.83%，收获面积波动下降到 18.10 万公顷，比 1990 年下降 5.14%，2014 年水果收获面积占种植面积的比例达到 97.68%，比 1990 年有所提高，说明台湾水果生产的总体条件呈现积极变化。

台湾水果产量呈波动上升趋势。1990 年，台湾水果产量达到 232.67 万吨，到 2014 年，水果产量波动上升到 270.53 万吨，比 1990 年增长 16.27%，年均增长幅度达到 0.63%。

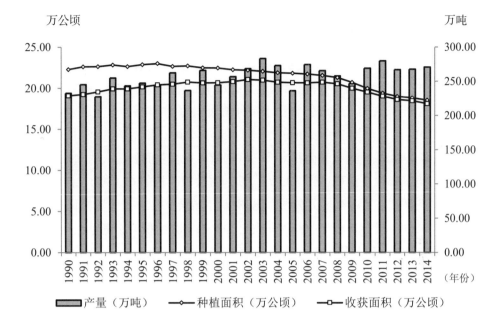

图10 2　1000—2014年台湾水果种植面积、收获面积和产量变化趋势

与此同时，台湾水果的单产生产能力不断增强。1990年，台湾水果的单产水平达到每公顷12.20吨，到2014年波动上升到每公顷产量14.95吨，比1990年增长22.54%。如图10-3所示，1990—2014年，台湾水果单产水平年均增长幅度达到0.85%。

图10-3　1990—2014年台湾水果每公顷产量变化趋势

（三）台湾水果中槟榔种植面积和收获面积较大，凤梨和香蕉的产量较大

台湾水果品种较多，主要包括香蕉、龙眼、杧果、番石榴等。其中种植面积、收获面积最大的是槟榔。产量最大的是凤梨，其次是香蕉。

从种植面积来看，台湾种植面积最大的水果品种是槟榔，1990年台湾槟榔种植面积达到3.58万公顷，占台湾水果种植面积的16.07%，并呈现一定的增长趋势，2014年台湾槟榔种植面积上升到4.50万公顷，占台湾水果种植面积的比例上升到24.28%。从收获面积来看，槟榔依然是收获面积最大的水果品种，1990年台湾槟榔收获面积达到2.43万公顷，占种植面积的67.88%，2014年台湾槟榔收获面积上升到4.45万公顷，比1990年增长83.13%，占种植面积的比例上升到98.89%。台湾槟榔收获面积占全部水果收获面积的比例呈上升趋势，从1990年的12.74%上升到2014年的24.59%。

除槟榔外，台湾杧果、香蕉、龙眼和荔枝的种植面积也较大。2014年，台湾杧果、香蕉、龙眼和荔枝的种植面积分别达到1.51万公顷、1.40万公顷、1.14万公顷和1.11万公顷，分别占台湾水果种植面积的8.15%、7.56%、6.15%和5.99%。

从产量来看，台湾凤梨的产量最大。1991年，台湾凤梨产量达到24.15万吨，到2014年产量波动上升到45.62万吨，比1991年增长88.90%。台湾凤梨的单位产量从1991年的37.87吨/公顷上升到2014年的50.98吨/公顷，增长幅度达到34.62%。

香蕉产量仅次于凤梨。1990年，台湾香蕉产量达到20.14万吨，到2014年香蕉产量波动上升到29.99万吨，比1990年增长48.90%。香蕉的单位产量从1990年的21.31吨/公顷上升到2014年的22.57吨/公顷，增长幅度达到5.91%。

除凤梨和香蕉外，台湾椪柑、柳橙、杧果和番石榴的产量也相对较大，2014年上述4类水果的产量分别达到137136吨、162533吨、152932吨和168392吨，分别占台湾水果总产量的5.07%、6.01%、5.65%和6.22%。

（四）台湾水果产业主要分布在南部和中部

1999年，台湾南部水果种植面积达到10.99万公顷，收获面积达到9.98万公顷，分别占台湾水果种植面积和收获面积的48.95%和48.38%。到2014年，台湾南部水果种植面积下降到9.46万公顷，收获面积下降到9.17万公顷，所占比例却分别上升到51.04%和50.68%。1999年，台湾南部水果产量达到139.05万吨，到2014年，南部水果产量上升到141.10万吨，比1999年上升1.47%，同时南部水果占台湾水果总产量的比例从 1999 年的 52.37%略下降到 2014 年的 52.16%（见表 10-1）。

1999 年，台湾中部水果种植面积达到 7.67 万公顷，收获面积达到 7.29 万公顷，分别占台湾水果种植面积和收获面积的 34.17%和 35.33%。到 2014 年，台湾中部水果种植面积下降到 6.37 万公顷，收获面积下降到 6.31 万公顷，所占比例略上升到 34.38%和 34.85%。台湾中部水果产量呈明显的上升趋势，从 1999 年的 89.94 万吨上升到 2014 年的 101.60 万吨，上升幅度达到 12.96%，中部水果产量占台湾水果总产量的比例从 1999 年的 33.87%上升到 2014 年的 37.56%。

台湾水果生产在北部和东部分布较少。2014 年，台湾北部和东部水果种植面积达到 8499 公顷和 1.85 万公顷，水果产量分别达到 10.75 万吨和 17.08 万吨，分别占台湾水果总产量的 3.97%和 6.31%。

表 10-1　1999—2014 年台湾水果区域分布变化情况

区域	1999 年				2014 年			
	种植面积（公顷）	收获面积（公顷）	每公顷产量（千克）	产量（吨）	种植面积（公顷）	收获面积（公顷）	每公顷产量（千克）	产量（吨）
台湾北部	**13526**	**12223**	**70548**	**154452**	**8499**	**8263**	**68997**	**107514**
新北市	2947	2481	8701	21586	1728	1637	7720	12638
台北市	241	205	10385	2129	278	278	4959	1378
基隆市	114	102	7951	811	25	25	7718	192
宜兰县	3616	3498	15092	52793	1931	1802	14757	26598
桃园县	869	704	6403	4508	605	589	10504	6192
新竹县	5370	4869	14342	69832	3792	3792	15678	59444
新竹市	369	364	7673	2793	141	140	7661	1072
台湾中部	**76686**	**72874**	**93204**	**899417**	**63706**	**63079**	**98173**	**1015969**
苗栗县	8744	8347	14646	122250	6062	6061	20014	121313
彰化县	6826	6517	23842	155380	6086	6026	18739	112925
南投县	32911	31229	8648	270067	26177	26145	11152	291576
云林县	5088	4562	20288	92553	5794	5735	32320	185341
台中市	23117	22219	25780	259167	19587	19112	15949	304814

区域	1999 年				2014 年			
	种植面积（公顷）	收获面积（公顷）	每公顷产量（千克）	产量（吨）	种植面积（公顷）	收获面积（公顷）	每公顷产量（千克）	产量（吨）
台湾南部	**109863**	**99789**	**114253**	**1390545**	**94580**	**91727**	**93734**	**1410960**
嘉义县	20425	18437	10083	185909	19165	18986	14057	266887
嘉义市	336	336	13268	4458	498	498	16329	8133
台南市	27173	25455	26399	428640	22975	22712	17332	393651
高雄市	20118	18533	48438	341730	18069	17481	16072	280959
屏东县	41799	37017	11610	429759	33846	32024	14393	460917
澎湖县	12	11	4455	49	27	27	15550	413
台湾东部	**24351**	**21362**	**19414**	**210887**	**18511**	**17935**	**18336**	**170826**
台东县	14130	12375	10747	132996	11137	10706	11008	117853
花莲县	10221	8987	8667	77891	7374	7230	7327	52973

（五）从县市产量来看，屏东县、台南市、高雄市、台中市和南投县是水果生产的主要县市

1999 年，台湾南部的台南市、高雄市和屏东县水果种植面积分别达到 2.72万公顷、2.01 万公顷和 4.18 万公顷，收获面积分别达到 2.55 万公顷、1.85 万公顷和 3.70 万公顷，上述 3 个县市的种植面积分别占台湾水果种植面积的 12.11%、8.96% 和 18.62%，其中屏东县水果种植面积最大。到 2014 年，台南市、高雄市和屏东县水果种植面积分别下降到 2.30 万公顷、1.81 万公顷和 3.38 万公顷，占台湾水果种植面积的比例分别达到 12.41%、9.77% 和 18.24%。从产量来看，屏东县的水果产量呈上升趋势，从 1999 年的 42.98 万吨上升到 2014 年的 46.09 万吨，而台南市和高雄市的水果产量均呈下降趋势，分别从 1999 年的 42.86 万吨和 34.17 万吨下降到 2014 年的 39.37 万吨和 28.10 万吨，屏东县水果产量占台湾水果总产量的比例从 1999 年的 16.18% 上升到 2014 年的 17.04%，台南市和高雄市的水果产量占比分别从 1999 年的 16.14% 和 12.87% 下降到 2014 年的 14.55% 和 10.39%。

对于台湾中部地区，南投县和台中市是两个水果种植和产量较大的县市。1999 年，南投县和台中市分别种植 3.29 万公顷和 2.31 万公顷水果，到 2014 年南投县和台中市水果种植面积分别下降到 2.62 万公顷和 1.96 万公顷，分别占台湾水果种植面积的 14.14%和 10.58%。从产量来看，南投县和台中市水果产量呈现一定的增长趋势，分别从 1999 年的 27.01 万吨和 25.92 万吨上升到 29.16 万吨和 30.48 万吨，两个县市产量占台湾水果产量的比例分别达到 10.78%和 11.27%。

（六）台湾水果出口数量增长幅度高于进口数量增长幅度，进口值增长幅度高于出口值增长幅度

总体上，台湾水果进口数量大于出口数量。如图 10-4 所示，2001 年，台湾水果出口 8.99 万吨，到 2015 年出口数量增长到 13.09 万吨，比 2001 年增长 45.60%。2001 年，台湾水果进口 43.44 万吨，到 2015 年，进口数量上升到 44.03 万吨，比 2001 年增长 1.36%。受数量影响，台湾水果进口值大于出口值，进口值对出口值的比例从 2001 年的 3.88 倍波动扩大到 2015 年的 4.16 倍，台湾水果出口值从 2001 年的 8737.37 万美元，上升到 2015 年的 2.38 亿美元，上升幅度达到 1.72 倍；进口值从 2001 年的 3.39 亿美元上升到 2015 年的 10.07 亿美元，上升幅度达到 1.97 倍。

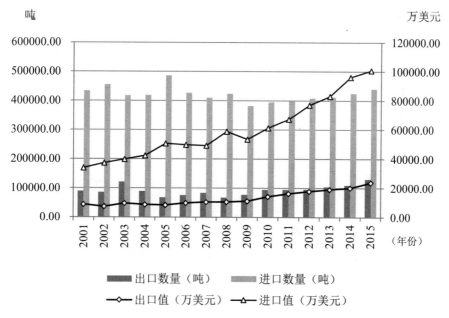

图 10-4　2001—2015 年台湾水果进出口数量、进出口值变化趋势

二、大陆水果产业发展特征

（一）大陆果园面积庞大，水果产量巨大

相对于台湾来说，大陆的果园面积庞大，水果产量巨大。如图 10-5 所示，2001—2014 年，大陆果园面积呈现明显的上升趋势，从 2001 年的 904.26 万公顷上升到 2014 年的 1312.72 万公顷，上升幅度达到 45.17%。其中，大陆果园以香蕉园、苹果园、柑橘园、梨园和葡萄园的面积较大，从这 5 个品种水果果园面积变化趋势来看，均呈现明显增长趋势，到 2013 年，柑橘园面积达到 242.22 万公顷，超过了苹果园 227.22 万公顷，已经成为大陆水果果园面积最大的品种。2013 年梨园、葡萄园和香蕉园面积分别达到 111.17 万公顷、714.6 万公顷和 392 万公顷，分别比 2001 年扩大 8.30%、1.14 倍、60.01%（见图 10-6）。从相对比例变化来看，香蕉园面积、葡萄园面积和柑橘园面积所占比例均呈上升趋势，分别从 2001 年的 2.71%、3.70%和 14.64%上升到 2013 年的 3.17%、5.78%和 19.58%，苹果园面积和梨园面积所占比例呈下降趋势。

千公顷

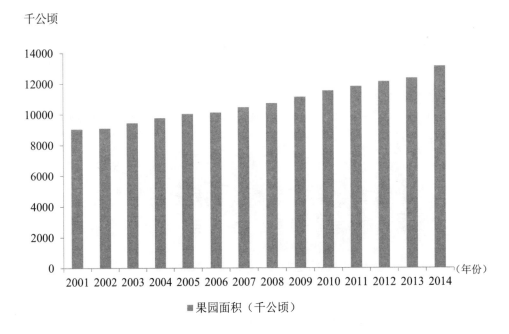

图 10-5　大陆 2001—2014 年果园面积变化趋势

千公顷

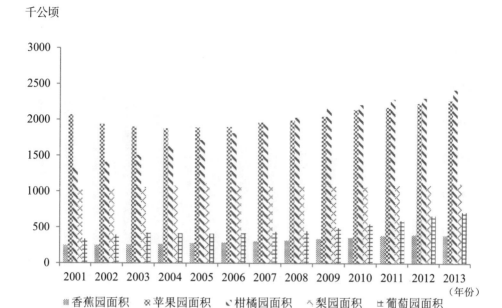

图 10-6 大陆2001—2013年主要品种果园面积变化趋势

如图 10-7 所示，从产量来看，2001—2014 年十多年大陆水果产量呈快速增长趋势。2014 年大陆水果产量达到 26142.24 万吨，比 2001 年提高了 2.92 倍。在水果产量中，苹果和柑橘产量均较大，2014 年分别达到 4092.32 万吨和 3492.66 万吨，分别比 2001 年提高 1.04 倍和 2.00 倍（见图 10-8）。梨、葡萄和香蕉的产量也较大，2014 年分别达到 1796.44 万吨、1254.58 万吨和 1179.19 万吨，分别比 2001 年提高 1.04 倍、2.41 倍和 1.24 倍。

如图 10-9 所示，从相对比例来看，大陆梨产量占比有所下降，上述 5 类主要水果产量占比均呈下降趋势。其中，苹果产量占比下降较大，从 2001 年的30.06%下降到 2014 年的 15.65%。梨和柑橘产量占比分别从 2001 年的 13.21%和 17.43%下降到 2014 年的 6.87%和 13.36%，香蕉产量占比从 2001 年的 7.92%下降到 2014 年的 4.51%，葡萄产量占比变化相对较小，从 2001 年的 5.53%略下降到 2014 年的 4.80%。

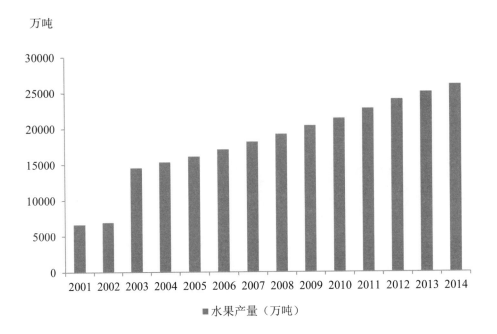

万吨

图 10-7　大陆 2001—2014 年水果产量变化趋势

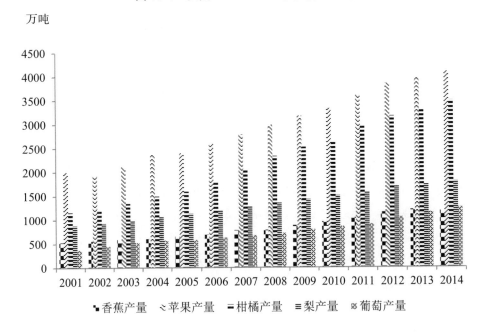

万吨

■香蕉产量　ⵦ苹果产量　▬柑橘产量　▤梨产量　ⵜ葡萄产量

图 10-8　大陆 2001—2014 年主要水果产量变化趋势

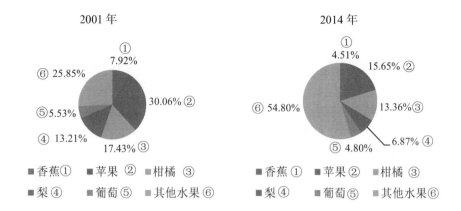

图 10-9　2001—2014 年大陆水果产量结构变化

（二）大陆瓜果消费量呈大幅度上升趋势，具有较强的消费潜力

大陆城乡居民收入水平不断上升，2014 年大陆居民人均可支配收入达到 2.02 万元，其中居民工资性收入超过 1.14 万元，成为居民收入增长中最显著的部分。城乡居民收入的增长改善了饮食结构，水果消费呈现明显的上升趋势。2014 年大陆人均食品消费量中，鲜瓜果类已经达到 38.6 千克。其中，城市居民鲜瓜果人均消费量达到 48.1 千克，比 2001 年有所下降；农村鲜瓜果类人均消费量达到 28.0 千克，比 2001 年鲜瓜果类人均消费量增加 7.7 千克，增长幅度达到 27.5%。

第二节　两岸水果产业的比较优势和合作潜力分析

从两岸水果消费量比较来看，大陆水果消费具有较大的增长空间。对比两岸居民水果消费量来看，台湾果品类消费量明显超过大陆，台湾在 20 世纪 80 年代，居民人均果品类消费量已经超过 100 千克，到 2012 年，台湾果品类人均消费量达到 125.7 千克，是大陆鲜瓜果类消费量的 3.26 倍，大陆水果消费还具有较大增长潜力。两岸加强水果贸易及水果产业合作具有较强的现实意义。一方面，台湾水果偏向于热带和亚热带水果品种，大陆进口台湾水果和引进台湾优质品种试种推广，可以丰富大陆水果市场品种，增加大陆消费者购买选择，从而增加消费者的福利水平。另一方面，可以缓解台湾水果市场销路压力，为中南部台湾农民水果产量过剩化解风险。近年来统计资料显示，我国台湾地区水果主要销售到日本、新加坡等市场，受经济发展影响，在日本、新加坡等市场消费趋于萎缩的条件下，我国大陆市场成为台湾水果的最佳选择。

两岸水果贸易从 2001 年开始有了较大进展。根据台湾方面贸易统计，2001年，台湾对大陆水果、坚果及制品出口数量为 101 吨，到 2015 年已经猛增到7879.9 万吨，远远超过了 2001 年的水平，出口值从 2001 年的 18.2 万美元上升到 2015 年的 1.14 亿美元，增长幅度达到 625.37 倍。台湾从大陆进口水果、坚果及制品从 2001 年的 2.55 万吨波动上升到 3.90 万吨，上升幅度达到 52.94%，进口值从 2001 年的 2185 万美元上升到 2015 年的 6686.10 万美元，上升幅度达到 2.06 倍。具体变化趋势如图 10-10 所示。

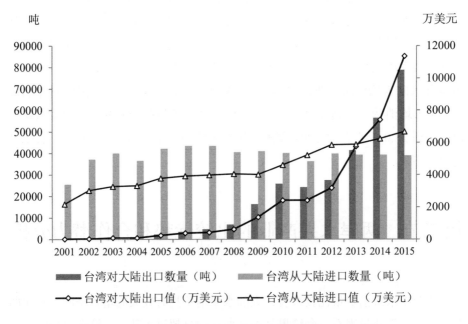

图 10-10　两岸 2001—2015 年水果贸易数量和进出口值

从两岸水果贸易结构来看，两岸水果贸易互补性很强，台湾主要向大陆出口凤梨、柑橘和柚子等特色水果，而主要从大陆进口苹果和枣等温带水果产品。以 2015 年为例，台湾向大陆分别出口凤梨 21485 吨、橙类 1922 吨、其他柑橘类 5219 吨、柚子 2092 吨，出口额分别达到 2472.2 万美元、216.7 万美元、780.0

万美元和 322.7 万美元。台湾 2015 年从大陆进口苹果 4058 吨，进口额达到 512.6 万美元；其次是枣，2015 年进口 4370 吨，进口额达到 610.8 万美元。

第三节　加强两岸水果产业合作的政策建议

一、加强两岸水果产业联合育种研究工作

水果产业是农业中具有高附加值特点的产业，可以吸纳较多的农村劳动力，为农民增收创造良好的机会。水果产业的发展离不开科研院所、高等院校联合开展基础性育种工作。台湾水果在品种改良和培育上积累了大量经验，培育出大量品质优、口感好、耐储运的品种，台湾水果在大陆市场受到广泛赞誉。但受到消费者认知程度不同的影响，两岸水果在品种改良上还具有很大的合作空间。一是大陆消费者水果消费习惯与台湾消费者存在差异。例如，台湾消费者更加倾向于消费口感比较绵软的莲雾，而大陆消费者受泰国莲雾等进口水果影响，倾向于口感清脆的莲雾品种。因此，两岸应加强水果育种改良技术合作，让台湾水果新品种开发更加适合大陆消费者，为台湾农民水果销售找准定位。

二、大陆可以积极引进台湾优质水果品种

台湾部分水果品种可以并适合在大陆种植，且大陆气候条件多样，为水果后续种植提供了更多的条件，有的地区，如四川、江苏等地受自然条件影响，栽培台湾水果品种取得良好成效，不但水果可以试种成功，而且还可以生产大量优质的水果产品，部分产品品质不逊于台湾岛内水果品质。因此，大陆可以广泛引进台湾水果品种和栽种技术，加深两岸水果产业合作深度，提高合作层次。但另一方面，台湾农政部门对到大陆进行农业投资和技术转移实施较为严格的政策限制，对新品种和新技术的输出采取严格审核制度，部分限制了台商和台农到大陆投资水果产业的热情。其主要担心是台湾技术的流失。但实际上，两岸完全可以就农业品种权保护进行磋商协调，起草签署两岸农业品种权保护的框架协议，落实相关保护，做好新品种授权使用，在促进知识产权保护的同时，继续推广种植台湾品种水果。同时，台湾企事业单位可以收取必要的品种

权使用费。

三、吸引鼓励台商和台农投资发展水果产业，并促进水果产业与其他产业融合发展

目前随着市场经济发展，大陆城乡居民收入提高，对休闲旅游的需求呈现急剧增长的趋势，特别是大陆近年来休闲农业得到较快发展，以水果采摘为主要特点的一二三产业融合发展进程加快。同时，大陆开设成立 29 家台湾农民创业园，专门为台商和台农划定指定区域，提供土地使用、金融扶持和财政税收优惠政策，这为广大台商台农提供了有效的支持。近年来，部分台商和台农在大陆经营水果产业面临"卖难"问题，主要原因是台商和台农离开了台湾岛内，缺乏农会等农民专业组织进行产后销售和开拓市场的辅助，以及对大陆市场特点和趋势不甚了解导致。在充分利用互联网+等电子商务平台加强水果销售的同时，政府也应当鼓励台商和台农在投资水果产业时考虑采取产业融合发展的方式进行经营管理，不单纯追求产量和规模。台商和台农在农业经营上具有较为先进的管理经验和较强的经营能力，在休闲农业发展上具有丰富经验，也在水果种植上掌握较为先进的技术，因此，台商和台农可以将水果种植业、水果制品加工和休闲农业结合起来进行融合发展。

第十一章　茶产业

茶产业是两岸农业产业发展中具有重要特色的产业之一。两岸茶产业发展良好，产业合作具有较大的潜力，台湾在茶叶品种改良、新技术推广、质量安全保障上具有较强优势，大陆茶产业规模较大，但总体发展还需要进一步加强标准化、品牌化建设，应借鉴台湾经验积极促进茶产业现代化发展。

第一节　台湾茶产业现状与特征

一、台湾茶产值呈波动增长趋势，产值占全部农产品产值的比例波动上升

如图 11-1 所示，根据台湾《农业统计年报》数据，1999 年，台湾茶产值达到 38.12 亿元新台币，到 2014 年，台湾茶产值波动上升到 75.24 亿元新台币，比 1999 年增长 97.37%，年均增长速度达到 4.64%。台湾茶产值占全部农产品产值的比例从 1999 年的 0.97%波动上升到 2014 年的 1.44%。产值波动上升的主要原因来自茶叶单价水平的上涨。

二、台湾茶产量呈波动下降趋势，但茶的单价不断上升

如图 11-2 所示，根据台湾《农业统计年报》数据，1999 年，台湾茶产量达到 2.11 万吨，到 2014 年波动下降到 1.52 万吨，比 1999 年下降 27.96%。与此同时，台湾茶叶的平均单价水平不断走高，从 1999 年的 180.50 元新台币/千克上升到 2014 年的 494.57 元新台币/千克，增长 1.74 倍，茶叶单价水平的上涨是推高茶产值的主要因素。

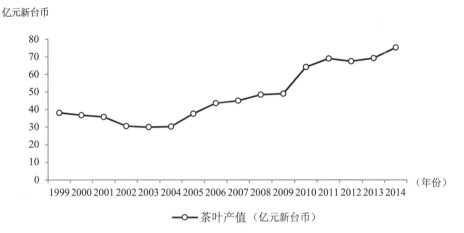

图 11-1　1999—2014 年台湾茶产值变化趋势

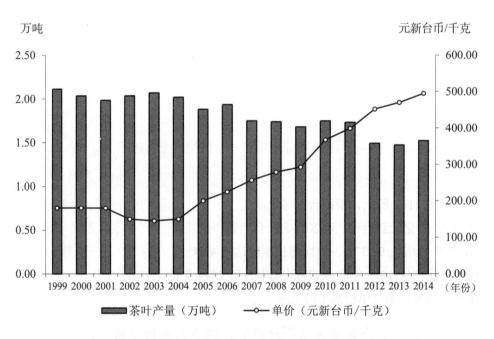

图 11-2　1999—2014 年台湾茶产量和单价变化趋势

三、茶叶种植面积和收获面积大幅下降，单位面积产量波动上升

如图 11-3 所示，1999 年，台湾茶叶种植面积达到 2.43 万公顷，收获面积达到 2.27 万公顷，收获面积占种植面积的比例达到 93.42%。到 2014 年，台湾

茶叶种植面积下降到 1.19 万公顷，收获面积下降到 1.18 万公顷，分别比 1999 年下降 51.03%和 48.02%，2014 年收获面积占种植面积的比例上升到 99.16%。

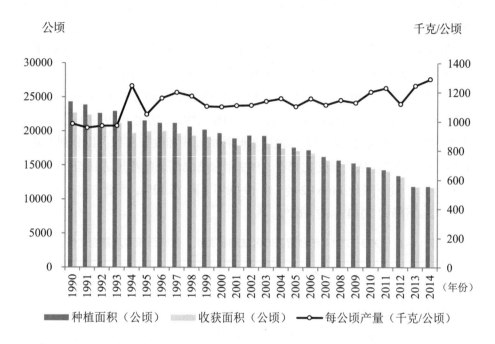

图 11-3　1999—2014 年台湾茶种植面积、收获面积和单位面积产量变化趋势

四、台湾茶产业主要分布在中部地区，其种植面积和产量占比均有所提高

1999—2014 年，根据台湾《农业统计年报》数据，台湾茶产业主要分布在中部地区，且随着时间推移，中部地区的种植面积、收获面积和产量均呈现下降趋势，但占比均呈上升趋势。1999 年，台湾中部地区茶叶种植面积达到 9469 公顷，收获面积达到 9333 公顷，种植面积和收获面积分别占全台湾茶叶种植面积和收获面积的 38.97%和 41.11%，到 2014 年，中部地区种植面积和收获面积分别下降到 7605.38 公顷和 7570.18 公顷，所占比例分别上升到 63.91%和64.15%。1999 年，台湾中部地区茶叶产量达到 1.27 万吨，到 2014 年茶叶产量下降到 1.12 万吨，比 1999 年下降 11.81%，但所占比例从 1999 年的 60.14%上升到 2014 年的 73.69%。在中部地区，南投县和苗栗县种植面积相对较大，但到 2014 年，苗栗县的种植面积和收获面积迅速下滑到 280.73 公顷和 280.73 公

顷,南投县的种植面积和收获面积也出现下滑,分别达到6510.41公顷和6475.21公顷。南投县茶叶产量是中部乃至台湾最大产量的县市,2014年产量下降到1.01万吨,但产量占台湾茶叶产量的比例从 1999 年的 50.29%上升到 2014 年的66.63%。

除了台湾中部地区之外,北部地区也是台湾茶叶重要生产地区,但随着时间推移,北部的种植面积、收获面积和产量以及占比均呈下降趋势。1999 年,台湾北部地区茶叶种植面积和收获面积分别达到7267.00 公顷和6414.00 公顷,到2014 年分别下降到1958.69 公顷和1878.09 公顷,分别比1999 年下降73.05%和70.72%,与此同时,台湾北部地区茶叶种植面积和收获面积占比分别下降到16.45%和15.92%。从产量变化来看,1999 年台湾北部茶叶产量达到 5896.00 吨,到2014 年产量下降到1466.92 吨,比 1999 年下降75.12%,产量占比从 1999 年的27.92%下降到 2014 年的 9.65%。

表 11-1　1999—2014 年台湾茶叶区域种植面积、收获面积和产量变化情况

地区	1999 年				2014 年			
	种植面积（公顷）	收获面积（公顷）	每公顷产量（千克/公顷）	产量（吨）	种植面积（公顷）	收获面积（公顷）	每公顷产量（千克/公顷）	产量（吨）
台湾北部	**7267**	**6414**	**919.24**	**5896**	**1958.69**	**1878.09**	**781.07**	**1466.92**
新北市	3166	2454	730.24	1792	756.33	685.49	601.96	412.64
台北市	157	141	602.84	85	130.8	130.8	636.24	83.22
宜兰县	587	586	781.57	458	143.45	139.7	730.19	102.01
桃园县	1294	1236	1110.84	1373	565.38	559.37	869.28	486.25
新竹县	2061	1995	1095.74	2186	361.31	361.31	1055.44	381.34
基隆市	—	—	—	—	0.02	0.02	700.00	0.01
新竹市	2	2	1000.00	2	1.4	1.4	1041.43	1.46
台湾中部	**9469**	**9333**	**1355.83**	**12654**	**7605.38**	**7570.18**	**1477.66**	**11186.15**
苗栗县	1126	990	1408.08	1394	280.73	280.73	1226.23	344.24
彰化县	10	10	1000.00	10	2.42	2.42	1152.07	2.79
南投县	7763	7763	1368.03	10620	6510.41	6475.21	1563.96	10126.97
云林县	525	525	1125.71	591	386.97	386.97	962.06	372.29
台中市	45	45	866.67	39	424.85	424.85	799.94	339.86

地区	1999 年				2014 年			
	种植面积（公顷）	收获面积（公顷）	每公顷产量（千克/公顷）	产量（吨）	种植面积（公顷）	收获面积（公顷）	每公顷产量（千克/公顷）	产量（吨）
台湾南部	**2523**	**2443**	**724.52**	**1770**	**1989.77**	**1989.77**	**1153.63**	**2295.46**
嘉义县	2266	2189	683.42	1496	1818.56	1818.56	1161.22	2111.75
嘉义市	—							
台南市	1	1	1000.00	1	0.2	0.2	1000.00	0.20
高雄市	224	221	1117.65	247	165.07	165.07	1077.83	177.92
屏东县	32	32	812.50	26	5.94	5.94	940.91	5.59
澎湖县	—							
台湾东部	**963**	**952**	**839.29**	**799**	**352.23**	**347.43**	**723.09**	**251.22**
台东县	777	766	832.90	638	213.23	211.23	701.67	148.21
花莲县	186	186	865.59	161	139	136.2	756.31	103.01

资料来源：台湾"行政主管机关农业主管部门"，历年《农业统计年报》。

五、中部地区茶产业单产水平较高，其次为南部地区

从表 11-1 可以看出，台湾中部茶叶产量不仅较大，其单位面积产量也处于较高水平，反映了中部地区茶产业技术水平相对较高。1999 年，中部茶产业单位面积产量达到 1355.83 千克/公顷，到 2014 年，中部茶产业单产水平提高到 1477.66 千克/公顷，比 1999 年提高 8.99%，且高出 2014 年全台湾茶产业单产 1290 千克/公顷的平均水平。在中部各县市中，苗栗县和南投县是茶叶单产水平较高的县市，1999 年，两县茶叶单产水平分别达到 1408.08 千克/公顷和 1368.03 千克/公顷，但两县茶叶单产水平随时间推移变化方向相反，到 2014 年，苗栗县茶叶单产水平下降到 1226.23 千克/公顷，而南投县茶叶单产水平上升到 1563.96 千克/公顷。

南部地区茶产业单产水平上升幅度较大。1999 年，南部地区茶产业单产水平为 724.52 千克/公顷，到 2014 年，南部茶产业单产水平上升到 1153.63 千克/公顷，虽然仍低于 2014 年全台湾茶产业单产平均水平，但比 1999 年提高 59.23%。1999 年，高雄市单产水平相对较高，达到 1117.65 千克/公顷，但单产

水平呈略下降趋势，到 2014 年，高雄市单产水平下降到 1077.83 千克/公顷，而嘉义县单产水平从 1999 年的 683.42 千克/公顷上升到 2014 年的 1161.22 千克/公顷，上升幅度较大，达到 69.91%。

六、茶叶贸易呈现贸易逆差状态，且贸易逆差不断扩大

总体而言，台湾茶叶进口数量高于出口数量。如图 11-4 所示，根据台湾《农业统计年报》数据，2001 年，台湾茶叶的出口数量为 4360.16 吨，到 2015 年出口数量增长到 6370.22 吨，比 2001 年增长 46.10%。2001 年，台湾茶叶的进口数量为 1.65 万吨，到 2015 年进口数量增长到 3.16 万吨，比 2001 年增长 91.52%，进口数量增长的幅度高于出口数量增长的幅度。茶叶出口值从 2001 年的 1629.15 万美元上升到 2015 年的 5897.52 万美元，增长幅度达到 2.62 倍。茶叶的进口值从 2001 年的 1982.45 万美元上升到 2015 年的 7354.89 万美元，增长幅度达到 2.71 倍。

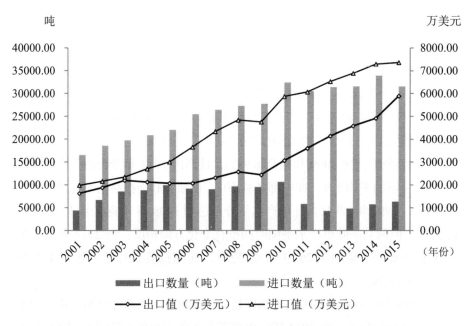

图 11-4　2001—2015 年台湾茶叶进出口数量、进出口值变化趋势

资料来源：台湾"行政主管机关农业主管部门"，历年《农业统计年报》。

第二节　大陆茶产业发展特征

一、大陆茶园面积呈逐年扩大趋势，远超过台湾茶园面积规模

国家统计局数据统计显示，大陆茶园面积呈不断扩大趋势。如图 11-5 所示，1995 年大陆实有茶园面积达到 111.53 万公顷，到 2013 年实有茶园面积扩大到 246.48 万公顷，比 1995 年提高 1.21 倍，是台湾茶叶种植面积的 207.41倍。1995 年大陆采摘茶园面积达到 86.82 万公顷，到 2013 年采摘茶园面积扩大到 182.79 万公顷，比 1995 年扩大 1.14 倍，是台湾茶叶收获面积的 157.15 倍。台湾采摘茶园面积占大陆实有茶园面积的比例从 1995 年的 77.84%波动略下降到 2013 年的 75.23%。

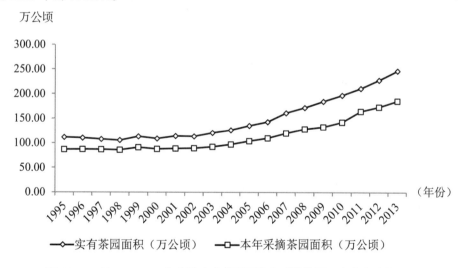

图 11-5　1995—2013 年大陆实有茶园面积和采摘茶园面积变化趋势

从大陆分区域茶园面积来看，与台湾地理位置最为接近的福建省，茶园面积呈明显增长趋势。如图 11-6 所示，1995 年，福建省实有茶园面积达到 13.20万公顷，到 2013 年达到 23.23 万公顷，比 1995 年增长 75.98%，相当于 2013 年台湾茶叶种植面积的 19.52 倍。1995 年，福建省采摘茶园面积达到 10.71 万公

顷，到 2013 年达到 20.57 万公顷，比 1995 年增长 92.06%，相当于台湾茶叶收获面积的 17.41 倍。

千公顷

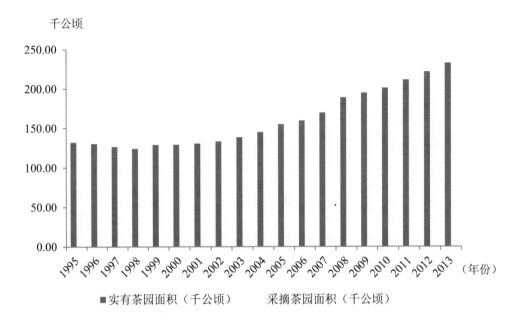

图 11-6　1995—2013 年福建省实有茶园面积和采摘茶园面积变化趋势

二、大陆茶叶产量规模远超过台湾

大陆的茶叶产量呈现快速增长趋势，如图 11-7 所示，从 2004 年的 83.52 万吨上升到 2014 年的 209.63 万吨，上升幅度达到 1.51 倍。大陆茶叶产量相比台湾茶叶产量有倍数扩大趋势，1995 年大陆茶叶产量是台湾茶叶产量的 28.17 倍，到 2014 年上升到 137.88 倍，反映了大陆茶叶产量增长速度较快的变化趋势。

大陆茶叶品种以绿茶和红茶为主要品种，其中绿茶产量较大，2013 年达到 131.34 万吨，比 2003 年提高 1.14 倍，占大陆茶产量的比例从 2004 年的 73.48% 下降到 2013 年的 68.25%；红茶产量呈快速增长趋势，从 2004 年的 4.37 万吨迅速上升到 2013 年的 16 万吨，红茶产量占大陆茶叶产量的比例从 2004 年的 5.23% 上升到 2013 年的 8.31%。

万吨

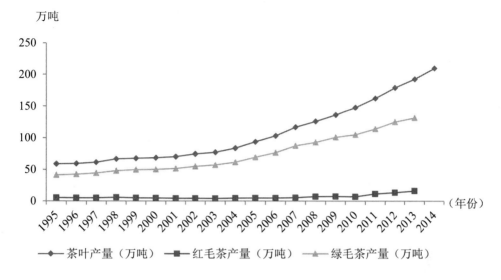

图 11-7　1995—2013 年大陆茶叶产量变化趋势

从大陆分区域来看，福建、云南、湖北、四川、浙江均是大陆茶叶产量较大的地区。其中，福建省的茶叶产量从 1995 年的 9.45 万吨，上升到 2014 年的 37.23 万吨，上升幅度达到 2.94 倍，福建省已成为大陆茶叶产量最大的省份（见图 11-8）。福建省茶叶产量占大陆茶叶产量的比例从 1995 年的 16.06% 波动上升到 2014 年的 17.76%。1995 年，福建省茶叶产量是台湾茶叶产量的 4.52 倍，到 2014 年，福建省茶叶产量相比台湾茶叶产量倍数进一步扩大，扩大到 24.48 倍。

万吨

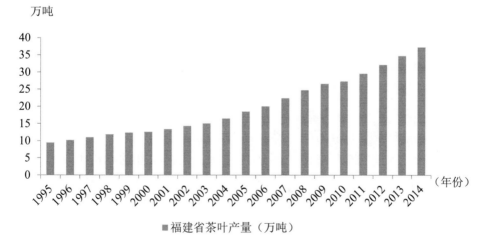

图 11-8　1995—2014 年福建省茶叶产量变化趋势

三、大陆茶叶出口量和出口金额大幅增长，进口量和进口额增长迅猛

如图 11-9 所示，根据联合国商品贸易统计数据，大陆茶叶出口量不断波动上升。2000 年，大陆向世界出口茶叶 22.77 万吨，到 2014 年波动上升到 30.15 万吨，比 2000 年增长 32.41%。从出口金额来看，增长幅度更大，从 2000 年的 3.47 亿美元增长到 2014 年的 12.73 亿美元，增长幅度达到 2.67 倍。以 2014 年数据为例，大陆茶叶出口量是台湾茶叶出口量的 52.26 倍，出口金额是台湾的 25.89 倍。

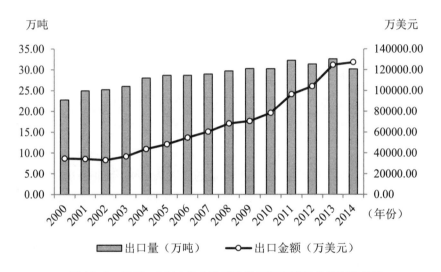

图 11-9　2000—2014 年大陆茶叶出口量和出口金额变化趋势

资料来源：联合国商品贸易统计数据库（UNcomtrade），http://comtrade.un.org/。

大陆茶叶进口呈现迅速增长的态势。如图 11-10 所示，2000 年，大陆从世界范围内进口茶叶 0.24 万吨，到 2014 年波动上升到 2.26 万吨，比 2000 年增长 8.42 倍。从进口金额来看，增长幅度更大，从 2000 年的 416.21 万美元增长到 2014 年的 9202.40 万美元，增长幅度达到 21.11 倍。以 2014 年来看，大陆茶叶进口量是台湾茶叶进口量的 0.67 倍，进口金额是台湾的 1.26 倍。

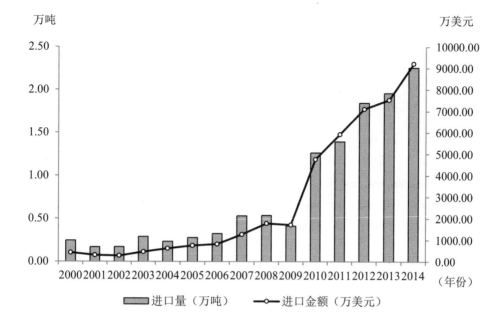

图 11-10　2000—2014 年大陆茶叶进口量和进口金额变化趋势

资料来源：联合国商品贸易统计数据库（UNcomtrade），site: http://comtrade.un.org/。

　　总的来说，大陆茶叶贸易规模不断扩张，该趋势与台湾茶叶贸易规模扩大趋势相类似，从 2000 年的 3.51 亿美元上升到 2014 年的 13.65 亿美元，2000—2014 年，大陆茶叶出口金额均高于进口金额保持贸易顺差状态，与台湾大多数茶叶贸易呈现逆差状态恰好相反，且贸易顺差呈扩大趋势，从 2000 年的 3.43 亿美元扩大到 2014 年的 11.81 亿美元。

　　四、两岸茶叶贸易规模不断扩大，大陆对台湾茶叶贸易呈顺差扩大趋势

　　根据台湾《农业统计年报》数据，两岸茶叶贸易总体规模不断扩大，从 2001 年的 2.6 万美元上升到 2015 年的 3034.0 万美元。一方面，台湾对大陆茶叶出口量和出口金额不断增长。2001 年，台湾对大陆出口 22 吨茶叶，到 2015 年达到 2034 吨，增加了 2012 吨。对大陆出口茶叶金额从 2001 年的 2.5 万美元上升到 2015 年的 2437.5 万美元。另一方面，台湾从大陆茶叶进口量和进口金额均呈现快速增长趋势。2001 年，台湾从大陆仅进口 1 吨茶叶，进口金额仅为 0.1

万美元，到 2014 年，从大陆进口数量达到 2125 吨，进口金额上升到 596.5 万美元。从两岸茶叶进出口数量变化来看，台湾对大陆的出口量已经小于从大陆的进口量，2015 年，台湾对大陆进口量比出口量多出 91 吨。总体而言，2006—2011 年，台湾对大陆茶叶贸易呈逆差状态，其他年份呈顺差状态。

从两岸茶叶贸易种类来看，台湾主要从大陆进口普洱茶，向大陆出口绿茶和红茶。据台湾农业主管部门统计，2001 年，台湾分别向大陆出口绿茶 12 吨、红茶 10 吨，出口金额分别达到 1.5 万美元和 1.0 万美元，到 2015 年，向大陆分别出口绿茶 400 吨和 664 吨，出口金额分别达到 522.7 万美元和 524.5 万美元，上升幅度非常大。2001 年，台湾从大陆进口普洱茶 1 吨，进口金额达到 0.1 万美元，2015 年进口量达到 1950 吨，进口金额达到 410.5 万美元。

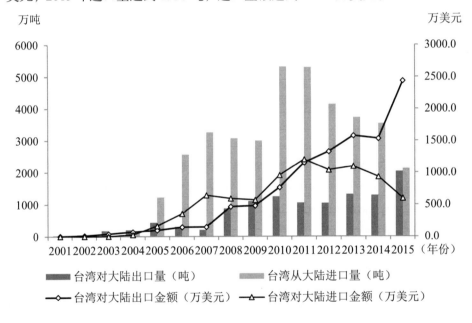

图 11-11 2001—2015 年两岸茶叶贸易变化趋势

资料来源：台湾"行政主管机关农业主管部门"，农业统计资料查询. http://agrstat.coa.gov.tw。

五、相比于台湾，大陆茶叶人均消费量还有进一步增长空间

大陆茶叶消费呈现快速增长趋势。如图 11-12 所示，大陆茶叶每年人均消费量从 1995 年的 0.33 千克上升到 2013 年的 1.13 千克，增长幅度达到 2.42 倍，

反映了大陆人民生活水平改善之后，对茶叶消费需求的快速增长态势。与台湾人均消费量相比较，大陆人均消费量仍然具有增长空间。1995年，台湾每年人均茶叶消费量达到1.21千克，是大陆人均消费量的3.67倍，虽然台湾每年人均茶叶消费量也呈现增长趋势，但随着大陆人均消费量的增长，两岸茶叶的人均消费量差距不断缩小，到2013年，台湾每年人均茶叶消费量达到1.76千克，比大陆人均消费量高出0.63千克，是大陆人均消费量的1.56倍。

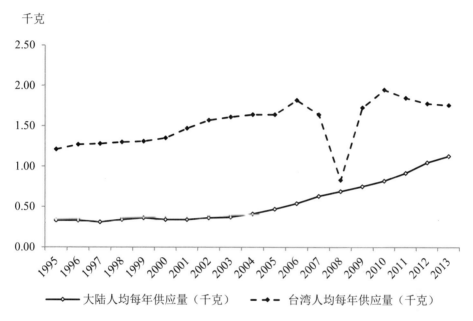

图11-12　1995—2013年大陆和台湾人均每年茶叶供应量变化趋势

资料来源：联合国粮农组织（FAO），http://faostat3.fao.org/。

第三节　加强两岸茶叶产业合作的建议

一、重点加强两岸茶叶质量安全管理

近年来，大陆茶叶生产加快的同时，消费者对包括茶叶在内的食品质量提出更高要求，质量安全问题也逐渐引起政府部门及公众广泛关注。按照目前大陆的生产水平，茶叶尚未建立起一整套运作成熟的食品质量追溯体系，质量安全管理仍然是大陆茶产业发展的短板。对于台湾来说，由于台湾较早在农产品领域实施构建了台湾优良农产品（CAS）认证、吉园圃操作良好规范（GAP）认证以及有机认证等制度，通过对茶叶产品的追溯，实现可以查询产品原产地及生产者的功能，有效地保障了消费者对质量安全的知情权，维护了消费者的合法权益。两岸可以率先在质量安全领域开展合作，大陆可以积极学习借鉴台湾茶叶质量安全管理、制度构建以及监管措施，了解掌握最先进的质量安全管理经验，一方面为保护大陆消费者权益提供支撑，另一方面，为进一步加快茶叶现代化发展，走向国际化发展水平提供支持。

二、海峡两岸经济合作框架协议框架下继续深化两岸茶叶贸易

两岸茶叶贸易存在较大的互补性。特别是台湾对岛内无法生产、大陆产量较大的茶叶品种需求较大。两岸茶叶贸易满足了两岸消费者的需求，提升了两岸人民的福利水平。在海峡两岸经济合作框架协议（ECFA）框架下，两岸对茶叶贸易进行了必要的税收减免。一方面，大陆应加快茶产业现代化发展水平，在品种开发、品牌建设上下功夫，形成具有大陆特色的系列品种，扩大对台湾的茶叶出口。另一方面，在未来两岸茶叶贸易发展过程中，台湾应进一步开放岛内茶叶市场，让更优质的大陆茶叶品种以更优惠的价格进入岛内，满足岛内城乡居民多样化的消费需求。与此同时，随着两岸人民往来更加便利，台湾应积极利用大陆赴台旅游人数增长的优势，提高岛内茶产品品牌知名度，扩大乌龙茶等优势茶叶品种向大陆出口规模，惠及岛内茶农。

三、大陆应积极吸引台湾农民和台商来大陆创业投资茶产业

目前台湾茶产业发展面临很多瓶颈，例如，土地资源较少、农村劳动力成本高昂、岛内茶叶需求市场偏小等。对于台湾茶农和台商而言，突破产业发展瓶颈的首选策略是来大陆进行投资创业。首先，大陆幅员辽阔，土地资源丰富，在福建、广东、广西、浙江、江苏等地可以广泛种植茶叶，发展现代茶产业。其次，大陆气候条件多样，适合茶产业不同品种茶叶种植和新品种开发创新。再次，大陆农业劳动力成本相对台湾岛内较低，有利于茶产业保持一定的市场竞争力。最后，大陆市场空间较大，虽然近年来高端茶产品市场出现下降趋势，但中低端市场规模仍然较大，并且随着现代生活方式和消费理念的调整，大陆

对茶产品的需求潜力较大。台湾茶产业发展具有良好的技术研发优势、加工工艺和品牌策划宣传能力，这些方面是大陆茶产业欠缺的，两岸茶产业互补性强，合作发展具有较大潜力。

四、不断拓宽两岸茶叶产业的合作领域

茶产业是一个涉及品种培育、生产、加工、分级、包装及销售等多个环节的综合产业。两岸应加快茶产业多个方面的合作。以包装环节为例，由于台湾创意文化产业相对发达，其对其他产业的渗透影响较为明显，台湾茶叶产品包装在创意文化产业影响之下，总体上呈现出精致美观、体现传统文化韵味的特点，同时茶叶产品包装设计不仅与茶叶品种、等级、档次密切相关，且十分实用，与大陆茶产品倾向于过度的夸张包装风格形成鲜明对比，其比较成熟的经验值得大陆茶产业学习借鉴。再以种植环节为例，台湾茶农和茶商为了提升茶产品的品质和口感，积极改良种植和栽培技术，在土壤中实施"豆浆浇灌"技术，提升了终端产品品质。再如，大陆"福建漳平台湾农民创业园"，台商和台农在园区内引进栽种大量樱花，与茶园形成互补观赏资源，打造了美丽乡村建设的样板，形成了茶产业与休闲观光农业融合发展的新模式。

第十二章　水产业

两岸水产业发展各具特色，台湾石斑鱼、秋刀鱼等水产品已经具有较好的市场空间，深受大陆消费者青睐。大陆水产品品种多样，产量相对较大。两岸加强水产业合作的互补性较强，台湾技术研发可以供大陆借鉴，大陆种质资源和市场空间可以为台湾水产业提供更多机遇，两岸水产业合作可以实现互惠共赢。

第一节　台湾水产业发展特征分析

一、台湾渔产品数量和产值均呈现明显波动上升趋势

如图 12-1 所示，1997—2014 年，台湾渔产品数量和产值均呈现明显波动上升趋势。1997 年，台湾渔产品数量达到 123.96 万吨，产值达到 974.31 亿元新台币，到 2014 年，台湾渔产品数量上升到 140.98 万吨，产值上升到 1049.62 亿元新台币，比 1997 年分别上升 13.73%和 7.73%。台湾渔产品占全部农产品产值的比例从 1997 年的 23.20%波动下降到 2014 年的 20.15%。

二、渔产品中，远洋渔业产品和内陆养殖业产值占比相对较大

台湾渔产品共分成远洋渔业、近海渔业、沿岸渔业、海面养殖、内陆渔捞业和内陆养殖渔业六大类。其中，这六大类渔产品中，远洋渔业渔产品产值占比较大。1997 年，远洋渔业渔产品达到 66.90 万吨，产值达到 438.28 亿元新台币，到 2014 年，远洋渔业渔产品数量保持大幅度增长，达到 89.90 万吨，比1997 年增长 34.38%。除远洋渔业外，内陆养殖业渔产品的数量相对较大，从

1997 年的 23.76 万吨上升到 2014 年的 31.21 万吨，上升幅度达到 31.35%，内陆养殖业的产值也呈现明显增长趋势，从 1997 年的 295.92 亿元新台币上升到 2014 年的 367.94 亿元新台币，上升幅度达到 24.34%，内陆养殖业渔产品产值占台湾全部农产品产值的比例呈小幅度上升，从 1997 年的 7.05%上升到 2014 年的 7.06%。

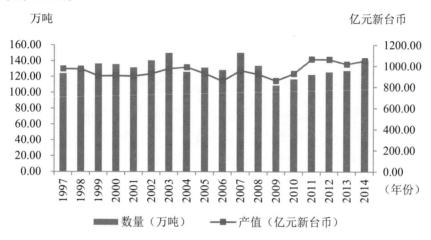

图 12-1　1997—2014 年台湾渔产品数量和产值变化趋势

资料来源：台湾"行政主管机关农业主管部门"，历年《农业统计年报》。

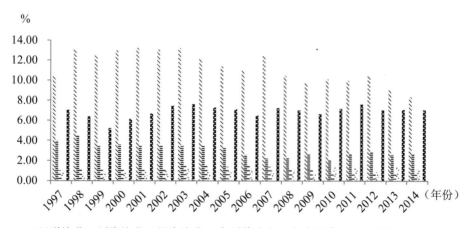

图 12-2　1997—2014 年台湾不同类别渔产品产值占全部农产品产值的比例

资料来源：台湾"行政主管机关农业主管部门"，历年《农业统计年报》。

如图 12-2 所示，台湾近海渔业、沿海渔业、海面养殖业和内陆渔捞业的渔产品的数量分别从 1997 年的 25.67 万吨、4.10 万吨、3.49 万吨和 44.4 吨下降到 2014 年的 13.99 万吨、2.94 万吨、2.93 万吨和 30 吨。海面养殖业渔产品的产值从 1997 年的 31.36 亿元新台币上升到 2014 年的 61.69 亿元新台币，而近海渔业、沿海渔业和内陆渔捞业的渔产品产值分别从 1997 年的 165.86 亿元新台币、42.56 亿元新台币和 3416.1 万元新台币下降到 2014 年的 142.76 亿元新台币、40.77 亿元新台币和 134.3 万元新台币。

三、台湾渔业主要分布在南部地区，其次为北部

从不同地区渔业渔产品数量和产值来看，南部地区是台湾渔业生产最主要地区。如表 12-1 所示，南部地区渔业渔产品数量从 1999 年的 56.20 万吨上升到 2014 年的 65.03 万吨，占全台湾数量的比重从 1999 年的 64.68%上升到 2014 年的 71.39%，产值从 1999 年的 302.39 万元新台币上升到 2014 年的 482.48 万元新台币，占全台湾渔产品产值的比重从 1999 年的 59.65%上升到 2014 年的 64.33%。在南部地区中，高雄市渔产品数量和产值所占比例均较大，1999 年高雄市渔产品数量达到 36.72 万吨，到 2014 年上升到 39.05 万吨，占全台湾数量的比重从 1999 年的 42.26%上升到 2014 年的 42.87%，产值从 1999 年的 111.82 万元新台币上升到 2014 年的 149.56 万元新台币，占全台湾渔产品产值的比重从 1999 年的 22.06%略下降到 2014 年的 19.94%。从产值来看，屏东县的产值也较大，从 1999 年的 81.72 万元新台币上升到 2014 年的 134.38 万元新台币，占全台湾产值的比例从 1999 年的 16.12%上升到 2014 年的 17.92%。

1999 年，台湾北部的渔产品数量达到 21.99 万吨，到 2014 年下降到 15.91 万吨，占全台湾渔产品数量的比重从 1999 年的 25.31%下降到 2014 年的 17.47%。但台湾北部渔产品的产值呈明显上升趋势，2014 年达到 173.10 万元新台币，比 1999 年上升 21.58%，但产值占全台湾渔产品产值的比重从 1999 年的 28.08%下降到 23.08%，相对而言依然保持较高的比例。

台湾中部、东部和金马地区渔产品数量和产值相对较小，所占比例也较小。2014 年，台湾中部渔产品数量占比达到 9.03%，产值占比达到 10.51%，东部数量占比 1.99%，产值仅占 1.8%，金马地区数量和产值占比相对更小，均不足 0.5%。

表 12-1 台湾渔业渔产品数量和产值地区变化（单位：吨、万元新台币）

地区	1999 年		2014 年	
	数量（吨）	产值（万元新台币）	数量（吨）	产值（万元新台币）
台湾北部	**219871.34**	**1423764.71**	**159139.31**	**1731041.93**
基隆市	57566.34	359438.11	71892.72	1018511.85
新北市	19325.24	315130.98	23426.89	170736.67
台北市				301.10
宜兰县	106115.79	415832.30	51490.11	377034.38
桃园县	10068.40	60301.79	1779.34	27824.54
新竹市	23232.80	265802.95	4507.32	78374.52
新竹县	3562.78	7258.58	6042.93	58258.88
台湾中部	**74520.46**	**527034.70**	**82212.95**	**788628.20**
苗栗县	2548.50	22994.70	1245.53	23285.56
彰化县	30451.46	219945.59	21630.00	179794.53
南投县	1088.65	12464.50	131.25	2263.11
云林县	37371.41	239634.96	57435.29	550825.53
台中市	3060.44	31994.95	1770.88	32459.47
台湾南部	**562005.51**	**3023896.44**	**650270.93**	**4824839.36**
嘉义市	0.50	2.65		
嘉义县	49067.22	466876.12	77377.09	849843.33
台南市	70536.93	426734.99	91578.65	982517.17
高雄市	367229.76	1118194.17	390520.71	1495607.82
屏东县	55261.30	817239.67	80785.50	1343804.79
澎湖县	19909.80	194848.85	10008.99	153066.24
台湾东部	**12481.29**	**95076.75**	**18137.75**	**134881.16**
台东县	9015.80	75963.53	7160.69	84964.44
花莲县	3465.49	19113.22	10977.06	49916.72
金马地区	**0**	**0**	**1149.96**	**21238.70**
金门县	—	—	404.63	7987.85
连江县	—	—	745.33	13250.85

四、台湾水产品出口数量不断增长，其中鱼类及其制品出口数量占比最高、软体类及其制品出口数量增幅较大

2001 年，台湾水产品出口 52.46 万吨，到 2014 年水产品出口数量达到 79.45万吨，比 2001 年增长 51.45%。从出口水产品种类来看，鱼类及其制品出口数量最大，占比最高。2001 年，台湾鱼类及其制品出口 45.70 万吨，占水产品出

口数量的 87.11%，到 2014 年，鱼类及其制品出口数量达到 64.97 万吨，但占水产品出口数量的比重下降到 81.77%。除鱼类及其制品外，软体类及其制品出口数量相对较多，2001 年台湾软体类及其制品出口 4.55 万吨，到 2014 年达到 12.69 万吨，增长幅度较大，比 2001 年增长 1.79 倍，软体类及其制品出口数量占水产品出口数量的比重从 2001 年的 8.67%上升到 2014 年的 15.96%。2014 年，甲壳类及其制品、饲料用鱼粉以及其他水产品的出口数量分别达到 2712 吨、1.15 万吨和 3750 吨，分别占台湾水产品出口数量的 0.34%、1.45%和 0.47%。

五、台湾水产品出口值保持增长趋势

台湾水产品出口值呈现明显上升趋势，从 2001 年的 11.61 亿美元上升到 2014 年的 18.70 亿美元，上升幅度达到 61.07%。从水产品内部结构来看，鱼类及其制品由于数量较大所以出口值相对更大，并且呈现上升趋势，从 2001 年的 10.23 亿美元上升到 2014 年的 16.37 亿美元，上升幅度达到 60.02%，占全部水产品出口值的比重从 2001 年的 88.11%略波动下降到 2014 年的 87.54%。软骨类及其制品出口值占全部水产品出口值的比重从 2001 年 5.79%上升到 2014 年的 8.02%。甲壳类及其制品、饲料用鱼粉出口值占全部水产品出口值的比重分别从 2001 年的 2.39%和 1.57%下降到 2014 年的 1.83%、1.31%。具体数值变化如图 12-3 所示。

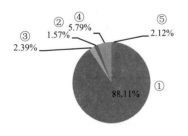

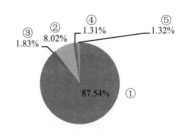

（1）2001 年　　　　　　　　（2）2014 年

图 12-3　2001 年与 2014 年台湾不同类别水产品出口值所占比例对比

六、台湾水产品进口数量保持小幅度增长趋势

总体而言，台湾水产品进口数量小于出口数量。2001 年，水产品进口数量达到 42.61 万吨，到 2014 年上升到 48.88 万吨，比 2001 年上升 14.71%。从不同品种的数量变化来看，与 2001 年相比较，只有饲料用鱼粉进口数量呈下降趋势，从 2001 年的 28.76 万吨下降到 2014 年的 16.13 万吨，下降幅度达到 43.92%，其他品种均保持进口增长趋势。鱼类及其制品、甲壳类及其制品、软骨类及其制品以及其他水产品进口数量分别从 1999 年的 6.80 万吨、2.56 万吨、1.13 万吨和 3.37 万吨，上升到 2014 年的 16.25 万吨、4.39 万吨、6.29 万吨和 5.83 万吨，其中软骨类及其制品进口数量上升幅度最大，达到 4.57 倍，鱼类及其制品进口数量上升幅度也较大，达到 1.39 倍。

七、台湾水产品进口值保持增长趋势

台湾水产品进口值保持较大幅度增长，如图 12-4 所示，从 1999 年的 5.05 亿美元上升到 2014 年的 13.53 亿美元，上升幅度达到 1.68 倍。其中，其他水产品、软骨类及其制品、鱼类及其制品上升幅度较大，分别从 1999 年的 4945.9 万美元、5035.1 万美元和 1.35 亿美元上升到 2014 年的 1.85 亿美元、1.87 亿美元和 4.89 亿美元，上升幅度分别达到 2.74 倍、2.71 倍和 2.62 倍。从不同水产品进口值占全部水产品进口值的比例变化来看，饲料用鱼粉进口值占比下降较快，从 2001 年的 30.27% 下降到 2014 年的 15.77%；甲壳类及其制品进口值占比呈现一定下降趋势，从 2001 年的 23.24% 下降到 2014 年的 20.54%；鱼类及其制品、软骨类及其制品、其他水产品进口值占比呈上升趋势，分别从 2001 年的 26.73% 和 9.97%、9.79% 上升到 2014 年的 36.17%、13.83%、13.68%。具体数值变化如图 12-4 所示。

八、台湾渔业产业组织发达健全，有效促进了渔业长期稳定发展，维护了渔民的利益

台湾渔业发展十分重视产业组织的培育与壮大。在台湾已经形成了农民专业组织——渔会，该组织是农民的专业团体组织，通过分工、协作等方式加强了渔民之间的联系，有效维护了渔民的权益，通过主管部门拨款支持，为渔民参与渔业发展提供了有力的组织保障。同时，除渔会、合作社外，台湾渔业还

存在大量的行业协会组织，如台湾饲料工业同业公会、台湾渔业永续发展协会、台湾区鲔鱼公会、台湾区远洋鲣鲔围网渔船鱼类输出业同业公会、台湾区鳗鱼发展基金会、财团法人台湾养殖渔业发展基金会等。这些行业组织的主要作用是在具体的渔业事务上在渔民和主管部门之间建立起沟通的桥梁，通过行业协会的工作，凝聚渔业产业发展的共识，提出突破产业发展瓶颈的方案和建议，在主管部门制定修订渔业政策上推动保障渔民利益，促进产业持续稳定发展。

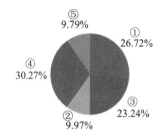

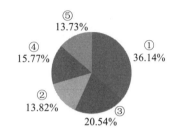

（1）2001 年　　　　　　　　　　　　（2）2014 年

图 12-4　2001 年与 2014 年台湾水产品不同类别水产品进口值所占比例对比

九、台湾渔业产业融合发展趋势明显

台湾休闲农业历来被两岸行政主管部门和学术界关注，其取得的成就非常值得大陆学习借鉴。台湾渔业发展的过程中，也充分吸收借鉴了休闲农业带来的新的发展思路，台湾在休闲渔业发展较快，成为渔业发展的新兴业态。台湾休闲渔业体现了产业融合发展的理念，有效地扩展了渔业产业价值链，为渔民就业和增收开辟了新的空间。台湾渔业融合发展主要体现在如下 4 点做法：一是强化渔业产品深加工，开发消费者青睐的渔业休闲食品，并通过现代营销手段扩大宣传，让消费者尝试新产品；二是开发优良的渔业生产基地、港口、海岸，发展渔业休闲观光产业，以住宿业、餐饮业、伴手礼与特色饰品加工业等其他产业为辅助，融合渔业观光旅游元素，促进渔业效益提升多元化发展；三是开发建设海洋公园、博物馆等公益性设施或基地，充分挖掘渔业的休闲功能，发挥渔业的娱乐性、教育性和生态保护性等多功能性，充分利用渔业生态价值，巩固提高渔业的生态效益；四是利用生物科技手段改造传统渔业，不断探索开发渔业产品的生物保健功能，开发现代消费者需求较高的化妆品、生物功能保健品、医药产品等，提高产业发展的科技含量，促进了渔业产业的转型升级。

第二节　大陆水产品生产与贸易特征

一、大陆渔业产值呈快速增长趋势，其占农林牧渔业总产值的比重波动上升

根据统计局数据，大陆渔业产值自 1995—2014 年呈现快速增长趋势，并继续拉开与台湾渔业产值规模的差距。如图 12-5 所示，1995 年，大陆渔业产值达到 1701.3 亿元，1996 年，大陆渔业产值达到 2020.4 亿元，是台湾渔业产值的 10.38 倍。2014 年大陆渔业总产值上升到 10334.26 亿元，是台湾渔业产值的 49.28 倍，比 1995 年增长 5.07 倍，增长幅度高于大陆农林牧渔业总产值增长幅度，也高于农业、牧业和林业产值的增长幅度。大陆渔业产值占农林牧渔业总产值的比例从 1995 年的 8.36% 波动上升到 2014 年的 10.11%，而台湾渔业产值占农林牧渔业总产值的比例变化方向与大陆相反，呈下降趋势，从 1996 年的 23.2% 略下降到 2014 年的 20.15%。

二、大陆水产品总产量不断提升，台湾与大陆水产品产量的差距日趋扩大

大陆水产品总产量不断上升，台湾的水产品产量与大陆水产品产量的差距在扩大。根据《中国统计年鉴》，1995 年，大陆水产品总产量达到 2517.18 万吨，1996 年达到 3288.1 万吨。2014 年，大陆水产品总产量上升到 6461.52 万吨，是台湾水产品产量的 45.83 倍。如图 12-6 所示。

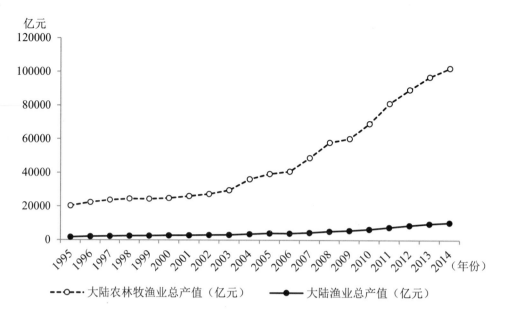

图 12-5　1995—2014 年大陆渔业总产值及与农林牧渔业总产值比较

资料来源：国家统计局历年《中国统计年鉴》。

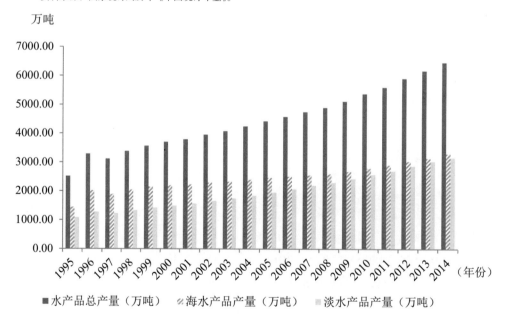

图 12-6　1995—2014 年大陆渔业水产品产量变化趋势（单位：万吨）

资料来源：国家统计局历年《中国统计年鉴》。

从大陆水产品结构来看，水产品主要分为海水产品和淡水产品两类。其中，海水产品产量相对更大，大陆海水产品产量从 1995 年的 1439.12 万吨上升到 2014 年的 3295.58 万吨，上升幅度达到 1.29 倍，占比从 1995 年的 57.17%波动下降到 2014 年的 51.01%，淡水产品产量从 1995 年的 1078.05 万吨上升到 2014 年的 3169.47 万吨，上升幅度达到 1.94 倍，占比从 1995 年的 42.83%上升到 2014 年的 48.99%。在海水产品中，天然生产海水产品产量占比不断下降，人工养殖海水产品产量占比不断上升，2014 年，天然生产海水产品产量和人工养殖海水产品产量分别达到 1483.57 万吨和 1812.65 万吨，产量占大陆全部水产品的比重分别达到 22.96%和 28.05%。在淡水产品中，天然生产淡水产品产量和人工养殖淡水产品产量都呈现明显的上升趋势，2014 年，天然生产淡水产品产量、人工养殖淡水产品产量分别达到 229.54 万吨和 2935.76 万吨，分别比 1995 年提高 67.19%和 2.12 倍，其中，人工养殖淡水产品产量占比相对较大，2014 年天然生产淡水产品、人工养殖淡水产品产量占大陆全部水产品的比重分别达到 3.55%和 45.43%。

三、大陆水产品进出口贸易保持增长趋势，连续保持顺差状态

大陆水产品贸易保持较快的增长趋势，《中国统计年鉴》数据显示，进出口量从 2002 年的 457.60 万吨上升到 2015 年的 814.16 万吨，年均增长 4.53%，进出口额从 2002 年的 69.60 亿美元上升到 2015 年的 293.15 亿美元，年均增长幅度达到 11.70%。根据海关数据统计，2015 年大陆水产品出口量达到 406.03 万吨，比 2002 年增长 94.74%，平均每年增幅达到 5.26%；2015 年大陆水产品出口额达到 203.33 亿美元，比 2002 年增长 3.34 倍，年均增长 11.94%。大陆水产品进口量从 2002 年的 249.10 万吨上升到 2015 年的 408.13 万吨，年均增长 3.87%，水产品进口额从 2002 年的 22.70 亿美元上升到 2015 年的 89.82 亿美元，年均增长 11.16%。大陆连续多年保持水产品贸易的顺差状态，贸易顺差呈扩大趋势，从 2002 年的 24.2 亿美元上升到 2015 年的 113.51 亿美元，增长幅度达到 3.69 倍，年均增长 12.62%。

四、两岸水产品贸易规模不断扩大，台湾对大陆水产品贸易从逆差转变为顺差

1995—2015 年的两岸水产品贸易数据显示，两岸水产品贸易规模不断上升。

根据台湾农业主管部门统计数据，两岸水产品贸易从 1995 年的 2765.3 万美元上升到 2015 年的 4.33 亿美元，规模扩大 14.66 倍。一方面，台湾对大陆的水产品出口量和出口金额不断扩大。1995 年，台湾对大陆水产品出口不足 1 吨，出口金额仅为 0.4 万美元，到 2015 年，台湾对大陆水产品出口达到 15.80 万吨，出口金额上升到 2.36 亿美元，远远超过了 1995 年的水平。另一方面，台湾从大陆进口水产品的数量不断增长，1995 年台湾从大陆进口水产品 1.37 万吨，进口金额达到 2764.9 万美元，到 2015 年，进口数量激增到 7.60 万吨，进口金额上升到 1.97 亿美元，进口数量比 1995 年增长 4.55 倍，进口金额比 1995 年增长 6.13 倍，具体变化如图 12-7 所示。大多数年份台湾从大陆进口水产品数量高于对大陆出口数量，2013—2015 年，台湾对大陆水产品出口数量超过了从大陆进口数量。1995—2011 年，台湾对大陆水产品贸易呈逆差状态，2012—2015 年，台湾对大陆水产品贸易呈顺差状态，主要是台湾对大陆水产品出口数量增长导致。

总体而言，台湾水产品按照精致农业思路发展，水产品平均价值相对较高。两岸水产品贸易早期，台湾向大陆出口水产鱼苗数量较大。台湾对大陆出口的软体水产及其制品数量增长迅速，出口数量占比维持在 30%～80% 之间，2014 年和 2015 年，台湾对大陆软体水产及其制品出口数量分别达到 4.78 万吨和 7.39 万吨，分别占对大陆全部水产品出口数量的 38.37% 和 46.77%。台湾对大陆出口鱼类及其制品数量呈波动上升趋势变化，1996 年仅向大陆出口 1 吨鱼类及其制品，到 2015 年出口数量已经超过 8 万吨，出口数量占比波动上升，2011—2013 年占比连续 3 年保持 80% 以上，2015 年占比达到 51.88%，台湾向大陆出口的其他水产品数量和占比也相对较高。从目前台湾从大陆进口水产品的数量、结构来看，最主要进口的是鱼类及其制品，2015 年从大陆进口 2.80 万吨，进口数量占比达到 36.84%，其次是其他水产品、软体类及其制品、甲壳类及其制品，2015 年分别从大陆进口 1.82 万吨、1.57 万吨和 1.30 万吨，进口数量占比分别达到 23.95%、20.66% 和 17.11%。

从台湾向大陆出口的鱼类及其制品来看，最主要出口的两类鱼是秋刀鱼和石斑鱼。2012 年，台湾向大陆出口的秋刀鱼突破 2 万吨，达到 2.44 万吨，出口金额超过 1429.6 万美元，到 2015 年出口数量已经突破 4 万吨，出口金额上涨到 2467.6 万美元。从 2010 年开始，台湾对大陆出口石斑鱼的数量开始迅速增长，到 2015 年，台湾向大陆出口石斑鱼的数量达到 1.35 万吨，出口金额达到

1.22 亿美元，分别比 2010 年增长 2.25 倍和 1.91 倍。

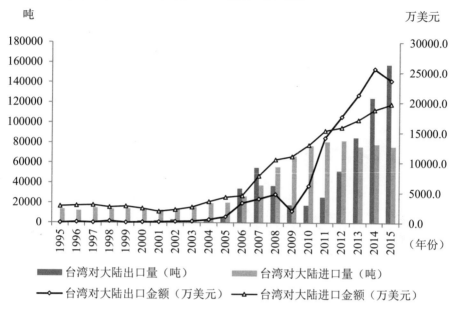

图 12-7　1995—2015 年两岸水产品贸易变化趋势

资料来源：台湾"行政主管机关农业主管部门"农业统计查询系统. http://agrstat.coa.gov.tw。

　　五、大陆人均水产品消费量不断增长，为两岸水产业合作奠定了市场基础

　　从国家统计局数据来看，大陆 1995—2015 年随着城乡居民收入增长，对水产品的消费呈现较快的增长幅度。如图 12-8 所示，对于大陆城镇居民，人均购买水产品的数量从 1995 年的 9.2 千克上升到 2014 年的 14.4 千克，增长幅度达到 56.52%。对于大陆农村居民，人均水产品消费量从 1995 年的 3.4 千克上升到 2014 年的 6.8 千克，增长幅度恰好达到 1 倍。从两岸人均水产品消费量比较来看，台湾明显高于大陆人均消费水平，且台湾人均水产品消费量呈现上升趋势，2014 年达到 36.67 千克，比 2005 年增长 20.05%，是大陆城镇居民人均水产品消费量的 2.55 倍、是大陆农村居民人均水产品消费量的 5.39 倍。可以预测大陆人均水产品消费量具有较大的增长空间，大陆与台湾开展合作大力发展渔业和水产养殖业具有较强的市场前景。

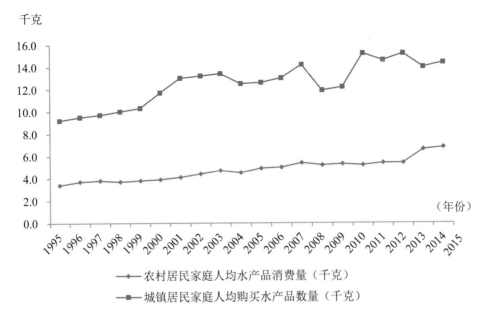

千克

图 12-8　1995-2014 年大陆城镇居民和农村居民水产品消费量变化

资料来源：国家统计局历年《中国统计年鉴》。

第三节　加强两岸水产业合作的政策建议

一、开展两岸水产品质量安全合作

水产品质量安全一直以来是消费者和公众关注的焦点，提升水产品质量安全水平是促进两岸水产养殖业发展的重要内容。2009 年，福建省出入境检验检疫协会与台湾两岸安全水产委员会共同签署了《闽台水产品质量安全信息交流备忘录》，这份备忘录成为海峡两岸签署的首份涉台检验检疫工作合作备忘录，为加强两岸水产品质量安全合作开启了良好开端。两岸应从备忘录出发，进一步加强两岸监管部门的沟通与联系，及时向对方提供关于水产品贸易检验检疫政策法规以及检验标准等新的动态信息，及时发现危害两岸水产品贸易和水产养殖业的质量安全因素和事件。与此同时，两岸应将水产品质量安全问题从监管环节扩展到生产端，从政府部门扩展到两岸专家、学者、专业人士、产业组织等其他个人和机构，通过交流、互访、培训等方式可以围绕水产品质量安全的问题进行深入交流，通过协作的方式提出合理的解决方案，采取有效的预警和风险防范措施。

二、两岸应加快水产疫苗研发合作

两岸水产业高级层次合作应当在产业的研发一端。随着两岸经贸关系的稳步发展，两岸经济合作更加紧密，在这样的背景之下，两岸水产业合作必然能够赢得更多的市场契机和利润空间，加快两岸水产业研发合作是引领水产业长久发展的重要措施。台湾在水产业上具有较强的研发能力，突出体现在水产疫苗研发水平较高，具有领先的技术水平，其人才资源和设施资源比较丰富，大陆与台湾加强水产疫苗开发合作，将有利于推动大陆水产养殖业总体发展水平。目前大陆水产业存在较多的抗生素问题干扰，产业发展的稳定性受到较大影响，急需通过推广水产疫苗的方式加以改造升级，实现大陆水产业的健康持续发展。

三、两岸渔业应加强合作，共同化解渔业面临的困境

长期以来，两岸渔业都曾经呈现出粗放式发展的态势，渔业过度捕捞的后果是渔业资源严重减少，导致渔业可持续发展能力下降，探索渔业资源的合理开发已经摆在两岸从业人员的面前。两岸已经开始加强合作，从渔业长期发展的战略高度，利用科技手段，开发新的发展模式，例如，探索建立生态养殖基地，实施混合立体养殖系统，将水产养殖、环境保护和生态维护有机兼顾起来，既保证了产业稳定发展，又使得渔业发展对海洋生态环境变得友好。同时两岸加强从业人员技术教育和培训合作，提升两岸渔业从业人员的综合素质，规范捕捞、养殖操作技术，合理开发利用海洋渔业资源，推动两岸共同走出一条现代化海洋渔业发展道路。

四、两岸应加强休闲渔业和美丽渔村建设

从现代渔业发展的理念来看，渔业的多功能性得到开发利用，特别是渔业的生态性应得到普遍的认可和重视。发展生态渔业能够促进渔业现代化转型升级，促进各地开展休闲渔业、观光渔业，打造美丽渔村。台湾在休闲农业发展的同时也十分重视休闲渔业的发展，纷纷成立各种协会和农民组织，专门探讨

发展休闲渔业，并取得丰富的经验，这些经验非常值得当前大陆学习，推动渔业现代化发展。发展休闲渔业和建设美丽渔村，延伸了渔业的产业链和价值链，扩大了渔民增收空间并保护了生态环境，实现了产业发展和生态的有机统一。两岸应当围绕休闲渔业和美丽渔村建设加强专家学者交流、渔民专业组织协会交流和基层渔民交流，鼓励支持大陆基层渔民、行业组织和政府部门管理人员到台湾学习考察，推动大陆休闲渔业和美丽渔村建设快速发展。

第十三章　生猪产业①

近年来，随着两岸关系日益活络，两岸农业产业合作进一步强化。在台湾畜牧业中，生猪产业所占比重最大，台湾畜牧业产值的 44.32% 是由生猪产业支撑实现的，大陆生猪产业在畜牧业中所占比重也最大，受到关注最多。两岸生猪产业都在畜牧业中占据重要地位，且呈现资源和技术优势互补的特点，具有较强的合作潜力。

第一节　两岸生猪产业发展现状

一、两岸生猪产业现状

大陆生猪存栏数量居世界首位。自 20 世纪 80 年代开始，大陆生猪产业发展迅速，取得了年产 5000 多万吨猪肉产量的成绩。政府积极出台促进生猪养殖规模化、标准化的政策，有效提升了生猪产业发展质量，提高了养殖户收入水平，稳定了猪肉产品市场供给。近年来，大陆生猪产业发展呈现如下两点特征。第一，大陆生猪年底存栏、出栏呈现波动上升态势。1978 年，大陆生猪年底存栏 30128.5 万头，出栏 16058.7 万头。2013 年，大陆生猪年底存栏 47411 万头，比 1978 年上升了 57.36%，出栏 55563.1 万头，比 1978 年上升了 2.46 倍。第二，大陆猪肉产量保持连续上升趋势，但猪肉产量占全部肉类产量的比重呈下降趋势。1980 年，大陆全部肉类产量为 1205.4 万吨，其中猪肉产量 1134.07 万吨，占 94.08%，猪肉是大陆当时最主要的肉类供给来源。到 2013 年，大陆全

---

① 本章已经发表在《中国畜牧杂志》2015 年第 14 期上，《两岸生猪产业发展比较及合作潜力分析》，作者分别为周向阳、沈辰、丁丽娜。

部肉类产量 8535.02 万吨，其中猪肉产量 5493.03 万吨，比 1980 年增长了 3.84 倍，猪肉产量占全部肉类产量的比重却下降至 64.36%。

二、台湾生猪产业现状

2013 年，台湾生猪产业产值 664.63 亿元新台币，占台湾农业产值的 13.77%，占畜产品产值的 44.32%[①]。台湾生猪产业呈现如下 5 点特征。一是生猪养殖场（户）数量持续减少。1990 年，台湾生猪养殖场（户）4.7 万个，到 2013 年减少到 8557 个，比 1990 年减少了 3.84 万个。二是生猪存栏数量持续下降，单个养猪场的存栏规模持续上升。1990—1997 年，台湾生猪年底存栏数量保持在年均 800 万头以上，2013 年台湾存栏数量下降到 580.62 万头。1990 年，台湾生猪单个养殖场年底存栏数量平均为 181 头，2013 年平均为 679 头，比 1990 年增加 2.75 倍。三是台湾母猪存栏数量呈波动下降趋势。1990—1996 年，母猪年底存栏数量波动上升，到 1996 年，母猪年底存栏达到该时期的最高峰值 145 万头，1997 年台湾爆发大规模口蹄疫，母猪年底存栏下降。2013 年，台湾母猪年底存栏数量下降到 60.48 万头。四是肉猪存栏呈波动下降趋势。1990 年台湾肉猪年底存栏数量为 611.72 万头，2013 年肉猪年底存栏数量下降到 437.16 万头。五是生猪出栏活体重量呈波动下降趋势。1990 年台湾生猪出栏活体重量达到 122.42 万吨，2013 年下降到 103.64 万吨，比 1990 年下降 15.34%[②]。

第二节　两岸生猪产业优劣势探讨与合作潜力分析

一、两岸生猪产业的优势

（一）大陆生猪产业优势

大陆生猪产业具有如下两个方面的优势。第一，大陆生猪品种资源丰富。

---

① 台湾"财团法人畜产会". 2013 台湾养猪统计手册 [EB/OL]. http://www.naif.org.tw/upload/238/20141103_153131.96748.pdf. 2014-12-24.

② 台湾"行政院主管机关农业主管部门". 农业统计年报（2013 年）[EB/OL]. http://agrstat.coa.gov.tw/sdweb/public/ book/Book.aspx. 2014-07-07.

大陆幅员辽阔，拥有众多地方猪品种，猪种资源最丰富，为世界之首。据大陆品种资源调查及 2001 年"国家畜禽品种审定委员会"审核（《中国畜禽遗传资源状况》，2004 版），大陆现有猪种遗传资源 99 个，其中地方品种 72 个、培育品种 19 个、引入品种 8 个。从生猪育种的发展历史看，当前世界上著名的英国巴克夏猪、约克夏猪，美国的波中猪，以及早期的罗马猪，都是引自中国大陆生猪品种育成。相比之下，台湾岛内生猪品种大部分属于华南型，品种相对单一。其中，桃园种生猪和台湾小型黑毛种（也称迷你猪、兰屿猪）是两种本地特有生猪品种①，但从来源看，这两个品种来自大陆。第二，大陆积极推动生猪育种工作，为加强两岸合作育种提供了坚实基础。2009 年，出台《全国生猪遗传改良计划 2009—2020》，2010 年又出台该计划的《实施方案》。2012 年，大陆按照《国家生猪核心育种场遴选标准（试行）》已遴选出 50 家企业为国家级生猪核心育种场，已形成纯种基础母猪存栏达 10 万头的国家生猪核心育种群。最近几年，还通过加大从丹麦、加拿大、美国、法国等国家引种的力度来增强生猪育种技术能力，目前大陆每年从国外引进种猪 5000～10 000 头，引种费用超过 1000 万美元，引进品种包括大白、长白和杜洛克等②。

（二）台湾生猪产业优势

台湾生猪产业育种优势体现在如下三个方面。第一，台湾生猪育种起步较早。1898 年，台湾就从岛外引进 7 头巴克夏种公猪，与本岛桃园猪进行杂交繁育。1959 年后，台湾陆续引进杜洛克等品种改良。1975 年，台湾探索三品种杂交育种模式。从育成的品种来看，桃园猪、美浓猪、兰屿小耳猪、定生溪猪、小型长鼻猪和大型长鼻猪 6 个品种在台湾具有较高的知名度，其中桃园猪品质最好，数量最多③。目前，台湾总体上形成了以桃园猪为主，以具有本岛特征的台湾蓝瑞斯、台湾约克夏、台湾杜洛克品种为辅的品种饲养格局。第二，产业形成了较强的品种培育改良能力。台湾"畜产试验所"专门负责品种繁育改良技术研发。该所科研实力雄厚，人才队伍建设良好、科研成果较多，形成一批代表性生猪繁育技术，如猪冷冻精液制作技术、"高畜黑猪"种猪繁殖选育技术、

---

① 台湾"行政主管机关农业主管部门". 台湾养猪产业的发展[EB/OL].http://kmweb.coa.gov.tw/subject/ct.asp?xItem=111690&ctNode=3810&mp=259&kpi=0&hashid=. 2014-07-20.

② 农业部，农业部办公厅关于印发《全国生猪遗传改良计划（2009—2020）》的通知[EB/OL].http://www.moa.gov.cn/zwllm/ghjh/200908/t20090806_1327041.htm. 2014-07-20.

③ 台湾"财团法人畜会". 种猪产业现况[EB/OL]. http://www.naif.org.tw/industrialList.aspx?frontTitleMenuID=12. 2014-07-20.

台湾种猪多产基因检测技术等[①]。第三，台湾不断扩大种猪进口改良品种。根据台湾"关税总局"统计，2004—2013年，台湾从全球引进种猪数量从84头上升到178头，其中2010年为引进种猪数量最高年份，为470头[②]。

台湾生猪产业还在技术和制度上具有优势。台湾"畜产试验所"通过加强繁育技术、饲养技术、加工技术、环境与废弃物治理技术、经营技术的研发为生猪产业提供支撑和帮助。台湾生猪产业已建立科学、规范的产销履历制度，该制度是"吉园圃"（即台湾良好农业规范实施及验证，Good Agriculture Practice，英文缩写为 GAP）与"履历追溯体系"两个制度的融合[③]，不仅保护了消费者权益，还在一定程度上体现了生产者不同的经营价值，为生产者建立了信誉和品牌。

二、两岸生猪产业劣势比较

（一）大陆生猪产业劣势

大陆生猪产业劣势主要体现在两个方面。一是大陆生猪产业质量安全可追溯体系尚须完善。随着消费者对猪肉产品质量安全的重视，大陆积极推动可追溯体系建设，但由于该体系构建起步较晚，还存在很多不足。二是大陆生猪屠宰、肉类加工及冷冻运输技术需要进一步更新升级。大陆猪肉屠宰加工技术仍然面临产品口感差、半熟制品相对过高、预制品相对较低等问题。

（二）台湾生猪产业劣势

台湾生猪产业劣势主要体现在三个方面。一是生猪饲料供给不足、过度依赖进口。我国台湾生猪产业的饲料大约90%从岛外进口，来源国主要是美国。根据台湾有关部门统计，2003—2012年，台湾大宗谷物进口一直维持较高水平，平均每年进口837万吨。其中，玉米是最主要的进口谷物，每年平均进口450万吨，玉米在台湾进口谷物中所占比重平均每年保持在54%左右。2003—2012年，受小麦进口数量增长的影响，玉米进口数量有所下降，2012年玉米进口数量达到438万吨，比2003年下降13.70%，小麦进口数量在2012年达到最高水

---

① 台湾"行政主管机关农业主管部门畜产试验所". 技术移转公告 [EB/OL].http://www.tlri.gov.tw/page. aspx?path=117. 2014-07-20.

② 台湾畜产种源咨询网. 台湾地区种猪场猪种介绍[EB/OL].http://www.angrin.tlri.gov.tw/indexi.htm. 2014-07-20.

③ 台湾农产品安全追溯资讯网 TAFT. 什么是产销履历[EB/OL].http://taft.coa.gov.tw/ct.asp?xItem=4&Ct Node=296&role=C. 2014-07-20.

平 138.1 万吨。二是台湾生猪饲养密度高，口蹄疫疾病风险仍然存在。台湾地处亚热带地区，生猪产业饲养密度较大，养殖场相对集聚，生猪疫病防控难度较大。台湾曾多次爆发生猪重大疫病，严重威胁产业健康发展。特别是1997年台湾爆发口蹄疫，生猪产业受到前所未有的冲击。三是废弃物处理易引发居民环境保护抗争。台湾生猪产业虽然在废弃物处理上较为普遍地采用了各种先进技术，但养殖过程中废弃物、废水处理仍会产生臭味。由于台湾养殖场与居民住宅区之间的距离较短，养殖场臭味干扰附近居民生活，引发居民环境保护抗争，对生猪产业持续发展不利①。

三、两岸生猪产业合作潜力分析

从大陆方面来看，加强合作将有利于推动生猪产业升级。第一，大陆在饲养管理技术上与台湾还存在差距，可以借鉴台湾经验，提高饲养管理的精细化程度，如引入农户养殖经营管理软件技术、实用繁育技术等。第二，大陆猪肉及制品消费升级，须向台湾学习并引进先进肉制品加工技术，承接台湾技术转移，共同推动两岸生猪产业在全价值链上深度合作。第三，大陆可借鉴台湾产销履历制度经验，促进农户加入猪肉追溯体系，解决猪肉食品质量安全存在的各种关键问题。

从台湾方面来看，加强合作将有利于台湾生猪产业育种水平提升，有利于猪肉及制品市场开拓。第一，大陆可以成为台湾引进品种的重要来源地，台湾可以通过两岸科技领域合作，优先搭借大陆品种资源丰富的有利条件，夯实台湾种猪研发工作。第二，大陆消费者众多，为台湾生猪产业提供庞大的市场。台湾可凭借猪肉品质改良、猪肉制品加工技术上的优势，面向大陆市场开发高端优质农产品，出口大陆，共享市场盈利。

---

① 台湾养猪产业之问题与对策[EB/OL]. kdais.coa.gov.tw/htmlarea_file/web_articles/kdais/1697/26-4-04.txt. 2014-12-26.

第三节　促进两岸生猪产业深入合作的政策建议

一、两岸应加强生猪产业科技领域合作，形成符合实际的技术合作模式

两岸可以对生猪产业科技的最新发展动态进行广泛交流，共同追踪世界生猪产业科技发展前沿，鼓励两岸科研院所、高等院校和种畜场等单位实施合作项目。大陆应借鉴台湾生猪繁育体系运行机制和经验，创新育种方法，改进改良方案，突破关键性技术瓶颈，提升育种水平。通过两岸产业合作，探索合作研发生猪重大疫病疫苗，共同建立应对生猪产业疫病防控机制，充分挖掘两岸共同联合科技攻关潜力。

二、两岸应加强生猪产业上下游产品的贸易往来，形成全产业链贸易格局

台湾生猪产业发展受动物疫病影响较大时，出口就会停顿骤减。台湾在克服疫病对产业发展带来负面影响的同时，应当加强与大陆的合作，探讨就生猪产业上下游环节开展贸易的可能性和必要性，扩大贸易价值范围。一是要改善当前两岸检验检疫标准不统一的局面，缩小两岸质量检验标准的差距，促进两岸猪肉制品贸易更加顺畅。二是要探索两岸种用公猪精液、种用动物的交往或贸易途径，将两岸种猪产业的产品与服务纳入贸易范围。三是要优化两岸猪肉食品加工行业的资源配置，开发满足消费者口味的不同增值产品，促进两岸猪肉制品及食品贸易的发展。

三、发挥大陆比较优势，承接台湾生猪产业或直接吸引台湾农民来大陆发展生猪产业

受饲料过度依赖进口等因素影响，台湾生猪养殖成本逐渐攀高，产业竞争力有下滑趋势，大陆幅员辽阔，与台湾在生猪产业存在对接潜力的省份较多，如海南、广西、四川、江西和福建等。可以吸引台湾资金和台湾农民来大陆进

行投资建场或创业，探讨大陆承接台湾部分生猪产业生产任务，再通过贸易方式将猪肉及制品销回岛内的可行性，探讨台湾高端猪肉及制品在大陆生产销售。同时，大陆还可将台商投资或台湾农民创办的生猪养殖场作为先进技术推广示范点，促进当地生猪产业现代化。

第十四章　甘蔗产业

第一节　台湾甘蔗产业发展特征

台湾甘蔗分为两种类型，一是制糖甘蔗，二是鲜食甘蔗。下面针对两种甘蔗的生产及贸易情况加以总结，即台湾甘蔗产业的发展特征。

一、制糖甘蔗种植面积和收获面积所占比重较大，鲜食甘蔗所占比重较小

台湾制糖甘蔗的种植面积和收获面积均随时间推移呈下降趋势，如图 14-1 所示。1990 年，台湾制糖甘蔗种植面积达到 6.59 万公顷，到 2014 年下降到 8635 公顷，比 1990 年下降 86.90%，收获面积随之从 1990 年的 6.55 万公顷下降到 2014 年的 7442 公顷，下降幅度超过了种植面积的下降幅度，达到 88.64%。与此同时，台湾制糖甘蔗种植面积占全部甘蔗种植面积的比重没有大的变化，仅从 1990 年的 95.31% 略下降到 2014 年的 94.10%，收获面积从 1990 年的 95.31% 略下降到 2014 年的 93.75%。

台湾鲜食甘蔗种植面积和收获面积所占比重均较小，分别从 1990 年的 4.69% 和 4.66% 略上升到 2014 年的 5.90% 和 5.40%。从绝对值来看，鲜食甘蔗种植面积和收获面积均呈明显下降趋势，分别从 1990 年的 3242 公顷和 3222 公顷下降到 2014 年的 541 公顷和 496 公顷，下降幅度分别达到 83.3% 和 84.61%。

公顷

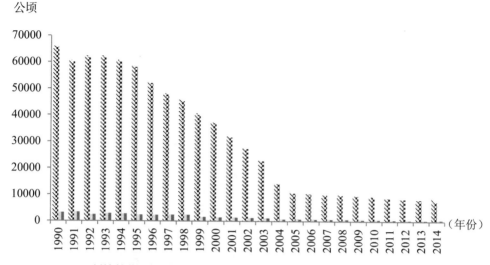

图 14-1　1990—2014 年台湾制糖甘蔗和鲜食甘蔗种植面积与收获面积变化趋势

资料来源：台湾"行政主管机关农业主管部门"，历年《农业统计年报》。

二、制糖甘蔗和鲜食甘蔗产量均呈大幅度下降趋势

　　台湾制糖甘蔗产量随着种植面积大幅度下降而下降，如图 14-2 所示。从1990 年的 558.10 万吨下降到 2014 年的 50.27 万吨，下降幅度达到 90.99%。就制糖甘蔗的产糖量而言，台湾制糖甘蔗的产糖量也呈现大幅度下降的趋势，从1990 年的 47.91 万吨下降到 2014 年的 4.77 万吨，下降幅度达到 90.04%。台湾鲜食甘蔗的产量从 1990 年的 25.00 万吨下降到 2014 年的 3.95 万吨，下降幅度达到 84.2%，比制糖甘蔗产量下降幅度略小。

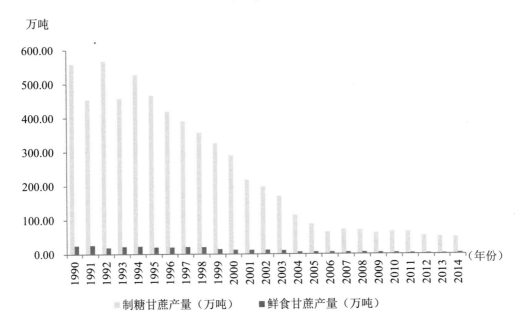

万吨

■制糖甘蔗产量（万吨）　■鲜食甘蔗产量（万吨）

图 14-2　1990—2014 年台湾制糖甘蔗和鲜食甘蔗产量变化趋势

三、大多数年份台湾鲜食甘蔗单产水平要高于制糖甘蔗

1990—2014 年，除了 1990 年、1992 年、1994 年和 2011 年之外，其他年份中，台湾制糖甘蔗的单产水平要低于鲜食甘蔗的单产水平。如表 14-1 所示，1991 年，台湾鲜食甘蔗单产水平为 76.69 吨/公顷，制糖甘蔗单产水平为 75.60吨/公顷，比鲜食甘蔗单产水平低 1.09 吨/公顷。到 2014 年，制糖甘蔗单产水平波动下降到 67.55 吨/公顷，鲜食甘蔗单产水平波动上升到 79.58 吨/公顷，比制糖甘蔗单产水平高出 12.03 吨/公顷，制糖甘蔗单产水平和鲜食甘蔗单产水平的差距呈扩大趋势。

表 14-1　1990—2014 年台湾制糖甘蔗和鲜食甘蔗单产水平变化趋势（单位：吨/公顷）

年份	制糖甘蔗单产	鲜食甘蔗单产	年份	制糖甘蔗单产	鲜食甘蔗单产
1990	85.27	77.61	2003	74.50	90.52
1991	75.60	76.69	2004	80.03	84.55
1992	91.93	77.56	2005	82.62	82.97
1993	74.07	77.82	2006	63.50	86.81
1994	87.74	82.06	2007	72.73	81.97

年份	制糖甘蔗单产	鲜食甘蔗单产	年份	制糖甘蔗单产	鲜食甘蔗单产
1995	80.20	82.42	2008	72.12	81.57
1996	81.21	84.05	2009	64.51	84.29
1997	81.67	86.27	2010	72.11	79.11
1998	78.61	87.75	2011	74.94	73.87
1999	81.34	93.29	2012	65.99	80.41
2000	78.30	85.94	2013	62.53	76.42
2001	68.92	89.53	2014	67.55	79.58
2002	72.20	96.96			

资料来源：台湾"行政主管机关农业主管部门"，历年《农业统计年报》。

四、台湾制糖甘蔗生产主要分布在南部和中部，中部产量占比下降，南部产量占比上升

从表14-2统计数据可以看出，台湾北部不生产制糖甘蔗，台湾东部地区甘蔗生产萎缩，到2014年东部已经不再生产制糖甘蔗。台湾制糖甘蔗主要分布在南部和中部，其中南部地区种植面积和产量占比均在上升。1999年，台湾南部制糖甘蔗种植面积和收获面积分别达到2.61万公顷和2.56万公顷，到2014年种植面积和收获面积分别下降到4679公顷和4022公顷，比1999年分别下降82.07%和84.29%，种植面积和收获面积占台湾制糖甘蔗种植面积和收获面积的比例分别从1999年的64.60%和64%下降到2014年的54.19%和54.04%。台湾南部制糖甘蔗产量从1999年的204.60万吨下降到2014年的25.03万吨，已经低于中部地区产量，下降幅度达到87.77%，南部地区产量占台湾制糖甘蔗产量的比例从1999年的62.84%下降到2014年的49.79%。

台湾中部地区种植面积和产量占比均上升。1999年，台湾中部地区制糖甘蔗种植面积达到1.18万公顷，收获面积达到1.16万公顷，制糖甘蔗产量101.37万吨，到2014年，中部地区制糖甘蔗种植面积下降到3956公顷，收获面积下降到3420公顷，分别比1999年下降66.47%和70.52%，产量下降到25.24万吨，比1999年下降75.10%。从占比变化来看，台湾中部制糖甘蔗种植面积、收获面积占台湾制糖甘蔗种植面积、收获面积的比例分别从1999年的29.21%

和 29%上升到 2014 年的 45.81%和 45.96%，产量占比从 1999 年的 31.14%上升到 2014 年的 50.20%。

表 14-2　1999—2014 年台湾制糖甘蔗种植面积、收获面积和产量变化趋势

地区	1999 年			2014 年		
	种植面积（公顷）	收获面积（公顷）	产量（吨）	种植面积（公顷）	收获面积（公顷）	产量（吨）
台湾北部	**0**	**0**	**0**	**0**	**0**	**0**
新北市	0	0	0	—	—	—
台北市	0	—	—	—	—	—
宜兰县	0	0	0	—	—	—
桃园县	0	0	0	—	—	—
新竹县	0	0	0	—	—	—
基隆市	0	0	0	—	—	—
新竹市	0	0	0	—	—	—
台湾中部	**11769**	**11646**	**1013682**	**3956**	**3420**	**252367**
苗栗县	24	24	1655	—	—	—
彰化县	3228	3209	290054	1068	957	69622
南投县	4	4	190	—	—	—
云林县	7092	7013	610958	2888	2463	182745
台中市	1420	1396	110824	—	—	—
台湾南部	**26087**	**25590**	**2046030**	**4679**	**4022**	**250339**
嘉义县	7227	7003	579854	2930	2522	146428
嘉义市	16	15	1450	—	—	—
台南市	8705	8623	723414	1709	1466	100516
高雄市	4211	4067	292046	40	34	3395
屏东县	5927	5882	449265	—	—	—
澎湖县	0	0	0	—	—	—
台湾东部	**2854**	**2792**	**196071**	**0**	**0**	**0**
台东县	0	0	0	—	—	—
花莲县	2854	2792	196071	—	—	—

资料来源：台湾"行政主管机关农业主管部门"，历年《农业统计年报》。

注："—"表示没有统计数据。

五、台湾鲜食甘蔗生产主要分布在台湾中部地区，南部地区种植面积和产量占比有所上升

从各地区产量情况来看，台湾鲜食甘蔗主要分布在台湾中部地区。如表 14-3 所示，1999 年，台湾中部鲜食甘蔗种植 1093 公顷，占全部鲜食甘蔗种植面积的 33.71%，鲜食甘蔗的产量达到 10.58 万吨，占全台湾鲜食甘蔗产量的 70.67%。到 2014 年，中部地区鲜食甘蔗种植面积大幅度下降到 305.51 公顷，

比 1999 年下降 72.05%，占台湾鲜食甘蔗种植面积的比重下降到 56.47%，产量达到 2.52 万吨，占全台湾鲜食甘蔗产量的比重下降到 63.80%。

　　台湾南部地区的鲜食甘蔗种植面积也呈现下降趋势，从 1999 年的 318 公顷下降到 2014 年的 194 公顷，但种植面积占台湾鲜食甘蔗种植面积的比例却呈现上升趋势，从 1999 年的 9.81%上升到 2014 年的 35.86%。南部地区鲜食甘蔗产量从 1999 年的 2.24 万吨下降到 2014 年的 1.64 万吨，产量占比从 1999 年的 14.96%上升到 2014 年的 41.52%。东部地区种植面积及占比均呈下降趋势，种植面积从 1999 年的 188 公顷下降到 2014 年的 29 公顷，占比从 1999 年的 11.71%下降到 2014 年的 5.36%。北部地区鲜食甘蔗种植面积较小，1999 年为 7 公顷，到 2014 年上升为 12 公顷，占比均小于 3%，到 2014 年北部地区鲜食甘蔗产量虽然上升到 248 吨，但产量占比仍不足 1%。

表 14-3　1999—2014 年台湾鲜食甘蔗种植面积、收获面积和产量变化趋势

地区	1999 年			2014 年		
	种植面积（公顷）	收获面积（公顷）	产量（吨）	种植面积（公顷）	收获面积（公顷）	产量（吨）
台湾北部	**7**	**7**	**160**	**12**	**12**	**248**
新北市	1	1	14	2	2	33
台北市				—	—	—
宜兰县	0	0	12	6	6	145
桃园县	1	1	8	0	0	4
新竹县	4	4	104	3	3	66
基隆市				—	—	—
新竹市	1	1	22	—	—	—
台湾中部	**1093**	**1093**	**105818**	**306**	**270**	**25199**
苗栗县	12	12	610	5	5	207
彰化县	282	282	24993	44	42	3694
南投县	349	349	33727	117	83	8297
云林县	446	446	46287	132	132	12704
台中市	4	4	201	8	8	297
台湾南部	**318**	**317**	**22409**	**194**	**184**	**11640**
嘉义县	40	40	2597	67	67	3805
嘉义市	5	5	325	3	3	151
台南市	129	129	9103	54	53	3793
高雄市	57	57	4446	36	29	1923
屏东县	87	86	5938	35	33	1968
澎湖县				—	—	—
台湾东部	**188**	**188**	**21318**	**29**	**29**	**2375**
台东县	172	172	20595	26	26	2269
花莲县	16	16	723	3	3	106

六、台湾砂糖及其制品出口数量波动下降，进口数量波动上升，出口值和进口值都呈上升趋势

总体而言，台湾砂糖及其制品出口数量大于进口数量，出口值大于进口值。如图 14-3 所示，2001 年，台湾砂糖及其制品出口数量达到 4.75 万吨，到 2015 年出口数量下降到 2.7 万吨，比 2001 年下降 43.15%。但砂糖及其制品出口值呈大幅度上升趋势，从 2001 年的 5479.33 万美元上升到 2015 年的 1.94 亿美元，比 2001 年上升 2.54 倍。台湾砂糖及其制品进口数量和进口值均呈现波动上升趋势，进口数量从 2001 年的 6810.17 吨上升到 2015 年的 9871.67 吨，上升幅度达到 44.95%，进口值从 2001 年的 1410.08 万美元上升到 2015 年的 2126.50 万美元，上升幅度达到 50.81%。

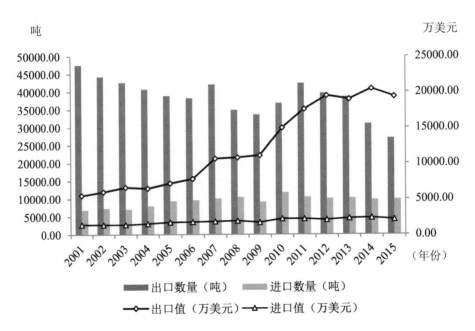

图 14-3　2001—2015 年台湾砂糖及其制品进出口数量和进出口金额

资料来源：台湾"行政主管机关农业主管部门"农产品贸易资料查询系统，http://agrstat.coa.gov.tw/sdweb/public/trade/TradeCoa.aspx. 2016-03-16。

第二节　大陆甘蔗产业特点

一、大陆甘蔗种植面积及产量均呈上升趋势

甘蔗在大陆农业经济中占有重要地位，其产量和产值仅次于粮食、油料和棉花，居第 4 位。由于甘蔗的适应性强，2001—2014 年来大陆甘蔗的种植面积逐年增加，由 2001 年的 124.80 万公顷增至 2014 年的 176.05 万公顷，上升幅度达到 41.07%，产量也相应由 2001 年的 7566.27 万吨增至 2014 年的 1.26 亿吨，上升幅度达到 66.53%（见图 14-4）。

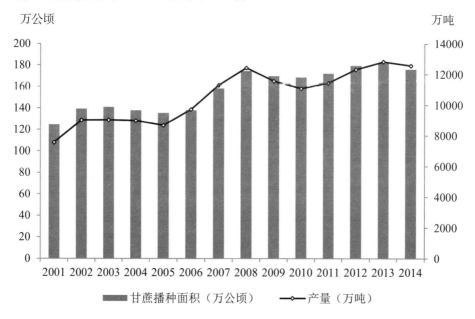

图 14-4　2001—2014 年大陆甘蔗播种面积和产量变化趋势

资料来源：国家统计局历年统计年鉴。

从单位面积产量变化来看，大陆甘蔗单位面积产量呈波动上升趋势，从 2001 年的 60625.19 千克/公顷波动上升到 2014 年的 71351.90 千克/公顷，上升幅度达到 17.69%（见图 14-5）。

千克/公顷

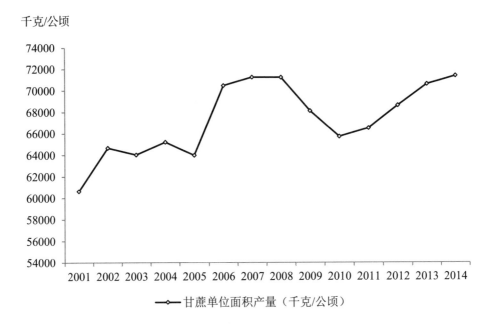

—◇— 甘蔗单位面积产量（千克/公顷）

图 14-5 2001—2014 年大陆单位甘蔗播种面积产量变化趋势

资料来源：根据国家统计局数据计算得出。

二、大陆甘蔗产业产地较为集中，主要分布在广西

大陆甘蔗产业的集中程度较高，主要分布在广西壮族自治区，2014 年广西甘蔗播种面积达到 108.15 万公顷，占当年大陆甘蔗播种总面积的 61.43%，产量达到 7952.57 万吨，产量占大陆甘蔗产量的 63.12%。除广西外，云南的甘蔗播种面积相对较大，2014 年达到 33.97 万公顷，占大陆甘蔗播种面积的 19.30%，云南甘蔗产量达到 2110.40 万吨，占大陆产量的 16.75%。2014 年，广东甘蔗播种面积达到 16.85 万公顷，海南播种 6.19 万公顷，贵州播种 2.78 万公顷，其余省份地区播种面积均小于 2 万公顷。2014 年，广东甘蔗产量达到 1504.67 万吨，其余省份和地区甘蔗产量均低于 1000 万吨，具体数值如表 14-4 所示。由此可见，广西、云南、广东和贵州应是对台甘蔗产业合作的重点区域。

表 14-4　大陆不同地区 2014 年甘蔗播种面积、产量及所占比例

地区	甘蔗播种面积（万公顷）	甘蔗播种面积占比（%）	甘蔗产量（万吨）	甘蔗产量占比（%）
广西壮族自治区	108.154	61.44	7952.57	63.31
云南省	33.972	19.30	2110.4	16.80
广东省	16.851	9.57	1504.67	11.98
海南省	6.193	3.52	424.88	3.38
贵州省	2.784	1.58	168.27	1.34
江西省	1.43	0.81	64.52	0.51
四川省	1.37	0.78	55.66	0.44
湖南省	1.335	0.76	65.86	0.52
浙江省	1.01	0.57	62.68	0.50
福建省	0.858	0.49	53.12	0.42
湖北省	0.759	0.43	30.41	0.24
安徽省	0.498	0.28	19.67	0.16
河南省	0.386	0.22	27.27	0.22
重庆市	0.266	0.15	10.29	0.08
江苏省	0.163	0.09	10.1	0.08
上海市	0.012	0.01	0.6	0
陕西省	0.004	0	0.14	0
合　计	176.045	100.00	12561.11	100.00

资料来源：国家统计局国家数据查询. http://data.stats.gov.cn/。

三、大陆甘蔗生产机械化水平普遍较低，推高生产成本，缺乏竞争力

大陆各产区甘蔗生产的人工成本高，主要是由于机械化水平普遍较低所致。目前，甘蔗是大陆各类大田作物中机械化水平最低的作物，尤其在收获环节砍蔗、剥叶、捆扎、装运等基本都需要人工完成，劳动强度大、人工成本高。目前，大陆甘蔗生产的深松、中耕、灌溉和病虫害防控等机械已基本成熟，主要是耕作习惯与农机配套的问题比较突出，但国产收获机械工艺和材料未完全过关，引进机械价格太高，且不容易适应当地的地理条件。《广西甘蔗生产机械化发展"十二五"专项规划》中提出，至 2015 年，广西甘蔗收获机械化水平要达到 20%。这一数据相比主要粮食作物的机收水平低得多，同时也反映出甘蔗机械化收获的难度较大。

四、大陆糖料价格居高不下，受到国际低价严重冲击

首先，大陆自产糖料价格远高于国际市场价格，低价进口对产业发展形成较大冲击。大陆的食糖产量虽已居全球第三位，但生产规模与第一位、第二位的巴西和印度相差较大，市场竞争力与主要食糖出口国家相比明显较弱。据专家分析，大陆甘蔗生产成本是澳大利亚的 1.67 倍，是泰国的 1.26 倍；制糖成本分别是澳大利亚和泰国的 1.9 倍和 1.8 倍，因此近年来，国外食糖缴纳完关税后的到岸价格仍比大陆内销市场食糖价格低 1000 元/吨以上。而自 2004 年以来，大陆食糖配额内进口关税已降至 15%，是世界上食糖关税最低的地区之一（关税配额一直保持在 194.5 万吨，配额外关税税率为 50%，远低于世界食糖平均 97% 的关税）。国外食糖成本低、价格低，加上大陆进口的低关税，配额外进口仍可获利，直接导致连续多年来国外低价食糖的大量进口。同时，由于糖料进口利润空间大，导致临时收储的保护政策陷入"一边收储、一边进口"的困境，难以起到提高国内市场价格的作用。

第三节　两岸甘蔗产业合作的政策建议

一、加强两岸高层对接洽谈，把糖业合作纳入"两会"商谈范畴进行推动

目前两岸在农业品种、技术交流方面还存在一定的障碍，根据台湾现行有关规定，台糖甘蔗品种属敏感产品。考虑到两岸明显的差异互补性和经济发展需要，解除一些不必要的人为限制是两岸蔗糖产业和经济发展的共同需要。两岸高层应加大交流和磋商，把两岸糖业合作包括甘蔗种苗贸易、品种与技术交流列入"两会"商谈范畴，建议台湾当局开放对甘蔗种苗出口和技术交流限制政策，促进两岸糖业的联合与发展。同时，切实考虑台湾糖业种苗和技术在与大陆进行交流过程中的利益保护问题，从合作共赢的角度出发，强化知识产权保护，形成两岸产业合理分工、利益分摊共享的操作机制。

二、大陆应重点加强广西与台湾在甘蔗产业上的合作

广西是大陆甘蔗最主要的生产基地，广西曾经引进台湾品种加以种植，随着时间推移，品种调整的压力不断增大，台湾甘蔗育种具有较强的技术优势，可以转移品种技术给大陆，通过技术知识产权购买等方式转移技术，一方面可以为台湾甘蔗育种技术研发提供更多实际栽培经验，另一方面可以为大陆改善甘蔗品种、提高甘蔗生产技术效率提供支撑。甘蔗产业是两岸农业产业中具有较强互补性的产业，两岸甘蔗产业的竞争性均不强。甘蔗产业在台湾逐渐萎缩，逐渐被淘汰，甘蔗产业曾经在历史上对台湾农业乃至整体经济发展提供了原材料和资金积累，功不可没，但随着经济结构转型和农业产业结构调整，甘蔗产业已经成为台湾农业中的夕阳产业，需要转移到其他地区，广西甘蔗产业发展具有良好的物质基础和气候条件，还具有一定的科技支持体系等优势。

三、推动两岸甘蔗育种的交流与合作，增强产业竞争力

两岸在甘蔗育种方面的合作由于各种政治和人为因素还未能充分展开，但未来合作的推动可以考虑以下一些方式：一是直接引进台湾已审定的优良品种的原种，以合资或独资形式，在广西等主产区建立扩繁基地，为蔗农供应大田生产用种苗及配套高产高糖栽培技术；二是直接引进台湾现有的糖料蔗储备品种及育种材料，开展合作或独立育种，例如由台方育种，大陆提供相应的场地和必要的设施设备，其育种成果在大陆申请品种审定，通过后推广应用，或者双方合作育种，共享双方育种资源，双方科技人员共同开展甘蔗新品种新品系培育工作，并在大陆进行区试以及申请品种审定和推广应用；三是选取大陆主产区作为基地，建立两岸甘蔗种质资源库和两岸甘蔗良种研究中心。

在育种合作中，应充分吸收和利用两岸甘蔗优质品种资源的优势，扩大育种基础，培育出适合大陆不同主产区域、生长条件的优良品种。大陆蔗区幅员广阔，地形复杂，要求甘蔗品种既高产高糖，又多种多样。目前，大陆自育品种也有其独特的优点，首先能表现出较强的适应性，虽然从产量上稍逊台糖品种，但大陆的自育品种具有抗旱性较好，或比较耐寒或比较抗倒伏等特点。因此在引进与合作育种过程中，应充分结合各自优点，发挥所长，共同提升育种水平和产业竞争力。

四、两岸甘蔗产业应在机械化上加强合作

随着大陆工业化和城镇化的快速发展，农业剩余劳动力转移到非农部门，农业劳动力生产成本不断上升，推动甘蔗产业机械化操作将有助于甘蔗生产成本的降低，从而提高大陆甘蔗产业的竞争力。从技术层面来看，根据资料显示，如果甘蔗产业实现机械化，在效率上种植环节将是人工种植的 10 倍以上，收获环节是人工收获的 30 倍以上，机械化将甘蔗生产成本降低至 600 元/亩[1]。台湾农业的发展过程中，机械化水平不断提高，部分农产品品种的机械化率较高。台湾农业农机具的特点是中小型机具占主体，适合丘陵地带农业生产环境。两岸应提高甘蔗产业机械化率，可以通过两岸农机具专家、农民、机具生产企业进行交流合作，共同开发适合大陆推广使用的甘蔗机具，扩大甘蔗产业机具使用培训，为甘蔗产业集约化发展提供支持和保障。

---

① 杨雪. "机器换人"让蔗糖真正甜起来[N]. 中国农机化导报，2015-11-30.

第十五章　花卉产业

花卉产业是台湾最具特色的农业产业之一，台湾享有"花卉王国"的美誉。台湾花卉产业发展取得令世界瞩目的成就得益于良好的气候条件，同时台湾农业由于走上一条精致化发展的道路，花卉产业的技术研发优势十分明显，花卉产业组织也十分健全，拍卖等现代市场制度也纷纷建立，因此，台湾花卉产业迅速发展成为外向型竞争力较强的现代产业。对比大陆近年来花卉产业的发展，由于花卉产品具有较高的经济价值，花卉产业成为部分农村地区扩大农民就业、促进农民增收创收的重要支柱产业，但应看到大陆花卉产业发展还面临技术创新不足、人员素质总体不高、现代化花卉产品流通方式没有建立等突出问题，急需加强与台湾的合作，学习先进经验，加快产业转型升级步伐。

第一节　台湾花卉产业特征分析

一、台湾花卉产业种植面积不断扩大，切花类和苗圃类种植面积相对较大

台湾花卉产业呈不断扩张的发展趋势。根据台湾《农业统计年报》数据，1990 年，台湾花卉产业种植面积达到 6206 公顷，到 2014 年，花卉产业的种植面积扩张到 1.33 万公顷，比 1990 年增长 1.14 倍。

台湾花卉分成切花类、兰花、球根类、种子类、苗圃类和盆花类几个品种。其中，切花类和苗圃类种植面积最大。如图 15-1 所示，1990 年，切花类和苗圃类种植面积分别达到 3218 公顷和 2700 公顷，到 2014 年，切花类和苗圃类种植面积分别波动上升到 3288 公顷和 8316 公顷，分别比 1990 年增长 2.18% 和

2.08 倍。切花类种植面积占台湾花卉种植总面积的比重从 1990 年的 51.85%下降到 2014 年的 24.72%，苗圃类种植面积占台湾花卉种植总面积的比重从 1990年的 43.51%上升到 2014 年的 62.53%。

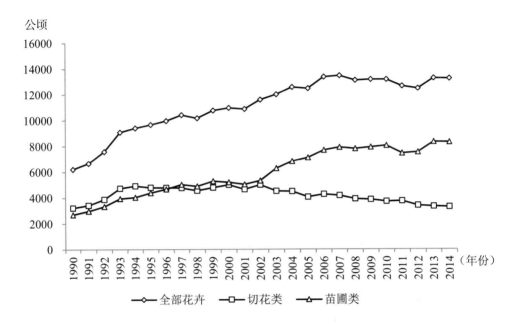

图 15-1　1990—2014 年台湾主要品种花卉种植面积变化趋势

资料来源：台湾"行政主管机关农业主管部门"，历年《农业统计年报》。

二、菊花是种植面积和产量较大的切花品种，百合、玫瑰和非洲菊产量占比有所提高

台湾切花类产量呈波动上升趋势，根据台湾《农业统计年报》数据，1990年，台湾切花类产量达到 6580 万打，到 1995 年，产量猛增到 1.33 亿打，之后年份波动下降，到 2014 年切花类产量下降到 7675 万打，但仍然比 1990 年增长 16.64%。

早期台湾切花类中，菊花和唐菖蒲的种植面积、产量均较大，是最主要的切花类品种。1990 年，菊花和唐菖蒲的种植面积分别达到 1481 公顷和 481 公顷，占切花类种植面积的比重分别达到 46.02%和 14.95%，菊花和唐菖蒲的产量分别达到 3118.0 万打和 999.8 万打，分别占切花类产量的 47.39%和 15.19%。

但随着台湾切花类花卉产业的发展，其他品种的种植面积和产量均有提高。到2014年，菊花虽然仍是最主要的切花品种，但种植面积和产量以及占比均明显下降，种植面积下降到747公顷，比1990年下降了49.56%，种植面积占切花类种植面积的比例下降到22.73%；菊花产量下降到1707.7万打，比1990年下降45.23%，产量占切花类产量的比例下降到22.25%。

除菊花外，百合、玫瑰的种植面积已经超过唐菖蒲，2014年，唐菖蒲种植面积为210公顷，但百合、玫瑰的种植面积分别达到303公顷和222公顷，两者占切花种植面积的比例分别达到9.22%和6.75%。2014年，百合、玫瑰和非洲菊的产量分别上升到591.3万打、952.5万打和653.7万打，均超过了唐菖蒲364.0万打的产量，三者占切花产量的比重分别达到7.70%、12.41%和8.52%。

三、台湾花卉产业主要分布在中部地区，以彰化县种植面积为最大

从台湾农政部门统计数据来看，台湾中部花卉种植面积最大，1999年达到7308公顷，到2014年增长到8820公顷，比1999年增长20.69%。中部地区花卉种植面积占台湾花卉种植总面积的比重较大，但略呈下降趋势，从1999年的67.37%下降到2014年的66.57%。

在台湾中部，彰化县是花卉产业主要分布的县市，彰化县的花卉种植面积从1999年的5082公顷扩大到2014年的5500公顷，增长幅度达到8.23%，彰化县花卉种植面积占台湾花卉种植面积的比重从1999年的46.85%略下降到2014年的41.51%，但彰化县依然是台湾最大的花卉生产县市。

台湾南部是仅次于中部的花卉产业主要生产区域，但与中部相比种植面积少了许多。1999年，南部花卉种植面积达到2124公顷，到2014年，花卉种植面积上升到2924公顷，南部地区花卉种植面积占台湾花卉种植总面积的比重从1999年的19.58%上升到2014年的22.07%。除彰化县外，南投县的花卉种植面积相对较大，2014年南投县种植花卉1479公顷，占台湾花卉种植总面积的11.16%。

相比之下，台湾北部和东部花卉种植面积相对较小。2014年，台湾北部和东部花卉种植面积分别达到1324公顷和183公顷，所占比例分别达到9.99%和1.38%。

四、台湾兰花种植面积和产量均呈上升趋势

台湾兰花产业发展较快。根据台湾农政部门的统计数据，从2001年至今，台湾兰花种植面积不断扩大，从2001年的444公顷上升到2014年的691公顷，上升幅度达到55.63%（见图15-2）。与此同时，兰花产量不断提高，从2001年的5182万盆提高到2014年的7372万盆，上升幅度达到42.26%。由于台湾兰花产业发展更加精致，更加注重产品品质的提高，因此，从单位面积产量来看，台湾兰花的单产呈略下降趋势，2014年每公顷兰花产量达到10.66万盆，比2001年下降8.65%。

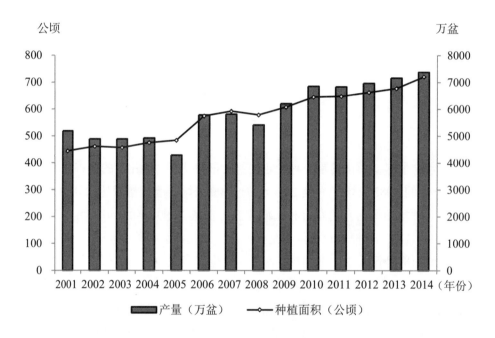

图15-2　2001—2014年台湾兰花种植面积和产量变化趋势

资料来源：台湾"行政主管机关农业主管部门"，历年《农业统计年报》。

五、台湾花卉出口数量大于进口数量，贸易顺差不断扩大

台湾是重要的花卉出口地区，2001—2015年，每年花卉出口数量均大于进口数量。如图15-3所示，2001年，台湾花卉出口4.75万吨，到2015年波动下降到2.70万吨，比2001年下降43.16%，与此同时，花卉出口值并未呈现下降

趋势,而是呈现明显的增长趋势,从 2001 年的 5479.33 万美元上升到 2015 年的 1.94 亿美元,上升幅度达到 2.54 倍。2001 年,台湾花卉进口数量达到 6810.17 吨,到 2015 年波动上升到 9871.67 吨,比 2001 年上升 44.95%,进口值从 2001 年的 1410.08 万美元上升到 2015 年的 2126.50 万美元,上升幅度达到 50.81%。台湾花卉贸易呈顺差状态,并保持不断扩大的态势。2001 年,台湾花卉贸易顺差达到 4069.25 万美元,到 2015 年,贸易顺差上升到 1.73 亿美元,比 2001 年增长 3.25 倍。

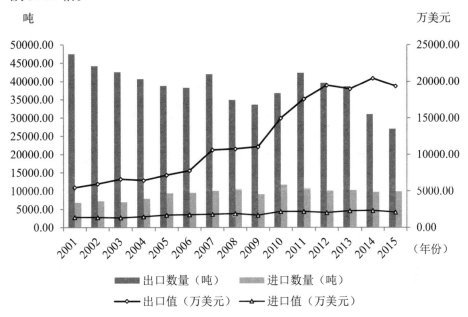

图 15-3 2001—2015 年台湾花卉进出口数量、进出口值变化趋势

资料来源:台湾"行政主管机关农业主管部门",历年《农业统计年报》。

第二节 大陆花卉产业发展特征分析

一、大陆花卉种植面积不断攀升,销售额快速增长

如图 15-4 所示,大陆花卉种植面积不断攀升,根据农业部种植业司统计数

据，1998年大陆花卉种植面积达到6.98万公顷，到2014年波动上升到127.02万公顷，比1998年增长17.20倍，增长幅度较大。与此同时，大陆花卉的销售额迅速提高，从1998年的107.3亿元波动上升到2014年的1279.02亿元，增长幅度达到10.92倍。

二、大陆花卉产业化经营水平不断提升

近年来，大陆花卉产业蓬勃发展。根据农业部种植业司统计数据，我国（大陆）花卉市场数量增长较快，到2014年共有3286家花卉市场，比1998年增长1.08倍。花卉生产企业总数达到8.54万家，比1998年增长25.75%。其中，大中型企业目前达到1.51万家，占全部企业的17.68%，比1998年1272家增长了10.87倍。大陆花农户数不断扩大，从1998年的32万户增长到2014年的188万户，增长幅度近5倍。目前大陆从事花卉产业的人员达到525.51万人，比1998年增长4.15倍，其中专业技术人员总数达到28.03万人，比1998年增长8.18倍。大陆花卉产业有效带动了农村经济发展，拉动了就业，并促进了农民收入增长，提升了产业化经营水平。

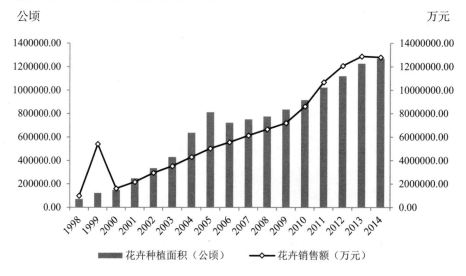

图15-4　2001—2015年大陆花卉种植面积和销售额变化趋势

资料来源：农业部种植业司统计数据。

三、两岸花卉产业贸易以台湾出口大陆为主

从两岸花卉及种苗的贸易数据可以看出，大多数年份台湾对大陆出口数量大于从大陆进口数量。如图 15-5 所示，1996 年，台湾向大陆出口少量花卉及种苗，仅为 13 吨。但此后从 1997 年以后，出口数量迅速扩大，到 2004 年达到 1.90 万吨，为历史最高水平。此后年份出口量下滑，2015 年达到 6149 吨。出口金额呈现波动上升态势，从 1996 年的 2 万美元波动上升到 2015 年的 152 万美元，其间，2003 年出口金额最高，达到 580 万美元。另一方面，台湾从大陆进口花卉及种苗的数量波动下滑，从 1996 年的 604 吨下降到 2015 年的 171 吨，进口金额也随之波动下降，从 1996 年的 86 万美元波动下降到 2015 年的 56 万美元。台湾对大陆花卉及种苗贸易由逆差转变为顺差，顺差呈波动扩大趋势，从 1998 年的 45 万美元扩大到 2015 年的 96 万美元，其间，贸易顺差最大年份为 2003 年，顺差达到 508 万美元。

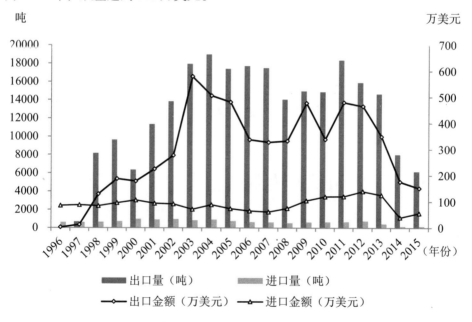

图 15-5　1996—2015 年台湾对大陆花卉及种苗贸易变化趋势

资料来源：台湾"行政主管机关农业主管部门"，历年《农业统计年报》。

从贸易品种结构来看，台湾的菊花、玫瑰、洋桔梗、百合、海芋、文心兰、蝴蝶兰和火鹤等花卉品种具有较强的市场竞争力，受到国际市场普遍欢迎，但

从两岸贸易品种结构来看，台湾对大陆这些品种出口数量和出口金额均不大。1998 年至 2013 年，台湾对大陆出口蝴蝶兰的数量相对较大，从 1998 年的 8101 吨上升到 2013 年的 1.46 万吨，出口金额从 1998 年的 108.9 万美元波动上升到 2013 年的 292.9 万美元。但 2014 年和 2015 年台湾蝴蝶兰对大陆出口数量呈现明显下降趋势，已经分别降到 7937 吨和 6055 吨，出口金额分别下降到 157.9 万美元和 128.5 万美元。

四、大陆花卉市场发展前景可观

近年来，大陆花卉市场呈现良好的发展前景。一方面，受现代消费理念和社会进步的影响，越来越多的大陆消费者增加了对花卉的消费需求。另一方面，受现代花卉生产技术变革的影响，很多花卉品种的生产成本大幅度降低，花卉生产者同时提高盆花出售方式的比例，加上大陆普通消费者收入增长较快，购买力增强，原来属于高端消费的部分花卉产品已经走进寻常百姓家。大陆花卉市场消费量扩大的态势为加快两岸花卉产业合作提供了良好的市场基础。大陆消费者众多，花卉消费品种偏好多样化，开发花卉新品种能够赢得市场先机；大陆花卉市场总体规模庞大，东、中、西以及东北不同地区均有很大的市场空间，能够容纳两岸更多花卉竞争力强的生产企业；大陆经济发展的同时，产业模式和商业模式都在经历创新与变革，为两岸花卉产业持续创新提供不竭动力。

第三节　两岸花卉产业加强合作的可行性及政策建议

一、两岸花卉产业加强合作具有必要性

从大陆花卉产业的发展情况来看，近年来随着农村新型业态的加快发展，花卉产业已经成为增加农民收入、促进地方经济发展的重要特色产业。大陆花卉发展呈现出从粗放经营向集约经营的转变，并且形成了完整的产业链和较大的产业规模。但大陆花卉产业继续保持良好的发展态势，需要不断提高产业创新能力，扩大提升产业增值的渠道。台湾在花卉产业上已经形成较强的优势，两岸花卉产业加强合作将实现花卉产业的互补发展。首先，台湾具有较先进的花卉生产和培育技术，可以利用大陆土地、人力、原材料等要素投入成本较低的优势，提高两岸花卉产业资源整合的程度。其次，台湾可以在大陆发展更多花卉生产基地，共同开发欧美、东亚等国家和地区花卉市场，实现资源互补共赢。

二、建立合作机制，共同开发利用大陆花卉产业丰富的种质资源

台湾先进的花卉品种培育技术需要更广泛的种子资源资料提供更多创新支撑。早期，台湾花卉产业的成长得益于台湾民间优质花卉品种的遴选和培育。大陆与台湾相比，横跨不同的气候地带，具有更加丰富多样的花卉种类，两岸加强合作，可以尝试培育创新更多花卉新品种，为推动花卉产业更好更快发展提供动力。特别是两岸科技研发单位更应加强两岸花卉繁育科研工作的学术交流，共同提高两岸花卉研发能力。

三、构建全方位、多层次的花卉产业合作体系

两岸花卉产业不仅可以在生产领域寻求产业分工与合作，探讨降低成本、创新技术、优化资源、面向国际市场的合作模式，还可以在花卉生产上游的新品种开发培育和下游的花卉包装、分级、销售以及品牌宣传等环节进行合作。同时，两岸花卉产业可以加强花卉市场交易合作，探讨在大陆开展类似于台湾的花卉拍卖制度，发挥好价格引导生产和需求的作用。大陆还可以借鉴台湾经验，推进花卉产业化发展水平，引入台湾管理经验和方法，强化农民专业合作组织的建设，推动成立花卉产业协会以及社会化服务专业组织，提升大陆花卉产业的行业管理水平。

四、推动两岸花卉贸易，互补市场需求

在两岸花卉贸易不断增长的背景下，积极推动两岸花卉贸易持续稳定发展，满足两岸消费者对花卉的需求。两岸花卉互补性明显，有效满足了两岸不同消费者的偏好，提高了两岸人民的社会福利。从历史贸易数据不难发现，台湾从大陆进口枝叶类花卉、球根花卉、花卉种子的数量和金额相对较高，因此，大陆可以进一步改善上述三类花卉的生产技术，提高花卉产品的质量，加强对台湾的出口，满足岛内对不同品种花卉需求增长的趋势。此外，台湾由于将部分经济效益好、出口潜力大的花卉品种转移至大陆进行产业发展，因此，台湾

可以及时调整对大陆的出口结构，不断培育其他优良花卉品种，加强其他类型和品种的花卉产品出口。

五、利用互联网+等新兴技术经济模式创新两岸花卉产业合作方式

近年来，大陆互联网经济发展迅猛，与不同产业融合形成新的业态，有力促进了大陆经济发展，为大众创新和创业活动提供了良好的技术条件。在大陆积极探索推动"互联网+"、大数据新经济模式的背景下，两岸花卉企业、花卉生产农户可以在原来技术支持条件下充分利用"互联网+花卉"产业发展模式，开展深度合作，兴办花卉电子商务交易平台、构建花卉可视化联网等，利用"大数据"及时分析两岸花卉市场以及国际花卉市场的消费最新动向，合理调整生产结构，提升花卉产业发展档次，挖掘潜在市场空间。

第十六章　农产品及食品加工业

高度发达的农产品加工业是现代农业发展的重要体现。两岸在农产品加工业发展上都取得了值得瞩目的成就，对于台湾来说，其农产品加工业比较精致，促进了优质农产品销售。对于大陆来说，农产品加工业发展不仅为解决农产品生产提供了延伸产业链和价值链的机会，也为城乡劳动力提供了就业机会，促进了地方经济发展。国际上，通常将农产品加工业分成食品业、饮料及烟草业、纺织、服装及皮革业、木材和木材产品、纸张及纸产品加工和橡胶加工业。大陆统计包括 12 个具体行业。

第一节　台湾农产品加工业发展特征

一、台湾农产品加工业产值占比不断下降

台湾经济主管部门统计数据显示，在全部制造业中，食品业、饮料业和烟草业等在内的农产品加工业产值占比均呈现下降趋势。台湾食品业产值占比从 1991 年的 5.19%下降到 2015 年的 2.81%，饮料业、烟草业分别从 2001 年的 1.73%和 0.92%下降到 2015 年的 0.93%和 0.49%。纺织业、成衣及服装业、皮革毛皮及其制造业分别从 2001 年的 5.08%、1.43%和 0.55%下降到 2015 年的 1.85%、0.20%和 0.15%。木竹制品业、纸浆、纸及纸制品业产值占比分别从 2001 年的 0.44%和 1.70%下降到 2015 年的 0.12%和 1.03%。

二、台湾食品业、饮料及烟草业产值不断波动上升

如图 16-1 所示，台湾经济主管部门统计数据显示，2001—2015 年，台湾

食品业、饮料及烟草业产值不断波动上升，分别从 2001 年的 3475.49 亿元新台币和 1171.59 亿元新台币上升到 2015 年的 4941.80 亿元新台币和 1447.03 亿元新台币，上升幅度分别达到 42.19%和 23.51%。

亿元新台币

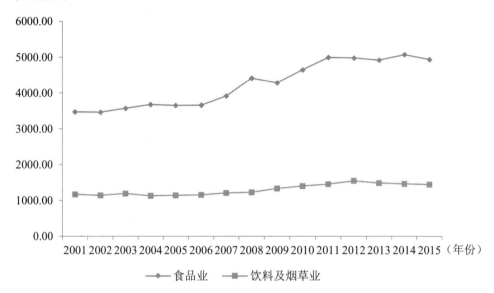

图 16-1　2001—2015 年台湾食品业、饮料及烟草业产值变化趋势

资料来源：台湾"经济主管部门统计处"《工业生产统计年报》. http://www.moea.gov.tw/Mns/dos/content/ContentLink.aspx?menu_id=9426。

在台湾食品业中，屠宰业产值所占比重相对较高。如图 16-2 所示，台湾屠宰业产值呈现波动上升趋势，从 2001 年的 518.62 亿元新台币波动上升到 2015 年的 740.20 亿元新台币，上升幅度达到 42.72%。冷冻冷藏肉类业、肉品业和冷冻冷藏水产业产值也呈现波动上升趋势，分别从 2001 年的 133.53 亿元新台币、44.12 亿元新台币和 49.03 亿元新台币波动上升到 2015 年的 299.98 亿元新台币、63.30 亿元新台币和 69.98 亿元新台币，上升幅度分别达到 1.25 倍、43.47%和 42.73%。屠宰业、冷冻冷藏肉类业、肉品业和冷冻冷藏水产业产值占食品业产值的比重均呈上升趋势，分别从 2001 年的 14.92%、3.84%、1.27%和 1.41%上升到 2015 年的 14.98%、6.07%、1.28%和 1.42%。

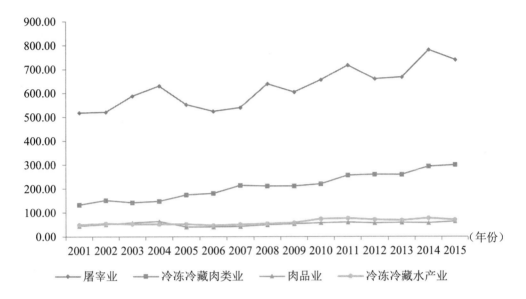

亿元新台币

图 16-2 2001—2015 年台湾屠宰业、冷冻冷藏肉类业、肉品业和冷冻冷藏
水产业产值变化趋势

资料来源：台湾"经济主管部门统计处"《工业生产统计年报》. http://www.moea.gov.tw/Mns/dos/content/
ContentLink.aspx?menu_id=9426。

　　如图 16-3 所示，台湾食品业中，冷冻冷藏蔬果业、蔬果制品业、食用油脂
业和乳品业产值呈现波动上升趋势，分别从 2001 年的 32.35 亿元新台币、38.83
亿元新台币、139.87 亿元新台币和 216.91 亿元新台币波动上升到 2015 年的
33.96 亿元新台币、49.20 亿元新台币、193.71 亿元新台币和 298.28 亿元新台
币，上升幅度分别达到 4.98%、26.71%、38.49% 和 37.51%。上述四个产业产值
占食品业产值的比重呈下降趋势，分别从 2001 年的 0.93%、1.12%、4.02% 和
6.24% 下降到 2015 年的 0.69%、1%、3.92% 和 6.04%。

亿元新台币

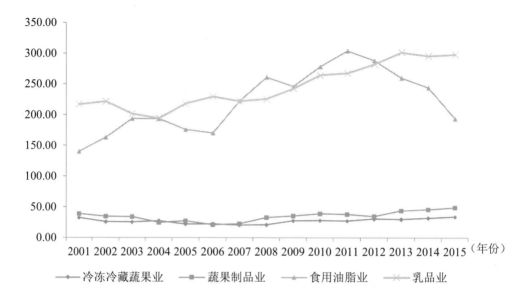

图 16-3　2001—2015 年台湾冷冻冷藏蔬果业、蔬果制品业、食用油脂业和
乳品业产值变化趋势

资料来源：台湾"经济主管部门统计处"《工业生产统计年报》. http://www.moea.gov.tw/Mns/dos/content/
ContentLink.aspx?menu_id=9426。

　　如图 16-4 所示，台湾碾谷业、磨粉制品业、动物饲料配制业、烘焙炊蒸食
品业、面条和粉条类食品业产值均呈现波动上升趋势。2001 年，上述 5 个产业
产值分别达到 351.95 亿元新台币、234.12 亿元新台币、486.79 亿元新台币、
188.61 亿元新台币和 105.74 亿元新台币，到 2015 年，5 个产业产值分别上升
到 366.07 亿元新台币、360.90 亿元新台币、736.14 亿元新台币、267.41 亿元新
台币和 137.06 亿元新台币，分别比 2001 年提高 4.01%、54.15%、51.23%、41.78%
和 29.60%。磨粉制品业、动物饲料配制业产值占食品业产值的比重呈上升趋势，
分别从 2001 年的 6.74% 和 14.01% 上升到 2015 年的 7.30% 和 14.90%，而碾谷
业、烘焙炊蒸食品业、面条和粉条类食品业产值占食品业产值的比重呈下降趋
势，分别从 2001 年的 10.13%、5.43% 和 3.04% 下降到 2015 年的 7.41%、5.41%
和 2.77%。

亿元新台币

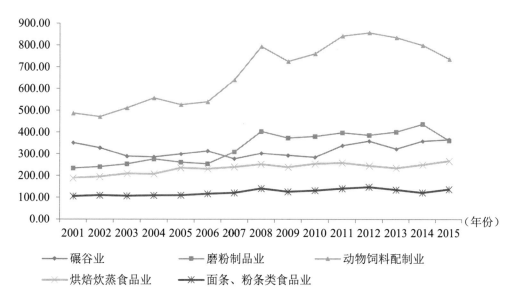

图 16-4　2001—2015 年台湾碾谷业、磨粉制品业、动物饲料配制业、烘焙炊蒸食品业、
面条和粉条类食品业产值变化趋势

资料来源：台湾"经济主管部门统计处"《工业生产统计年报》. http://www.moea.gov.tw/Mns/dos/content/
ContentLink.aspx?menu_id=9426。

　　如图 16-5 所示，台湾糖果业、制茶叶、调味品业和调理食品业产值呈现波
动上升趋势。2001 年，上述 4 个产业产值分别达到 52.14 亿元新台币、20.06 亿
元新台币、129.94 亿元新台币、211.70 亿元新台币，到 2015 年，4 个产业产值
分别上升到 66.41 亿元新台币、60.27 亿元新台币、179.02 亿元新台币和 288.31
亿元新台币，分别比 2001 年提高 27.37%、2 倍、37.78% 和 36.19%。台湾制糖
业产值呈现波动下降趋势，从 2001 年的 134.46 亿元新台币波动下降到 2015 年
的 70.38 亿元新台币，下降幅度达到 47.66%。台湾制茶叶产值占食品业产值的
比重呈上升趋势，从 2001 年的 0.58% 上升到 2015 年的 1.22%，而制糖业、糖
果业、调味品业和调理食品业产值占食品业产值的比重呈下降趋势，分别从
2001 年的 3.87%、1.5%、3.74% 和 6.09% 下降到 2015 年的 1.42%、1.34%、3.62%
和 5.83%。

亿元新台币

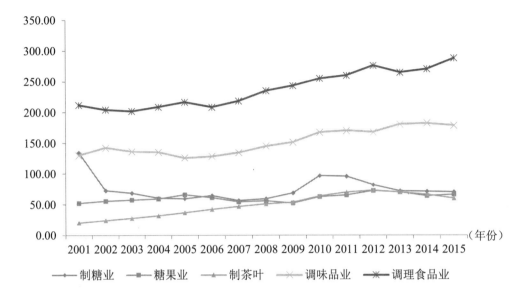

图16-5　2001—2015年台湾制糖业、糖果业、制茶业、调味品业和调理食品业
产值变化趋势

资料来源：台湾"经济主管部门统计处"《工业生产统计年报》. http://www.moea.gov.tw/Mns/dos/content/
ContentLink.aspx?menu_id=9426。

三、台湾成衣及服装品业、皮革毛皮及其制品业产值呈现波动下
降趋势

如图16-6所示，根据台湾经济主管部门统计数据，2001—2015年，台湾
成衣及服装品业、皮革毛皮及其制品业产值不断波动下降，分别从2001年的
670.67亿元新台币和407.94亿元新台币下降到2015年的218.85亿元新台币和
202.01亿元新台币，下降幅度分别达到67.37%和50.48%。

亿元新台币

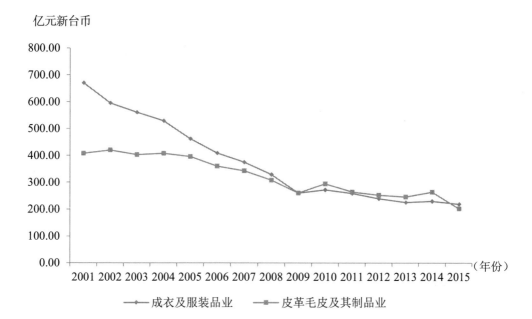

图 16-6　2001—2015 年台湾成衣及服装品业、皮革毛皮及其制品业产值变化趋势

资料来源：台湾"经济主管部门统计处"《工业生产统计年报》. http://www.moea.gov.tw/Mns/dos/content/ContentLink.aspx?menu_id=9426。

四、台湾木竹制品业产值呈波动下降趋势，纸浆、纸及纸制品业产值呈波动上升趋势，家具业产值也是波动上升趋势

如图 16-7 所示，根据台湾经济主管部门数据，台湾木竹制品业产值呈波动下降趋势，家具业产值呈上升趋势，纸浆、纸及纸制品业产值也呈波动上升趋势。台湾木竹制品业产值从 2001 年的 201.84 亿元新台币波动下降到 2015 年的 183.78 亿元新台币，下降幅度达到 8.95%。台湾家具业，纸浆、纸及纸制品业产值分别从 2001 年的 381.54 亿元新台币和 1169.47 亿元新台币波动上升到 2015 年的 383.68 亿元新台币和 1581.38 亿元新台币，上升幅度分别达到 0.56% 和 35.22%。

亿元新台币

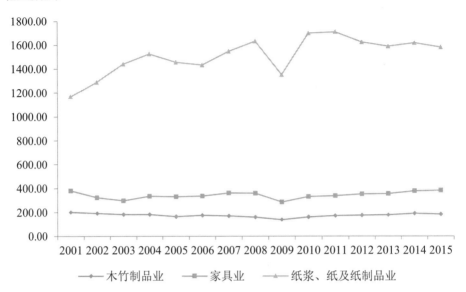

2001 2002 2003 2004 2005 2006 2007 2008 2009 2010 2011 2012 2013 2014 2015

——◆—— 木竹制品业　——■—— 家具业　——▲—— 纸浆、纸及纸制品业

图 16-7　2001—2015 年台湾木竹制品业，家具业，纸浆、纸及纸制品业产值变化趋势

资料来源：台湾"经济主管部门统计处"《工业生产统计年报》. http://www.moea.gov.tw/Mns/dos/content/ContentLink.aspx?menu_id=9426。

五、台湾农产加工产品中大多数食品产量呈下降趋势，茶类饮料和纸板等产品产量呈上升趋势

台湾"经济主管部门"统计数据显示，台湾食品业中，大多数加工食品产量呈下降趋势，例如，台湾屠宰生猪肉、黄豆油、碾制大米、黄豆粉及豆饼、饲料产量分别从 2001 年的 94.14 万吨、38.76 万吨、1215 吨、202.37 万吨和 545.57 万吨下降到 2015 年的 71.35 万吨、36.06 万吨、1138 吨、151.11 万吨和 507.14 万吨，下降幅度分别达到 24.21%、6.97%、6.34%、25.33%和 7.04%。而冷冻肉类、鲜乳、面粉和冷冻调理食品产量呈上升趋势，到 2015 年分别达到 32.93 万吨、33.85 万吨、86.25 万吨和 20.07 万吨，分别比 2001 年提高 43.71%、19.45%、9.98%和 41.23%。饮料业中，台湾啤酒业产量呈小幅度下降趋势，从 2001 年的 388.11 万吨下降到 2015 年的 380.04 万吨，下降幅度达到 2.08%，而茶类饮料产量大幅度增长，从 2001 年的 31.36 万吨上升到 2015 年的 114.55 万

吨，上升幅度达到 2.65 倍。其他烘焙炊蒸食品和杂项食品产量均呈上升趋势，到 2015 年分别达到 2.09 万吨和 3.24 万吨，分别比 2001 年提高 57.35%和 42.30%。台湾棉纱产量呈下降趋势，从 2001 年的 31.36 万吨下降到 2015 年的 19.07 万吨，下降幅度达到 39.19%。台湾纸板产量从 2001 年的 259.05 万吨上升到 2015 年的 285.90 万吨，上升幅度达到 10.36%，台湾瓦楞纸箱产量从 2001 年的 26.05 亿平方米上升到 2015 年的 30.56 亿平方米，上升幅度达到 17.31%。

第二节　大陆农产品加工业发展特征

一、大陆农产品加工业发展态势良好

农产品加工业已经成为大陆工业发展中最具有特色和亮点的后劲产业。根据农业部农产品加工局数据，2015 年，大陆规模以上农产品加工业增加值同比增长 6.5%，总体稳中有进、稳中向好，中小型农产品加工企业活力增强，企业效益明显好转，赢利能力提高，进出口总额降幅继续收窄，固定资产投资稳步增长[1]。2015 年大陆农产品加工业实现主营业务收入 19.69 万亿元，比 2011 年的 13 万亿元增长 33.97%，大陆"十二五"期间规模以上农产品加工业主营业收入年均增长 11%。与此同时，大陆农产品加工业的产业结构得到进一步优化，特色优势产业正在形成，大陆农产品加工业的设备装备和技术装备不断升级。

二、大陆农产品加工企业规模与实力增强

根据《中国农产品加工业年鉴》数据，2001 年大陆规模以上农产品加工企业达到 5.6 万家，到 2015 年，规模以上农产品加工企业共 7.8 万家，比 2001 年增长 39.29%。大陆农产品加工业已经覆盖食品业、饮料业、纺织业、服装业和皮革业等 12 个行业，产业发展呈现多层次和多样化的特征。大陆农产品加工企业发展实力不断增强，企业科技创新与研发水平逐步提高，加工产品品质和质

---

[1] 农业部农产品加工局. 2015 年我国农产品加工业运行稳中有进[EB/OL]. http://www.moa.gov.cn/govpublic/XZQYJ/201603/t20160315_5053208.htm. 2016-04-18.

量不断提高，很多产品出口销往世界各地，在国际市场上占据一席之地。2015年，在规模以上农产品加工企业中，小型企业共 6.6 万家，占 84.62%，小型企业业已经成为大陆农产品加工业的主力军。

三、大陆农产品加工业的固定资产投资规模不断上升

"十二五"期间，规模以上农产品加工业完成固定资产投入累计达到 16.8 万亿元，年均增长 19%。根据农业部统计，2015 年，大陆农产品加工业（不含中药）累计完成固定资产投资 4.71 万亿元，其中，三大食品业的固定资产投资规模较大，2015 年达到 1.99 万亿元，占农产品加工业累计完成固定资产投资的比例达到 42.25%，比例相对较高。

四、大陆农产品加工业与其他产业融合发展趋势明显

首先，随着大陆"互联网+"经济模式的发展，农产品加工企业积极调整产业发展方式，利用互联网技术、大数据技术等改造传统加工产业，特别是加快了农产品销售方式的转型与升级。在"互联网+"经济发展背景下，大陆消费者对通过网络订购农产品的消费方式逐渐认可，并形成了新的消费行为模式，大陆物流行业也发展较快，发挥了强大的支撑作用，进一步推动消费者消费模式的转变。目前，大陆 47.5% 的食用类农产品加工企业开展了电商销售，其中相当一部分产品是利用知名电商平台进行销售，促进农产品加工业与其他产业融合发展已经被企业所接受。其次，大陆农产品加工企业不断创新与基层农户合作方式，一方面积极探索与农户建立订单合作模式或基地共建模式，改善了传统原料供给方式，优化了原料的生产质量，提高了加工企业的生产效率和效益，另一方面，积极延长产业链，逐渐加强与企业下游销售商合作，促进了产品市场销路的完善。最后，大陆农产品加工企业积极探索其他新兴产业模式，例如通过与农民专业合作社、农村基层组织、家庭农场开展休闲观光农业、体验农业和农家乐等产业活动，促进了产业融合发展。

第三节　加强两岸农产品加工业合作的政策建议

一、两岸应积极搭建沟通交流平台，促进农产品加工业合作发展

台湾在农产品加工业上具有较强的技术优势，大陆农产品加工业发展正处于良好的上升态势，台湾应抓住机遇，积极参与到大陆农产品加工业发展当中，从而获得一定的经济利益，这不仅可以巩固本岛内农产品加工企业的市场份额，同时还可以进一步提升企业和产品品牌的知名度与影响力。大陆在 29 个省份建立了对台农业合作园区，即台湾农民创业园，该园区不仅吸引了台湾农民投资创业农业，同时还吸引了一定数量的台资农产品加工企业。园区提供了优惠税收政策，并配套了金融贷款政策，是台资农产品加工企业首选的投资基地。大陆各地台办积极出台保护台商权益的政策，在帮助台商解决子女入学、养老、医疗等方面提供了必要支持和帮助，化解了台商在生活上的不便利。两岸应加强交流与沟通，在台湾农民创业园等优质平台基础上，广泛开展农产品加工业各个环节的合作。

二、两岸应率先加强农产品加工技术合作

科技进步是推动农产品加工业持续稳定发展的重要因素，科技力量可以为企业完成结构调整、转型升级等重要任务提供新的动力，科技创新与应用延伸了加工企业的价值链，有效克服了产品周期缺陷，创造新产品、创造新价值，让企业在激烈的市场环境中保持领先的竞争优势。大陆和台湾在农产品加工业上已经积累了良好的发展基础，为科技创新应用提供了必要的土壤。台湾在农产品加工业技术创新上保持一定领先地位和竞争力，很多技术值得大陆引进、吸收和改造利用。台湾行政部门应适当调整管制政策，对于那些岛内产能过剩且在岛外具有潜在市场空间的农产品加工技术可以实施部分开放政策，让台商和台农能够有机会到大陆开展相关投资创业活动，开启岛内农产品加工业发展的新天地。大陆农产品加工企业应加强与台湾岛内食品业、饮料业、纺织业和

皮革业等行业交流与合作，及时掌握台湾农产品加工业技术发展趋势，瞄准关键领域与台湾相关企业和科研机构对接，共同推动两岸农产品加工技术的革新发展。

三、两岸合作开展农产品加工行业标准化建设

台湾农产品加工业标准化建设相对较早，已形成一整套相对完整的体系。相比较而言，大陆在农产品加工业的标准化建设方面仍然存在较大的完善空间。由于现代社会发展较快，城乡居民对农产品及制品的需求消费行为发生了一定的变化，农产品加工业生产出更多优质的农产品、食品及制品，但标准化建设却相对滞后。一方面，两岸主管农产品加工的部门应加强合作，就农产品加工业标准设定和农产品加工业标准示范等环节进行充分学习借鉴与交流。另一方面，大陆发展较好的加工企业要从长期发展的角度出发，主动适应农产品加工业标准化发展趋势，通过企业自身研发对推动整个行业标准化发挥一定的作用。

四、两岸应积极培育农产品加工产业集群

现代产业的组织方式表现之一就是产业集群。具有一定关联的上下游企业，或处于不同分工环节的企业稳定在某一个具体区域发展，形成了紧密的分工与合作模式，降低了部分生产成本，提高了生产专业化程度和生产效率，并为形成新的生产方式提供了机遇。两岸农产品加工业合作不能仅仅停留在技术研发、人才交流以及上下游原材料供应等单一环节，而应该是以推动农产品加工业集群发展为重点的立体化合作。一方面，台资农业企业应充分发挥自身的技术和资金优势，强化企业和产品品牌建设，巩固提升企业效益，另一方面，台资企业应避免与大陆企业过度竞争，应加强与大陆企业的联合协作，整合加工业优势资源，形成竞争合力，共同开发市场。

第十七章　休闲农业

两岸在休闲农业发展上存在较大的合作空间和潜力。台湾 20 世纪 70 年代开始发展休闲农业，在发展精致农业政策的导向下，发展休闲农业成为提高农业产值和附加值的重要举措，还能达到美化乡村和鼓励农民开展多种经营的目的。台湾休闲农业已成为台湾农业产业中的新型业态，有效促进了农村经济的繁荣，同时，台湾休闲农业的发展呈现多样化、精致化的特征，并融合了传统种植、养殖以及农产品加工业发展，构成了台湾现代特色农业的一个重要组成部分。

第一节　台湾休闲农业发展特征分析

台湾《农业发展条例》中明确指出，"休闲农业是指利用田园景观、自然生态及环境资源，结合农林渔牧生产、农业经营活动、农村文化及农家生活，提供人们休闲，增进人民对农业及农村之体验为目的之农业经营。"

一、台湾休闲农业发展的产业组织体系建设不断完善

为了促进休闲农业持续发展，台湾除了交通及农业主管部门之外，还成立了各种民间性质的协会、学会等产业组织推动休闲农业专业化发展。例如，1998年成立了台湾休闲农业发展协会、台湾休闲农业学会等。这些产业组织为休闲农业发展提供规划策划指导、市场营销方案设计、开展从业人员培训、推动休闲农场的服务品质认证等。台湾通过产学研三个方面的紧密结合，及时解决休闲农业发展中各个环节面临的困难、需求，为产业的持续稳定发展提供了条件。

二、通过设立休闲农业专区，加强休闲农业专业化发展

所谓休闲农业专区，是根据台湾农政部门休闲农业辅导管理办法，将当地休闲农业资源整合成一个有机组织的专门区域。具体来说，每个休闲农业专区一般包含多家经营良好的休闲农场，同时，专区会充分发挥从事休闲农业的农民、从业者、农业团体及乡镇主管部门的作用，将当地具有农业特色、丰富的景观资源和特殊生态保护价值的文化资产整合起来，打造共同协作、共赢分享的整体经营格局。根据台湾相关规定，休闲农业专区不是由上一级主管部门统一设计规划的，而是按照自下而上的方式，通过当地居民、休闲农场业者、农业团体或乡（镇、市、区）公所根据当地区域发展的需要向主管部门申请批准成立的①。截止到 2015 年，台湾休闲农业专区已经多达 71 个。台湾休闲农业专区的建设和发展，提高了休闲农业发展的整体协作能力，有利于克服农户分散经营的缺点，打造休闲农业专区整体营销形象，提高休闲农业发展的品质。

三、创办建设专业化休闲农业网站，开展休闲农业的电子商务活动

台湾创办了大量休闲农业相关信息网站，向普通消费者、大众游客及时、快捷地提供休闲农业产品与服务信息，创新了休闲农业的市场营销。一方面，通过台湾休闲农业专题网站，游客可以直接了解目前台湾各个地区的休闲专区分布和休闲农场分布，了解每个地区休闲农场的风格特点、产品及服务内容、设施设备状况、交通路线及联系方式。另一方面，台湾积极通过现代消费者普遍使用的社交媒体网络开辟专用账号，开展营销和宣传活动。大多数台湾休闲农业信息网站不仅信息量丰富，而且设计美观，特别是采取了许多卡通形象、手工画本等设计元素，让休闲农业更贴近消费者。同时，台湾休闲农业网站还不定期举办主题旅游活动，促使游客常年经常性光顾。

四、制定完善相关规定，加强引导和规范休闲农业健康发展

休闲农业要保持持续健康发展的态势，不仅需要产业主体采取有效措施完善经营，还需要一整套规定加以调节规范，促进休闲农业向标准化、现代化的

① 彰化县政府农业处.休闲农业区. http://agriculture.chcg.gov.tw/07other/other01_con.asp?topsn=17&data_id=2568. 2016-04-30.

方向发展。台湾十分重视休闲农业相关规则的制定与修订。首先，根据相关规定，设立休闲农场须获得台湾相关主管部门的许可授权，并在主管部门办理完整的登记手续。其次，规则明确了休闲农业服务的最低标准，保障了消费者权益。例如，根据台湾《休闲农场设置要点》的规定，休闲农场在基础设施条件、餐饮卫生标准和环境保护等方面均设定了最低标准，任何一家休闲农场都有职责改善经营行为，提升服务品质。

五、实施差别化、特色化、多样化发展策略，避免雷同现象

台湾土地面积总体不大，但各个区域存在差异，在发展休闲农业的过程中，台湾十分重视突出地方农村特色，实施"一乡镇一休闲农渔区"等政策。具体来说，台湾发展休闲农业在规划和开发利用时，有意识地将当地农村富有特色的自然资源、景观资源、产业资源和人文资源挖掘出来，并通过现代营销手段和策略方法，将其转变为地方特色品牌和形象，再通过农民组织、媒体及网站等渠道加以宣传。台湾各地休闲农业发展风格差异明显，产品和服务多样化，例如，有的休闲农场是特色农产品的种植采摘，有的休闲农场围绕某一类农产品开展种植、收获、加工等一系列体验活动；从类型上看，有的休闲农场侧重于老年群体的养生保健，有的为服务学校、公司等团体的消费活动，还有的侧重于家庭亲子教育。又如，在台湾休闲农业中，民宿业是提供农业休闲观光游客住宿的新兴行业，但台湾各地在休闲农场民宿的房舍庭院设计上都别具匠心、与众不同，突出个性化和创意性。休闲农业差异化、多样化的发展战略进一步增强了普通消费者和公众对休闲农业的认知和理解，不容易造成审美疲劳，给休闲农业产业发展提供了长期发展的动力。

第二节　大陆休闲农业发展特征及存在的问题

一、大陆休闲农业发展势头较好，成为具有潜力的新兴产业

大陆休闲农业相对台湾来说虽然起步较晚，但近年来呈现加速发展态势。随着大陆城乡居民收入水平的快速增长，以及人们对休闲、旅游、度假产品和

服务的需求不断上升，休闲农业已经成为大陆最具发展潜力的新兴产业，并且创造了较高的市场价值。根据农业部对 13.5 万家典型休闲农业经营主体的调查，农民占其从业人员的 92.4%，其土地产出率每亩接近 12 000 元，是大陆农业用地平均产出率的 6.2 倍，经营休闲农业的农民人均收入 5.41 万元，是同期大陆农业劳动力人均产值的 2.75 倍[①]。大陆农业部门积极瞄准休闲农业发展的未来，对促进休闲农业持续健康发展做出全面部署，到 2020 年，力争使休闲农业成为促进农业增效、农民增收、农村环境改善的支柱性产业[②]。

二、大陆通过评审和奖励的方式加快引导休闲农业发展

我国幅员辽阔，休闲农业广泛分布在各地，数量相对众多，发展层次良莠不齐。为了加快休闲农业发展，农业部、国家旅游局等部门积极出台扶持政策。在众多的政策手段中，评审和奖励是最具有特色的产业政策之一。大陆开展休闲农业评审工作主要包括两个方面：一是休闲农业与乡村旅游示范县的评审工作，二是休闲农业与乡村旅游示范点的评审工作。根据评审规定，创建示范县的区县休闲农业发展要有明确的思路、完善的扶持政策，并形成了产业发展优势，基础设施建设齐全；对于示范点则明确要求示范点（可能是园区、企业、村落、农民合作社或农民家庭）具有较强的经营能力、良好的设施和服务。当然，也应当看到，目前的评审存在过于看重休闲农业发展指标，忽视休闲农业长期发展水平的问题，并且各地为争取获得示范县和示范点，存在推进过快过度等发展倾向，因此，休闲农业发展较好的示范地区应加强交流，开展合作，通过互相学习和借鉴，共同推动产业提档升级。

三、大陆休闲农业发展精致化程度有待提高

大陆休闲农业发展速度虽然较快，但总体上处于粗放经营状态，精致化经营的案例占比相对较少。提高大陆休闲农业精致化发展程度具有较强的现实意义，粗放经营导致消费者对休闲农业的认可程度较低，对扩大休闲农业的规模不利，产品和服务品质不高则难以在市场上实现较高的价值，不利于农民持续

---

① 新华网. 休闲农业与乡村旅游成为我国农民就业增收重要途径[EB/OL]. http://news.xinhuanet.com/fortune/2013-03/26/c_115167165.htm. 2015-09-10.

② 农业部关于进一步促进休闲农业持续健康发展的通知[EB/OL]. http://www.ce.cn/cysc/sp/info/201412/01/t20141201_4017286.shtml. 2015-09-10.

增收。大陆休闲农业精致化发展程度低的原因包括如下三个方面。一是政府对休闲农业经营者的培训和辅导不足。目前各地政府发展休闲农业的主要做法还停留在加强补贴、完善物质投入方面，在经营理念、经营导向上对休闲农业产业支持力度不够。二是缺少专业的协会、学会等产业组织。发展休闲农业需要专家、学者和具有较丰富从业经验人员的建议、帮助和辅导，由于大陆缺少相应产业组织建设，休闲农业发展的智力支持不够。三是休闲农业发展的社会化服务缺失。由于农民等从业人员无法全面掌握休闲农业发展所需要的专业知识和技能，需要通过社会化服务来提升休闲农业发展层次。例如，专业的房屋庭院设计服务、现代化交易结算服务、现代化的产品包装服务等在广大农村地区还没有形成规模。

四、大陆对休闲农业人员的培训教育急需跟进

休闲农业是新兴产业，也是极具创新的产业，同时休闲农业发展的业态、方式、思路比较多样，需要各种元素加以综合运用，将一些过去被认为缺乏价值的资源有效转化为具有市场价值的资源，需要大量先进的专业知识储备和实际经验。然而目前，大陆农村劳动力普遍年龄偏大，存在老龄化趋势，年轻劳动力数量规模和占比均不大，同时农村劳动力受教育程度相对较低，以小学和初中文化水平为主，高中及大学学历水平占比偏小，农村劳动力素质不高，对新知识、新技能学习能力弱，难以满足休闲农业发展的人力资本要求，最终必然会影响休闲农业的长期发展。因此，大陆在发展休闲农业的同时，必须要积极对休闲农业从业人员开展教育培训，定期向农村劳动力提供现代市场特征的专业知识培训，定期提供专业辅导，不断提升从业人员的综合素质、技能和实际经验。

第三节　促进两岸休闲农业合作的政策建议

一、两岸应加强休闲农业开发规划合作

从历年中央一号文件内容来看，大陆对发展休闲农业和乡村旅游业十分重

视。休闲农业融合了农村地方生态资源、自然资源及其他特色资源，是汇集农耕乡土文化、创意文化的新兴支柱产业，在促进农村经济繁荣和农民增收致富上必将形成新的带动力，是代表农业现代发展方向的朝阳产业。为了更好地促进某一农村地区休闲农业发展，政府部门务必要做好前期统筹规划工作，科学的规划设计有利于引领休闲农业稳定持续发展。在大陆，休闲农业规划的主导权主要在政府，但乡村之间存在明显差异，政府部门主导的规划设计存在相近、相似甚至是雷同的倾向。台湾休闲农业发展的重要特征就是差异化和多样化，在台湾很难找到风格完全接近的休闲农业形态，主要原因是台湾休闲农业在发展过程中十分重视专家和农民的意愿，充分结合当地特点进行规划设计，而不是按照既定的统一标准进行开发建设，休闲农业发展存在广泛的个性特征。大陆应积极邀请台湾专家和基层农民，对各地休闲农业发展规划进行咨询论证，让地方特色彰显出来，打造具有发展潜力的休闲农业风格，避免村落之间存在相似或雷同现象。

二、两岸应加强支持休闲农业发展的社会化服务合作

台湾休闲农业发展较快的一个因素是以文化创意产业为代表的社会化服务体系相对完善，对休闲农业发展起到良好的支撑作用。台湾文化创意产业是依靠文化创意者的智慧、才能进行创作，借助现代化科技手段对作品进行升级改造，开发出具有市场潜力产品的产业。文化创意产业的特点是让文化创意者的个体智慧和劳动转化为市场价值，并迎合了社会需求。台湾休闲农业发展不仅需要良好的自然环境和生态环境，还需要配套的文化创意产品和服务加以支持，在文化创意产业影响下的休闲农业能够更加符合现代消费者和游客的青睐。但目前大陆乡村休闲农业发展主要依赖农家乐和果蔬采摘等体验活动吸引游客参与，与休闲农业发展密不可分的文化创意活动方式相对单一、数量相对较少，导致大陆休闲农业现代性不高，发展潜力不持久。大陆应在文化创意产业等社会化服务领域与台湾进行积极交流，切实开展具体合作，学习台湾经验，发挥文化创意产业等社会化服务对休闲农业进行改造升级，提高休闲农业发展活力。

三、大陆应学习、借鉴台湾农民参与发展休闲农业的方式和方法

大陆休闲农业发展容易形成两类极端，一类是完全依靠单家单户农民自发行为发展农家乐和采摘园，政府部门不进行必要引导，农户发展休闲农业缺少

必要的社区组织和农民专业组织的支持与合作；另一类是过度依赖政府部门大操大办，虽然农民在政府的指导和带领下参与其中，但自主参与程度却并不高。台湾发展休闲农业的经验值得大陆借鉴学习。台湾农村公共区域由于产权的原因，属于集体共有，在这些公共产权的区域上建设休闲农业配套景观，农民之间需要开展合作。同时，台湾农村地区除了耕地资源外，建设用地资源也十分有限，在有限的建设用地资源上建设更多休闲农业配套的餐厅、酒店和停车场等服务设施并不现实，因此，需要农民在全村农民达成共识的前提下加强合作，形成一个合作方案。例如，共同建造服务设施，共同使用和共同受益。农民之间开展合作，不仅避免了不必要的竞争，还能够把有限的资金和人力用于休闲农业发展的其他方面。大陆应积极从台湾休闲农业学习如何促进农民之间开展合作的经验，具体来说，应给予农民针对公共产权、公共区域和公共设施进行讨论协商、交流的机会，让农民通过合作，共同讨论休闲农业发展的特色方案，从而促进休闲农业的持续发展。在农民缺少对休闲农业认知的条件下，政府部门应学习台湾经验，给予农民必要的辅导和培训，提高农民自我建设、自我发展的技能，而不是完全通过政府包办完成。

‖ 合作共赢篇

第十八章　合作基础

　　两岸农业合作具有较为悠久的历史。从 1978 年改革开放开始，两岸农业合作经历了探索、破冰和成长等不同发展阶段，最终以制度化方式呈现在两岸农业界的面前。两岸农业合作具有良好的资源基础、技术基础、组织基础、制度基础、市场基础和平台基础。从资源要素禀赋来看，台湾农业长于科技创新，具有较高的生产效率，大陆农业拥有较为廉价的劳动力和土地资源，两岸农业要素具有明显的互补优势，彼此开展合作必将形成独特的优势。从市场空间来看，台湾岛内市场空间有限，农业亟须通过寻找外部商机向外转移，进一步保持利润空间。随着现代化进程加快，大陆农产品市场前景更加广阔，农业创业机会与投资领域更多。推动两岸农业市场一体化发展，将有利于两岸共同培育农业新的经济增长点，有助于两岸农民就业增收。

第一节　两岸农业合作的组织机构基础

　　两岸农业交流与合作的开启受到政治因素的影响，在不断交流与合作过程中，两岸分别成立了专门的组织机构对接交流。1987 年，台湾当局开放台湾民众赴大陆探亲，至此两岸人员往来与经济文化交流才出现转折点，交流与合作活动逐渐增加。在两岸经贸方面，1992 年 11 月，两岸达成"九二共识"，为两岸开启经贸领域交流与合作奠定良好的基础。在台湾海峡交流基金会和海峡两岸关系协会的不断努力推动下，经贸领域的谈判和磋商有序开展。在农业经贸领域，1992 年，大陆"海峡两岸农业交流协会"逐步与台湾农业专家接触交流，邀请他们在福建、浙江等地开展农业技术指导工作。1995 年，台湾农业主管部门下属亚洲农业技术服务中心被改组，成立财团法人农村发展基金会，负责与大陆开展农业交流合作服务，这标志着台湾当局在两岸农业交流与合作方面开始正式启动专门机构对接。2004 年，大陆指定海峡两岸农业交流协会作为台湾财团法人农村发展基金会的对接单位，就两岸禽流感疫情进行信息交换，并建立两岸疫情通报机制，至此，两岸农业交流与合作的组织机构基本完善，常态化的交流与合作机制正式建立起来。

第二节　两岸农业合作的制度基础

从 2008 年开始，两岸农业合作的制度建设大幅度推进。2008 年，台湾马英九领导的国民党重新上台，两岸关系得到较大改善，政治互信促进了两岸交流与合作迈入正式轨道。从 2008 年开始，两岸在旅游业、空运、海运、邮政和食品安全方面分别达成协议，两岸经贸关系的制度建设开启。2010 年 6 月 29 日，海峡两岸关系协会和台湾海峡交流基金会在重庆举行了第 5 次会谈，最终正式签署了《海峡两岸经济合作框架协议》，简称 ECFA 协议。该协议具有里程碑意义，标志着两岸经贸关系进入正式化、制度化的发展模式。协议第二条"合作措施"中明确提出"要逐步或消除双方之间实质多数货物贸易的关税和非关税壁垒；逐步减少或消除双方之间涵盖众多部门的服务贸易限制性措施；促进贸易投资便利化和产业交流与合作"。同时，该协议还专门制定了早期收获计划，早期收获计划于 2011 年 1 月 1 日起正式实施。根据协议，大陆对原产于台湾的 557 个 8 位数税号的产品实施降税，台湾将对原产于大陆的 268 个 8 位数税号项下产品实施降税。在大陆给予台湾的早收清单项目中，有 18 项是农产品。

第三节　两岸农业合作的技术基础

大陆在推进农业现代化发展的过程中，十分重视发挥科技因素在农业现代建设中的作用。大陆历年中央一号文件中均对农业科技进步提出相关论述，在政策体系中将农业科技政策作为重要组成内容。例如，2014 年中央一号文件强调 "加大农业科技创新平台基地建设和技术集成推广力度，推动发展国家农业科技园区协同创新战略联盟，支持现代农业产业技术体系建设。加强以分子育种为重点的基础研究和生物技术开发，建设以农业物联网和精准装备为重点的农业全程信息化和机械化技术体系，推进以设施农业和农产品精深加工为重点的新兴产业技术研发，组织重大农业科技攻关"。2015 年中央一号文件强调 "加快农业科技创新，在生物育种、智能农业、农机装备、生态环保等领域取得重大突破。建立农业科技协同创新联盟，依托国家农业科技园区搭建农业科技融资、信息、品牌服务平台。探索建立农业科技成果交易中心。充分发挥科研院所、高校及其新农村发展研究院、职业院校、科技特派员队伍在科研成果转化中的作用"。2016 年中央一号文件强调 "统筹协调各类农业科技资源，建设现代农业产业科技创新中心，实施农业科技创新重点专项和工程，重点突破生物育种、农机装备、智能农业、生态环保等领域关键技术。强化现代农业产业技术体系建设。加强农业转基因技术研发和监管，在确保安全的基础上慎重推广"。

根据最近统计，大陆目前农业科技进步贡献率超过 56%。以粮食为例，2015 年农业科技对提高粮食单产发挥重要作用，粮食产量因单产提高增产粮食约 110.5 亿千克，农业科技对粮食增产的贡献率达到 76.9%。大陆农业科技在稳定粮食生产、促进农民增收致富、转变农业发展方式和促进农业结构调整等方面都发挥了重大作用。大陆近年来积极推动农业创新驱动，深入推进农业科技体制改革，加强农业科技创新的联盟建设，提供完善的农业科技装备设施，吸引大量优秀科技人才加入农业科技创新活动。

对于台湾来说，农业科技在实现农业现代化过程中的作用更为突出。台湾农业科技较为先进，引领农业部门各个产业发展，通过科技改造了传统农业，转型升级为现代农业，农业科技既辅助实现了农业精致化发展，又有效地促进了农业产业价值增加。台湾从 20 世纪 80 年代开始着手通过科技推动农业现代化发展，1982 年，台湾专门制定了八大科技升级计划来带动产业升级，其中，在农业方面重点加强生物技术、食品科技、微电脑和自动化技术研发。在 1984 年实施的 "农业升级" 计划过程中，台湾重点发展精致农业，推广应用自动化技术，利用高科技改良农产品、畜产品和水产品品种。1986 年，为适应创造 "农业黄金时代" 的宏伟目标，台湾专门颁布《加强农业建设纲要》，以精致农业为主线，以高科技为手段，不断提高农产品价值和农业生产效率，促进农副产品深加工技术、渔业声呐技术和遥感技术等发展，提高机械化水平。1995 年，台湾发布《农业政策手册》，提出未来农业长期发展的四大方向，首要方向就是"发展科技导向的农业"[①]。

早在 1996 年，台湾农业科技对农业生产的贡献率就达 81.5%，已经超过世界发达经济体 70% 的平均水平[②]。例如，台湾生物科技产业发展势头迅猛，不断创新，开发出新型生物性农业生产资料（如种苗、肥料和农药等），加快转基因产品研发，在花卉、畜牧业、水产养殖业开发了具有较高价值和效益的新产品和新技术。又如，台湾"亚蔬中心"集聚了 10 多个国家和地区的科学精英，库藏植物种子达 4.1 万种，库存蔬菜种源多达 5.6 万个，被称为全球最大的植物种子银行[③]。

两岸农业科研机构具有良好的合作基础。大陆各地建立了农业科研院所，从事农业品种改良、培育和示范推广以及新技术研发和推广服务。台湾拥有大量农业专业机构，主要包括有关公共研究部门、学校教育机构和民间组织等，其中公共研究部门主要是农业主管部门下属的 6 个试验所、7 个区域改良场、种苗改良繁殖场、茶业改良场、特有生物研究保育中心、屏东农业生物技术园区筹备处等科研机构以及"台湾研究院"下属的研究所和中心。这些机构主要从事农业基础研究、试验和应用研究工作，而学校教育机构主要是高等院校下属农学院，从事农业相关教学、培训和研究。两岸科研院所、高等院校和民间农业科技机构组织已经开展了大量的农业科研学术交流、联合科技攻关，访问学者和研究生联合培养等多种形式的交流与合作。两岸农业科研机构在品种研发、技术研发上各具优势，具有良好的互补性特点，加强交流与合作，共同建设科研基地、共同参与科技研发项目的协同创新，必将能够推动两岸农业科研水平的共同提升。台湾农业科研机构名录见表 18-1。

① 罗大伟，张起燕. 科技促进台湾现代农业发展——剖析台湾农业科技研发体系[J]. 海峡科技与产业，2013（8）：20-26.

② 周江梅，郑培新. 台湾农业科技的近况与启示[J]. 台湾农业探索，2000（4）：20-22.

③ 丁毅. 台湾现代农业发展对大陆的几点启示[EB/OL]. http://www.cdtyzx.gov.cn/art/2015/11/5/art_11861_1681710.html. 2015-11-05.

表 18-1　台湾农业科研机构名录

主要部门	科研机构名称
农业主管部门下属公共研究机构	农业试验所、林业试验所、水产试验所、农业药物毒物试验所、家畜卫生试验所、畜产试验所、种苗改良繁殖场、桃园区农业改良场、苗栗区农业改良场、台中区农业改良场、台南区农业改良场、高雄区农业改良场、花莲区农业改良场、台东区农业改良场、茶业改良场、特有生物研究保育中心、屏东农业生物技术园区筹备处等
"台湾研究院"	植物暨微生物学研究所、分子生物研究所、农业生物科技研究中心、亚洲蔬菜研究发展中心、亚太粮食肥料技术中心等
高等院校	台湾大学生物资源暨农学院、嘉义大学农学院、"中国文化大学农学院"、中兴大学农业暨自然资源院、屏东科技大农学院、东海大学农学院、宜兰大学生物资源学院、海洋大学生命学院等

第四节　两岸农业合作的市场基础

大陆城乡居民收入的持续增长，提高了对优质特色农产品的购买和消费能力。从近 20 年来看，大陆城镇居民可支配收入从 1995 年的 4283.0 元增长到 2014 年的 28843.85 元，增长 5.73 倍，农村居民家庭人均纯收入从 1995 年的 1577.7 元增长到 2014 年的 10488.88 元，增长 5.65 倍。商务部发布报告显示，2015 年，大陆消费率在 2006—2015 年首次占据半壁江山，消费驱动型发展模式从 2015 年基本确立[①]。由此可见，大陆市场消费空间不断上升，为两岸农业发展带来更多机遇。

大陆对台湾优质特色农产品的需求不断增长，特别是石斑鱼、秋刀鱼等水产品、释迦等水果产品以及糕点等谷类调制品的需求不断增长。2015 年，台湾出口大陆前 10 项农产品产值达到 10.01 亿美元，占出口总值的 20.5%。其中，石斑鱼出口值最高，达到 1.22 亿美元，比 2011 年增长 19.87%，占出口总值的比例从 2011 年的 2.2%上升到 2015 年的 2.5%。烘制糕饼的出口值达到 8368.1

---

① 商务部. 2015 年消费报告——我国消费驱动型发展模式将基本确立[EB/OL]. http://china.cnr.cn/news/20150505/t20150505_518456203.shtml.2015-05-05.

万美元，比 2010 年增长 3.48 倍，占出口总值的比例从 2010 年的 0.5%上升到 2015 年的 1.7%，其他台湾对大陆出口额较大的农产品还包括牛皮、其他皮革、冷冻鱿鱼、面食谷类调制品、生鲜冷藏释迦果、酒类和冷冻秋刀鱼。

近年来随着农业信息化进程加快，大陆农产品电子商务发展已经初具规模，在"互联网+"、大数据背景下，农产品电子商务发展迎来更有利的市场机遇。农产品电子商务发展，一方面，扩大了市场空间，促进了农产品有序流通，另一方面，对特色农产品起到良好的宣传作用，完善了优质特色农产品的销售渠道。台湾出口到大陆的农产品大部分属于优质特色农产品，以台湾农民创业园为基地生产的台湾品种水果、蔬菜、茶叶等农产品也同样具有优质特色的优点，在大陆市场具有较大的发展空间。大陆农产品电子商务和物流体系的完善与发展有利于台湾优质特色农产品的市场营销。

台湾受人口数量等因素影响，农产品市场空间并不大。长期以来，台湾担心大陆农产品价格低廉，进口大陆农产品会冲击台湾岛内农产品市场，损害农民利益。但需要指明的是，大陆优质农产品出口到台湾岛内，会提升台湾岛内大多数消费者的经济福利。我国大陆农产品种类多样，品种繁多，很多农产品是我国台湾岛内无法生产，需要从欧美、澳大利亚、新西兰等地区和国家进口才能满足岛内需求的农产品，台湾应进一步向大陆开放农产品市场，特别是岛内稀缺的农产品种类。从大陆进口特色农产品能够有效调剂市场结构，改善消费者福祉，具有较强的现实意义。

两岸农业在巩固发展自身市场并加强彼此合作与联系外，还可以共同开拓外部农产品市场。台湾先进的农业技术，与大陆土地资源和劳动力资源进行组合，能够为扩大生产具有较强国际市场竞争力的农产品奠定坚实基础。两岸农业合作不能仅仅停留在抢占对方市场份额上，而是应当通过合作面向第三方共同市场。2013 年 9 月和 10 月，国家主席习近平出访中亚和东南亚国家期间，先后提出了共建"丝绸之路经济带"和"21 世纪海上丝绸之路"的重大倡议，即"一带一路"倡议。其中，"丝绸之路经济带"覆盖了新疆、重庆、陕西、甘肃、宁夏、青海、广西、云南、四川等省（直辖市）。"21 世纪海上丝绸之路"覆盖了福建、上海、广东、浙江和海南，特别是福建与台湾隔海峡相望，开展合作十分便利。两岸可以抓住"一带一路"建设的战略机遇，加强农业合作，特别是加强农产品加工企业合作，抓住战略机遇，共同实现开拓国际市场的宏伟目标。

第五节 两岸农业合作的平台基础

台湾农民创业园(以下简称"台创园")是两岸开展农业合作最理想的平台。目前,大陆已经开设29家台创园,分布较为广泛,主要覆盖了福建、广东、广西、云南、江苏、安徽、湖南和湖北等省份,每个台创园具有各自产业特色和优势,对台商台农来说具有较强的吸引力。各个园区通过完善的基础设施建设、优惠的政策环境,是吸引台湾农民和台商到大陆创业投资的理想之地。随着台创园的蓬勃发展,台创园的功能也得到较大的拓展,台创园在孵化农业新型业态、创新价值方面起到积极效果。例如,台创园促进了农业、加工业和休闲观光业的融合发展,促进了农产品电子商务发展,形成了培育推广品牌的新机制。两岸农民和企业在台创园开展合作,将有利于产业的集聚,发挥优势互补,有利于打造互动互助、共同合作发展的局面。

根据区域分布,可以将台创园分成东、中、西和东北四个区域的台创园。见表18-2。在东部地区,由于气候条件与台湾较为接近,适宜引进台湾水果、花卉和蔬菜等种植业新品种,还适宜引进台湾优势水产品品种。东部地区地处祖国沿海,率先开启了市场经济体制改革,在经济发展活力和创新上都具有领先地位,由于市场化程度提高,在引进台湾农业投资和台湾农民创业的过程中,东部地区政府部门具有良好的行政服务效率和服务意识,是台商和台农投资创业的优先选择。但随着大陆经济发展,东部地区的劣势也逐渐显现,土地成本攀升、劳动力成本上涨,已经导致东部地区在吸引台商和台农投资创业上不再是唯一的选择。近年来,台商和台农投资创业的地理分布呈现逐步向中、西部地区转移的趋势。在大陆中部和西部,劳动力成本和土地成本相对较低,呈现出一定的优势。中部和西部地区相对东部地区来说,农业发展方式相对粗放,亟须向集约化方式转变,这给农业创业投资带来潜在的空间。引进台商和台农到中西部台创园投资创业发展,所走的农业发展道路必然是精致农业道路,这能够对中西部发展现代农业起到良好的示范效应,两岸在中西部加强农业合作能够发挥良好的互补关系。

表 18-2　大陆台湾农民创业园的地区分布

地区	省份（直辖市）	台湾农民创业园具体分布
东部	福建	清流、漳平、漳浦、仙游、福清、惠安
	广东	珠海、梅州、汕头市潮南区
	浙江	苍南、慈溪、台州
	江苏	淮安、南京、江宁、南通、无锡、盐城
	山东	栖霞
中部	安徽	和县、庐江
	河南	修武
	湖北	黄陂
	湖南	岳阳
西部	四川	新津、攀枝花
	云南	昆明、石林
	重庆	北碚
	广西	钦州
东北	黑龙江	牡丹江

第十九章　合作潜力

第一节　两岸在农产品质量安全上的合作潜力

近年来，台湾在农产品和食品安全上加大政策调控力度，不断优化完善现行农产品和食品质量安全管理体系。台湾不断健全农产品质量安全的监管体系，对农产品药物残留进行动态检测，及时查禁违法农产品在市场流通。台湾构建了吉园圃、台湾优良农产品、台湾有机农产品和产销履历农产品等四大类农产品质量安全认证制度。其中，台湾不断推动农产品产销履历制度的覆盖率，据统计，截至 2015 年 11 月底，台湾通过验证产销履历农产品经营者合计 1532 家，生产产销履历农产品合计 259 种，在全台湾超过 390 家专柜、120 家溯源餐厅，提供消费者安心购买、享用。此外，农产品产销履历标签使用量从 2011 年的每月 77 万张逐年增长，到 2015 年 11 月底已达每月 527 万张，消费者通过农产品所贴印的二维条形码可以实时查询生产者及产品相关信息，及时了解农产品质量安全状况，台湾普通消费者已习惯将产销履历农产品列为优先选购消费对象之一[①]。

大陆农产品质量安全状况不断改善，政府不断加强农产品质量安全监管等相关制度建设。大陆消费者对农产品的质量安全也日益重视，特别是年轻消费者对质量安全的要求和维护健康权益的意识更加强烈。政府部门积极推动农产品质量安全建设，构筑质量安全的监管体系，完善农产品质量的法律法规，但

[①] 台湾农业主管部门. 产销履历——安全、永续、信息公开之可追溯农产品[EB/OL]. http://www.coa.gov.tw/view.php?catid=2503971. 2016-04-15.

值得注意的是，大陆农产品质量安全在制度上与台湾存在一定差距，还存在很多需要完善的地方。2012 年中央一号文件提出"强化食品质量安全监管综合协调，加强检验检测体系和追溯体系建设，开展质量安全风险评估"，2013 年中央一号文件提出"健全农产品质量安全和食品安全追溯体系"，2014 年中央一号文件提出"支持标准化生产、重点产品风险监测预警、食品追溯体系建设，加大批发市场质量安全检验检测费用补助力度"，2015 年中央一号文件提出"建立全程可追溯、互联共享的农产品质量和食品安全信息平台"，2016 年中央一号文件提出"加快健全从农田到餐桌的农产品质量和食品安全监管体系，建立全程可追溯、互联共享的信息平台，加强标准体系建设，健全风险监测评估和检验检测体系"。由此可见，大陆在农产品质量安全管理的认知与理解不断提升。从 2016 年起，农业部加快建设国家农产品质量安全追溯管理信息平台，实现生产、收购、储藏和运输等环节的追溯管理，建立质量追溯、执法监管、检验检测等数据共享机制，实现追溯信息可查询、来源可追溯、去向可跟踪、责任可追究①。

两岸在农产品质量安全方面存在较大的合作潜力。一方面，大陆可以借鉴台湾吉园圃、台湾优良农产品、台湾有机农产品、产销履历农产品等四大类农产品质量安全认证制度的做法和经验，进一步完善大陆农产品质量安全制度建设；另一方面，两岸可以共同学习交流农产品质量安全追溯管理信息平台与信息管理的做法和经验，互相借鉴优点和缺点。两岸还可以就农产品质量安全达成一系列共识，共同制定两岸通用的农产品质量安全标准，特别是两岸贸易数量和贸易金额较大的特定农产品。

第二节　两岸在农民教育培训上的合作潜力

2014 年台湾农业就业人数为 54.8 万人，比 2005 年减少了 4.2 万人，占全台湾就业总人数的比例从 2005 年的 5.93%下降到 4.95%。由此可看出，台湾农

---

① 农业部发展计划司. 农业部办公厅关于国家农产品质量安全追溯管理信息平台建设项目初步设计的批复[EB/OL]. http://www.moa.gov.cn/zwllm/tzgg/tfw/201603/t20160301_5034380.htm. 2016-03-01.

业劳动力数量总体上不多，但台湾农民的总体受教育程度较高，所获得的农业培训机会较多，对台湾农业发展起到非常关键的作用。据统计，台湾目前农民不识字比例仅占 7%，有高中以上学历的农民占比高达 59%①。台湾农民组织比较完善，农渔会是台湾农民最重要的团体组织，广泛分布在台湾各个县市。据统计，台湾目前拥有"省市级县市农会"23 家、会员代表 1123 人，乡镇市区基层农会 279 家、会员代表 11296 人、会员数达到 190.95 万人，农事小组数达到 4815 个。台湾专门成立了"农民团体干部联合培训协会"，对农渔会干部和管理人员进行专业培训，强化了农民组织的经营管理能力，有效改善了台湾农业经营水平。此外，台湾为了强化农民教育培训工作，特别在改良场农民培训班资源的基础上于 2011 年整合成立农民学院。通过农民学院的系统化课程（分入门、初阶、进阶及高阶不同层级训练班和培训课程），构建专业化农民职业技能培训场所，共举办 95 个农民培训班，培训 2678 人次，同时强化经营管理课程，开办农业推广人员辅导产销班和企业化经营训练班等 10 个培训班，培训273 人次，并加强农场见习实务训练，以提供有意从事农业的人员终身学习的管道，共培训 109 人次。农民学院搭建了农民技能交流的平台，为台湾农业输送了大量农业人才②。

据统计，2015 年，大陆农村人口规模达到 6.03 亿人，占大陆总人口数的43.90%。大陆农民工数量庞大，合计 2.77 亿人，其中，外出农民工 16884 万人，本地农民工 10863 万人③。大陆就业人员中，第一产业就业人员占 28.3%，大约2.19 亿人。目前，大陆外出务工的农村劳动力数量较大，在农村经营农业的劳动力普遍是老年人和妇女，年轻劳动力数量相对较少，且农村劳动力受教育程度低、参加技术培训的机会少，农业经营能力相对较弱，对市场化环境的适应能力不强。大陆不断强化对农民和农民工的教育培训。2012 年 1 月 5 日，农业部印发《全国农民教育培训"十二五"发展规划》，明确提出要按照政府主导、服务产业、因地制宜、需求导向的原则，大力发展农民教育培训，不断优化农民教育培训的工作环境，健全农民教育培训体系，促进农民教育培训的覆盖面

① 台湾农业主管部门.《瞧!转变中的农民》[EB/OL]. http://theme.coa.gov.tw/storyboard.php?web=S&parcat=12333&id=12339. 2007-02-01.

② 台湾农业主管部门. 本会中程施政计划（2013 至 2016 年度）[EB/OL]. http://www.coa.gov.tw/view.php?catid=2446218.

③ 国家统计局. 2015 年国民经济和社会发展统计公报[EB/OL]. http://www.stats.gov.cn/tjsj/zxfb/201602/t20160229_1323991.html. 2016-02-29.

和规模进一步扩大，逐步提高农民教育培训质量，改善农村劳动力知识和能力结构，促进职业农民队伍不断壮大，为农业农村发展提供人才支撑和智力保障能力①。大陆近几年逐步加强新型职业农民培育，农业部于2013年6月下发了《农业部办公厅关于新型职业农民培育试点工作的指导意见》，根据意见，全国将培育新型职业农民放在"三农"工作的突出位置，重点要培育生产经营型、专业技能型和社会服务型三类职业农民，全国正在建立农民教育培训制度，探索农业后继者培养途径，构建新型职业农民教育培训体系②。由此可见，大陆对农民教育培训的需求很大，而台湾已经积累了大量的基础和经验，两岸在农民教育培训方面具有较大的合作潜力和空间，大陆可以邀请台湾专家对大陆农民教育培训体系进行工作咨询和必要辅导，并借鉴台湾经验推动大陆农民教育培训体系的完善。

第三节　两岸在农业科技领域的合作潜力

目前，台湾农业科技正朝向"农业生产力4.0"迈进。所谓"农业生产力4.0"是指通过通信技术、工程技术等现代科技手段对农业进行升级改造。台湾的主要做法是重点发展生物技术产业、精致农业产业和精准农业产业，追求实现智能生产与数字服务，导入前瞻技术，化解农业劳动力逐渐短缺的劣势，提升农业发展质量和效益，保障农产品质量安全。台湾的农业科技管理体制较为完善，制定出台了大量鼓励扶持科技创新的相关规定，例如，关于农业科技园区设置、关于一般农业科技计划的补助方案、关于农业科技或创新的市场评估、关于农业知识产权保护、关于农业科研成果管理等。台湾通过农渔会等农民专业组织，向基层农民不断加强农业技术应用和推广服务。

大陆不断推动农业科技体制改革。2015年8月31日，中共中央办公厅、国务院办公厅印发了《深化农村改革综合性实施方案》。根据该方案，大陆要进

---

① 农业部科技教育司. 全国农民教育培训"十二五"发展规划[EB/OL]. http://www.moa.gov.cn/govpublic/KJJYS/201201/t20120105_2451706.htm?keywords=%E5%8D%81%E4%BA%8C%E4%BA%94. 2012-01-05.

② 农业部科技教育司. 农业部办公厅关于新型职业农民培育试点工作的指导意见[EB/OL]. http://www.moa.gov.cn/govpublic/KJJYS/201306/t20130605_3484776.htm. 2013-06-04.

一步深化农业科技体制改革，要"坚持科技兴农、人才强农，推进农业科研院所改革，打破部门条块分割，有效整合科技资源，建立协同创新机制，促进产学研、农科教紧密结合；完善科研立项和成果转化评价机制，强化对科技人员的激励机制，促进农业科研成果转化；扶持种业发展，做强一批'育繁推'一体化的大型骨干种子企业。完善基层农技推广服务体系，探索公益性农技推广服务的多种实现形式"①。大陆不断抓住新一轮科技和产业革命机遇，不断推动学科融合，推动农业科技创新。大陆加强信息技术、生物技术、新材料技术、新能源技术融合到现代农业建设当中，推动农业发展迈向农业技术智能化、机械化、绿色化，培育农业交叉学科发展。从农业科技创新进程来看，大陆农业科技创新已经从过去散点式分散创新向集成系统创新转变，农业科技创新的速度在加快，创新给农业产业带来的效益不断提升。与此同时，大陆积极推动农村基层农业科技推广服务工作，特别建立了科技特派员制度。根据统计，大陆目前已经培育了一支约 73 万人的科技特派员队伍，广泛活跃在农村基层和农业生产一线，为农村科技推广和服务农民解决农业关键技术障碍提供了有力支撑和帮助。2016 年 5 月 20 日，《国务院办公厅关于深入推行科技特派员制度的若干意见》（国办发〔2016〕32 号）发布，《意见》明确提出要按照改革创新、农村创业、分类指导和尊重基层首创的实施原则，要落实提升农业科技创新支撑水平，完善新型农业社会化科技服务体系、加快推动农村科技创新和精准扶贫的重要任务，要壮大科技特派员队伍，完善科技特派员选派政策，健全科技特派员支持机制。

两岸农业科技领域合作潜力较大。两岸在农业科技管理体制、农业前沿技术创新、农业科技推广服务体系方面均可开展合作。两岸可以推动农业科技管理部门交流、互相学习，推动农业科学家、科研人员、研究生开展学术和科研交流，推动农村基层科技人员交往互动，取长补短。

---

① 新华社. 中共中央办公厅 国务院办公厅印发《深化农村改革综合性实施方案》[EB/OL]. http://www.gov.cn/zhengce/2015-11/02/content_2958781.htm. 2016-06-03.

第四节　两岸在农村建设上的合作潜力

近年来，在大陆农业快速发展并取得粮食增产、农民增收的良好成效的同时，农业发展面临的资源约束和环境保护压力不断增加，农业可持续发展面临前所未有的挑战。据统计，2014 年大陆耕地平均质量等别为 9.97 等，总体偏低，优等地面积为 386.5 万公顷，占大陆耕地评定总面积的 2.9%，所占比例较低①。与此同时，大陆农村生活污染物缺乏管理，脏乱差现象明显，生活污水未经过有效处理直接排放，很多农村还存在饮用水安全问题和土壤污染问题。大陆针对上述问题积极出台政策。2005 年，中央提出建设社会主义新农村的重大历史任务。2008 年，浙江吉安县提出"美丽乡村"计划，对新农村建设进一步提升。目前及今后一段时间，大陆将建设"美丽乡村"作为重要的发展任务，各地启动了多样化的建设方案。

台湾为了促进农村永续发展，活化农村再生，改善农村生产条件，保护农村生态和文化，提高农民的生活品质，建设富丽新农村，于 2010 年开始推动农村再生计划，并专门制定《农村再生条例》加以规范。台湾农政部门对农村再生的资金补贴主要用于改善农村的整体环境、公共设施、个别住宅，还用于农村产业发展、生态和文化保护相关支出。在推动农村再生过程中，台湾农政部门十分重视开发农村人力资源，培育农村人力，特别开办农村再生培根计划。根据最新规划，台湾将在 2017—2020 年继续加强农村再生培根训练，引导农村自主发展，鼓励年轻学子以新思维及技术投入农村，协助农村社区发展，目标是在 2020 年末实现累计开办农村再生培根训练覆盖 3000 个以上农村社区，累计培训率达 70%②。

大陆的美丽乡村建设与台湾的农村再生计划在某种程度上存在很大相似性，其根本目标都是要增强农村的吸引力，活化农村，将农村建设成为宜居、生态、富有文化的社会空间组成部分。两岸在农村建设上具有互相交流、合作

① 环境保护部. 2015 年中国环境状况公报[EB/OL]. http://www.zhb.gov.cn/gkml/hbb/qt/201606/W020160602362966906011.pdf.

② 台湾农业主管部门. 2017—2020 年发展计划（农业部分）[EB/OL]. http://www.coa.gov.tw/view.php?catid=2504512.

的潜力，无论从推动农村建设的行政主管部门，还是行业协会、研究人员，无论是农村社区，还是参与农村建设的农村居民，都具有交流合作的良好基础，两岸农村建设的思路、方案、路径的差异和相同点，都为两岸深度开展合作埋下伏笔。

第五节　两岸在产业融合发展上的合作潜力

2015年中央一号文件首次提出推进"农村一二三产业融合发展"。这是推动农业现代化发展过程中，提高农民收入的新的重要途径。从大陆农业发展的规律来看，农业发展不能仅仅依靠财政补贴，还必须从农业内部着手，发掘内部增值潜力。近年来，大陆城乡居民收入水平提高，对高质量的农产品需求、对旅游的需求都呈现前所未有的快速增长趋势。应抓住市场变化的机遇，将农业与加工业、旅游业、餐饮业和文化产业等进行融合发展，带动农业附加值提高，扩大农村农民就业渠道，从而带动农民增收。农村既提供初级农产品，自己又能对其农产品进行精深加工，延长它的产业链，提高它的价值。同时还可以在农村开展各种各样的服务业，包括旅游业、农家乐等，通过各种途径来增加农民收入[①]。2015年12月30日，《国务院办公厅关于推进农村一二三产业融合发展的指导意见》（国办发〔2015〕93号）发布。该意见明确提出，要发展多类型农村产业融合方式，包括推进新型城镇化、调整农业结构、延伸农业产业链、扩展农业多功能、发展农业新型业态以及引导产业集聚发展等。在"完善多渠道农村产业融合服务"方面，明确提出了"搭建公共服务平台"，具体措施包括优化农村创业孵化平台，搭建农村综合性信息化服务平台，完善农村产权流转交易市场建设等。

从两岸农业合作发展的基础和潜力来看，两岸农业产业融合发展是最具合作潜力的领域。推动农村一二三产业融合发展的核心内容是加快创新，通过创新才能够挖掘农业内部的潜力。台湾农业发展特色在于精致农业、创意农业，在发展一二三产业融合方面积累了大量有益的经验，可以为大陆提供很多借鉴和参考。

---

① 陈锡文. 通过农村一二三产业融合发展使农民增收[EB/OL]. 中国网，2015-02-03.

第二十章　合作途径

第一节　加快两岸农产品贸易发展

第一，两岸要完善农产品检验检疫标准，为两岸农产品贸易合作提供基础支持。2009 年 12 月 22 日，两岸签署了《海峡两岸农产品检疫检验合作协议》，加强检疫检验交流与合作，共同协商解决农产品（包括饲料）贸易中的检疫检验问题，共同防范有害生物在两岸传播，构建两岸农产品质量安全防护网。经过多年发展，在该协议的实施下，两岸农产品贸易取得长足发展。根据最新统计，台湾葡萄已经成为大陆可以进口的第 24 项水果，其风险评估工作在 2015年 6 月基本完成。台湾组织有关专家、部门负责人到大陆进行实地考察和收集检验检疫材料，完成相关风险评估程序，2013 年，大陆的樱桃经过台湾严格的检疫检验流程，可以直接出口到台湾，这标志两岸以水果为代表的农产品贸易发展又向前迈进一步。两岸检验检疫部门可以加强合作，改善两岸农产品的源头、产地、质量安全状况的检查流程，提高检验检疫工作效率，缩短通关时间，为提高两岸农产品贸易和流通奠定坚实的基础。

第二，逐步扩大降低关税农产品范围。彼此降低农产品关税，是促进两岸农产品贸易的重要策略，降低关税能促进实现两岸居民福祉互惠互利。在海峡两岸经济合作框架协议（ECFA）早期收获清单中，大陆已经对台湾 18 项农产品降低关税。两岸应就农产品关税进行进一步沟通交流，不断扩大降税范围，增加"零关税"农产品进出口。

第三，加强两岸农产品流通体系的合作与完善。海峡两岸距离相对较近，对加快农产品商贸流通提供了有利条件。近年来，大陆海关对台湾农产品进口到大陆流通出台了许多具体举措，例如，加快海运服务、实施海关"预约通关"

"船边验放"等，有效降低了流通成本。随着现代化物流设施建设不断完善，以及现代物流技术的支撑，高效、快速的两岸农产品物流体系正在形成，大大提高了农产品流通速度，有效保证了农产品流通的质量。

第二节　农业科技合作途径

第一，不断加强两岸农业科研机构的交流与合作。大陆各地高等学校农学院、农业科学院机构可以加强与台湾高校或科研院所的互访交流，联合举办学术研讨会，对农业学科基础研究方向和亟待解决的应用研究主题进行专门研讨和交流，加强两岸农业科研人员的交流与合作，重点了解农业科学国际前沿最新进展。

第二，继续完善两岸农业领域研究生联合培养模式和学生交流制度。在两岸教育部门不断加强交流与合作的基础上，两岸可以在农业领域加强研究生的联合培养，除了正式攻读学位之外，可以增加短期交流频率，让两岸青年农业科研人员进行紧密联系交往，为未来两岸农业科研领域交流奠定基础。

第三，两岸共同设立农业科技联合创新项目。虽然目前大陆和台湾各自具有一些科技项目或计划申请渠道，可以让两岸农业专家学者联合从事科技攻关，但这种方式的缺点是单方面进行主导，另一方面进行补充和配合，两岸科研人员在执行具体项目和计划中发挥的作用是不均衡的。两岸科技部门应就两岸农业领域共性科技难题、关键性技术构建联合创新制度，设立专门基金，以科技创新的难点和热点为中心，集聚两岸优秀的科技人才，发挥各自的优势力量，打造两岸农业科技研发的创新高地，共同解决农业科技瓶颈问题，将科技成果分享两岸。

第三节　农村建设合作途径

第一，两岸应加强基层乡村的交流与互访。目前，两岸乡村基层交流在局部地区较为频繁，但总体上数量偏少，由于大陆地域广阔，很多地区尚未与台湾基层乡村取得联系。

大陆地域广阔，农村风格差异较大，实施美丽乡村建设的方案和具体路径均不相同，如何吸收借鉴台湾经验是一个难点。推动两岸乡村基层交流，可以让农民、农村干部增进彼此了解，互相启迪美丽乡村建设的思路、建议与措施。

从台湾方面来看，基层乡村农民和农民团体干部具有较丰富的实践经验，对农村建设和改造具有良好的理解和认知，对提升大陆农村干部和农民的思想意识具有良好的示范效应。

第二，推动两岸农业和农村协会等组织的交流与合作。台湾目前有很多专业的协会、学会和基金会，在农村再生和建设上拥有一批专家，这些机构和个人能够帮助大陆建设美丽乡村少走弯路，还有利于帮助大陆成立相关农村建设的服务性社会化组织，解决目前农村建设的辅助主体缺失问题。

第三，推动两岸行政主管部门在农村建设和保护上的交流。目前，大陆的美丽乡村建设存在政府部门作用过于强大的问题。诚然，政府在美丽乡村建设中的作用是非常重要的，从某种程度上来看，具有举足轻重的作用。但政府强势主导美丽乡村建设，容易导致乡村建设呈现雷同现象，农民参与程度下降，美丽乡村建设的后续持续动力不足等问题。从台湾的实际经验来看，行政主管部门在美丽乡村建设中发挥十分重要的引导和辅导作用，但其落脚地往往更加倾向于重视农民素质开发和能力提升。台湾农政部门在实施农村再生政策过程中，制定了一系列关于调动农民积极性、发挥农民自主性的行之有效的配套措施，这些经验对大陆来说十分宝贵。大陆地方政府主管美丽乡村建设的主管机构应该加强与台湾农政部门对接与交流，主要了解掌握台湾在农村再生计划实施过程中具体制定哪些政策措施，了解他们实施政策措施的过程。例如，补贴经费标准，补贴方式，开展农民培训的方式，引导农民提升自我能力的具体做法。通过交流与学习，大陆地方政府的主管机构能够更加深刻地理解美丽乡村建设中如何引导农民积极发挥自身作用，达到良性推动美丽乡村建设的目标。

第四节　依托台湾农民创业园加快两岸农业合作的途径

第一，组织开展电子商务培训交流活动，开展两岸农产品电子商务合作。大陆近年来电子商务发展形势迅猛，带动了各个产业的转型升级和快速发展。农产品电子商务成为大陆农村电子商务的重要组成部分，2014年，大陆农村电子商务得到飞跃发展，有各类涉农电商3.1万家，其中涉农交易类电商有近4000家①。值得注意的是，大陆农产品电子商务发展正处于快速发展阶段，发展模式呈现多样性的特点，为两岸农业企业和农民提供了更多机遇。台湾岛内近年来虽然电子商务也取得一定进展，但总体上大陆在农产品电子商务方面更领先一步，对于来大陆创业投资的台商和台农来说，掌握适应大陆环境的电子商务手段是扩大农产品销售渠道，提高两岸农业合作层次，提升台湾特色农产品品牌形象的正确策略选择。以农业部为牵头单位发起的台湾农民创业园农产品电子商务培训班，通过邀请大陆知名电子商务平台企业人士、专家讲座报告的方式，向两岸企业从业人员和农民传播大陆农产品电子商务发展的最新经验，鼓励支持台商和台农结合自身优势，提升电子商务技能，共同推动两岸农产品电子商务发展。

第二，推动两岸农业企业和农民深度参与两岸农产品会展。近年来，两岸共同发起、互相参加的农产品博览会、展示会数量呈上升趋势，规模呈扩大趋势，为两岸农业发展创造了更加良好的发展空间。通过博览会、展示会，极大地宣传了两岸农业企业和农产品品牌，扩大了两岸农业界交流与合作。台湾农民创业园不仅是台商和台农创业的乐园，同时也是一个交流共享的平台，在两岸各类农业和农产品展览会、展示会上，台湾农民创业园成为台商和台农的营销联盟，通过集体营销的方式克服了单个台农和台商在市场上孤军奋战的被动

---

① 中国电子商务研究中心.《2014—2015年中国农产品电子商务发展报告》摘要[EB/OL]. http://b2b.toocle. com/detail--6246398.html. 2015-04-24.

局面，联盟还为加快开拓新市场，创造新的商机提供了动力机制。

第三，加强两岸农业技术扩散与示范推广。在大陆投资创业的台商和台农在台湾农民创业园广泛试种台湾优质的水果、蔬菜等农产品新品种，广泛应用农业新技术，形成了先进农业技术融合渗透、扩散示范的良好效应。两岸农业企业和农民还可以进行大胆尝试，不断引进包括两岸在内的各种优质品种和先进技术，依托园区不断创新，开发两岸农业合作新的领域，培育农业经济发展新的增长点。

第五节　两岸在产业融合发展上的合作途径

一方面，大陆应加强学习台湾农村一二三产业融合发展的经验。台湾在农村一二三产业融合发展方面积累了很多经验。首先，台湾农民组织建设比较完善，基层农民可以在农会、渔会或合作社的带动下，开展农产品初级加工和休闲农业，将当地传统种植业、养殖业和渔业进行产业链延伸。其次，台湾文化创意产业较为发达，对农业领域的渗透能力较强，农业受到文化创意产业带动，形成新的产业增值方式。大陆应增加农业人员赴台交流学习，重点学习台湾农村一二三产业融合发展的有益经验、案例和政策做法，完善大陆农村一二三产业融合发展方式。

另一方面，两岸共同创新一二三产业融合发展模式。一二三产业融合发展的本质要鼓励创新，通过创新和创业带动产业增值发展。大陆各地一二三产业融合发展不断形成新的模式，例如，融合电子商务平台、延伸产业链条、融合新技术或新要素等。两岸农业发展具有各自优势，两岸加强合作，可以共同开发新的融合发展模式，为农业产业注入新的力量和动力。

第二十一章 合作前景

第一节 两岸农产品贸易发展前景

两岸农产品贸易从 20 世纪 90 年代开始逐步扩大，特别是从 2009 年开始，随着两岸关系的缓和稳定，两岸农产品贸易增长的速度更快，两岸农产品贸易额在 2009—2015 年期间的增长速度达到 12.90%，其中台湾对大陆农产品出口额的增长率达到 18.30%，台湾对大陆的进口额增长率达到 8.51%。而 1992—2008 年两岸农产品贸易额增长率为 11.08%，低于 2009—2015 年期间的增长速度。两岸农产品贸易额占台湾与世界农产品贸易额的比例从 1992 年的 1.86% 上升到 2015 年的 9.86%，统计数据表明，两岸农产品贸易额还有很大的增长潜力，特别是大陆对台湾农产品出口潜力较大。大陆对台湾农产品出口额占世界对台湾农产品出口额的比例从 1992 年的 2.87% 上升到 2015 年的 6.27%，比例低于 10%。台湾对大陆农产品出口额占台湾对世界农产品出口额的比例从 1992 年的 0.0027% 上升到 2015 年的 20.52%。详见图 21-1。

研究表明，海峡两岸农产品贸易联系紧密，相互依赖程度日益加深；由于大部分农产品贸易互补性的性质发生了改变，海峡两岸农产品的互补性贸易由单一的产业间互补转变为产业间互补和产业内互补共生并存，两岸农产品出口比较优势下降导致贸易互补性呈弱化趋势[1]。这就意味着，两岸必须推动农业要素的互相流动，在农业产业链和价值链上形成有机的分工体系，以两岸农业整

---

[1] 吴凤娇. 海峡两岸农产品贸易互补性的动态演化研究：1996—2010 年[J]. 农业经济问题，2012（11）：22-30.

合的方式，共同面对全球农产品市场，提升共同的农业竞争力，寻求两岸农业产业合作新的发展模式。

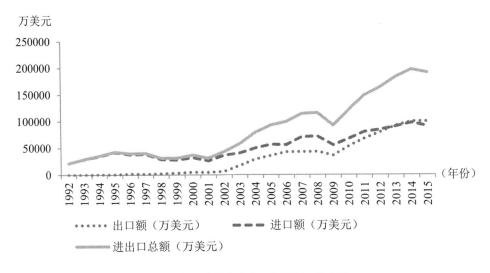

图 21-1　台湾对大陆进出口贸易额变化趋势

第二节　两岸农村建设合作前景

《农业部办公厅关于开展"美丽乡村"创建活动的意见》指出，"开展'美丽乡村'创建，推进农业发展方式转变，加强农业资源环境保护，有效提高农业资源利用率，走资源节约、环境友好的农业发展道路，是发展现代农业的必然要求，是实现农业农村经济可持续发展的必然趋势"①。在不久的将来，大陆通过美丽乡村建设，必然会不断提高农民的素质和技能，不断完善农村的生态环境，保持农业可持续发展，改变农村面貌。通过两岸农村建设的合作，大陆将积极吸收借鉴台湾农村再生计划实施过程中的有益经验，转变大陆美丽乡村建设的管理方式，更加突出发挥农民首创精神，通过农民共同参与、共同谋划的方式，增强了农村社区的活力，增强了农村对城市居民的吸引力。通过两岸

---

① 农业部科技教育司. 农业部办公厅关于开展"美丽乡村"创建活动的意见[EB/OL]. http://www.moa. gov.cn/govpublic/KJJYS/201303/t20130304_3237659.htm. 2013-03-04.

农村建设的合作，大陆美丽乡村建设将呈现多样化发展特征，美丽乡村的内涵不断被拓展，美丽乡村的个性化不断被体现，每个乡村都能实现文化产业、创意产业和农业产业的有机融合发展。

第三节　两岸农产品质量安全合作前景

大陆对农产品质量安全保障体系的重视程度逐渐提高，在"十三五"规划中，明确将农产品质量列入农业现代化建设的八大重要工程之一，明确了要加强农产品生产过程采取有效措施减少化肥使用量，大力发展无公害农产品、绿色农产品、有机农产品，不断提高地理标志农产品的市场认可程度，构建农产品质量安全监管和追溯制度，逐步实现农产品质量安全信息共享和互联互通。预计不久的将来，大陆的农产品质量安全管理方式会进一步创新，政府对农产品质量安全的监管能力会得到大幅度提升，农产品质量安全状况也会得到较大改善。

与此同时，台湾也在积极推动构建并完善具有操作性的农产品质量安全可追溯制度。台湾要推动产地证明标章，发展产地鉴别技术，构建台湾岛内与岛外农产品市场区隔。台湾农政部门也通过完善农药、饲料、添加剂等农业生产投入品的监管，加强对屠宰环节和运输环节卫生管理、动植物卫生安全风险监管，构建动态的动植物疾病防控与防疫体系、完善第三方验证等多种手段，积极推动构建农产品质量安全网。台湾农产品质量安全也在不断探索，力争推动CAS 优良农产品认证制度、TAP 产销履历验证制度与国际制度相接轨。

两岸在农产品质量安全上既可以开展探索、交流与合作，共同学习借鉴农产品质量安全的法律法规、政策措施等具体做法与经验，又可以以典型先进地区为参照对象，共同学习借鉴国际完善的农产品质量安全制度，强化两岸农产品质量安全的保障水平，共同为两岸人民谋福祉。

第四节　两岸农业科技研发合作前景

着眼未来，两岸农业科技都将呈现快速发展的趋势，两岸在各自具有优势的科技领域创新力度会进一步增强，两岸在全球农业科技竞争格局中会逐步发力，抢占一席之地。两岸农业界应促进各自农业科研院所和高等学校加强科研交流与合作，如联合申请两岸科技项目或研发计划经费支持，加强两岸科研人员、研究生学术交流互访，全方位多层次开展两岸农业科技研讨会，共同开发利用两岸的种质资源。从全球农业科技发展趋势来看，各国都竞相争取农业科技研发的制高点，各个国家都高度重视农业科技的前沿技术研发，并试图通过技术研发拉动产业升级，从而在全球农业经济竞争格局中保持领先和优势地位。两岸在农业科技上必须要主动适应全球化背景，必须将农业科技进步作为农业发展的持久动力加以重点推动。两岸应当增强政治互信，在整合两岸农业资源的基础上，探索组建区域性农业科技研发中心，形成科技创新合力，克服两岸单独打拼的格局，优化两岸农业科技人才结构和分工，实现两岸科技资源的优化配置，共同面向全球农业科技前沿领域，共同加快核心领域关键科技的研发。

第五节　两岸在产业融合发展上的合作前景

从未来趋势来看，大陆通过各种政策扶持，促进农村一二三产业融合发展，将对农业转变发展方式和调整农业结构产生积极影响。农村地区传统产业所占比例将下降，一二三产业融合发展的新业态将不断涌现，产业交叉与产业创新不断强化，农业提档升级步伐加快，农民收入将持续稳定增长。同时，台湾农业产业升级的速度也在提高，农业产业与其他产业之间的关联变得更加紧密，农业与其他产业联动增值增效明显，台湾在一二三产业融合发展上也将呈现较快的发展趋势。两岸加强一二三产业融合发展合作，一是可以加快新兴业态形成的速度，在一段时间内，新业态的数量将扩大，质量都将提高；二是一二三产业融合发展模式更加多样化，如台湾的文化创意元素融入大陆农业发展，大陆的农产品电子商务平台模式向台湾岛内辐射扩大；三是对农民的带动能力增强，一二三产业融合发展为两岸农民提供更多的就业和创业机会，两岸农民的素质和技能得到大幅度提升，两岸青年农民合作创业的积极性和主动性得到提高，农村人力资源得到改善。

主要参考文献

[1] 安徽财经大学、中华合作时报社联合专题调研组. 2014年中国合作经济年度发展报告之农民专业合作社发展研究报告[J]. 中国合作经济, 2015（10）: 57-68.

[2] 安增军, 张昆. 海峡两岸农地改革的比较与借鉴[J]. 亚太经济, 2014（6）: 97-101.

[3] 蔡秀婉. 台湾"小地主大佃农"政策之推动与展望[M]//任爱荣. 开拓海峡两岸农业合作新视野（新形势下海峡两岸农业合作与发展研讨会论文集）. 北京: 中国农业出版社, 2009: 234.

[4] 陈恩. 台湾地区经济结构分析——从产业结构角度切入[M]. 北京: 经济科学出版社, 2003.

[5] 陈佳贵, 黄群慧, 吕铁, 李晓华, 等. 工业化蓝皮书——中国工业化进程报告(1995—2010) [M]. 北京: 社会科学文献出版社, 2012.

[6] 陈佳贵, 黄群慧, 钟宏武, 等. 中国工业化进程报告[M]. 北京: 中国社会科学出版社, 2007.

[7] 陈锡文. 通过农村一二三产业融合发展使农民增收. 中国网, 2015-02-03.

[8] 陈晓华. 改革发展中的中国农民专业合作经济组织[J]. 农村经营管理, 2001（11）: 5-6.

[9] 程振琇. 台湾农业科研体系与管理特点[J]. 台湾农业情况, 1989（4）: 6-10.

[10] 戴化勇. 我国农产品流通体制的历史、现状及改革措施[J]. 物流工程与管理, 2009（4）: 33-36.

[11] 邓志红, 危文高. 中国台湾农业合作组织发展的历史、经验及启示[J]. 世界农业, 2014（11）: 180-184.

[12] 邓耀宗. 台湾稻作之回顾与展望[J]. 高雄区农业改良场研究汇报, 2004,

14（3）.

[13] 丁毅. 台湾现代农业发展对大陆的几点启示[EB/OL]. http://www.cdtyzx.
gov.cn/art/2015/11/5/art_11861_1681710.html. 2015-11-05.

[14] 范小芳. 日本殖民时期台湾农业研究[J]. 台湾研究，2002（4）：85-93.

[15] 方志权，顾海英. 海峡两岸鲜活农产品流通体制若干问题比较研究[J]. 上
海农村经济，2003（1）.

[16] 冯飞，王晓明，王金照. 对我国工业化发展阶段的判断[J]. 中国发展观察，
2012（8）：24-26.

[17] 国家统计局. 2015 年国民经济和社会发展统计公报[EB/OL]. http://www.
stats.gov.cn/tjsj/zxfb/201602/t20160229_1323991.html. 2016-02-29.

[18] 韩永涛. 海峡两岸农业保护政策的比较与借鉴 [J]. 中国青年政治学院学
报，2013（6）：114-118.

[19] 何安华. 台湾地区的农业合作组织[J]. 中国合作经济评论，2011（2）：156-
180.

[20] 环境保护部. 2015 年中国环境状况公报[EB/OL]. http://www.zhb.gov.cn/
gkml/hbb/qt/201606/W020160602362966906011.pdf.

[21] 黄佩民. 中国农业的发展阶段分析[G]//中国自然辩证法研究会第五次全国
代表大会文献汇编，2001.

[22] 姜长云，赵佳. 我国农产品流通政策的回顾与评论[J]. 经济研究参考，2012
（33）：18-29.

[23] 姜爱林. 论中国工业化的发展阶段[J]. 中国农业银行武汉培训学院学报，
2002（3）：6-11.

[24] 科技部. 关于印发《关于深入开展科技特派员农村科技创业行动的意见》
的通知. http://www.most.gov.cn/tztg/200906/t20090617_71330.htm. 2009-06-
17.

[25] 黎元生. 农产品流通组织创新研究[M]. 北京：中国农业出版社，2003.

[26] 李炳坤. 农产品流通体制改革与市场制度建设[J]. 中国农村经济，1999(6)：
11-18.

[27] 李家泉，刘映仙. 台湾农村经济关系的变化[C]//厦门大学台湾研究所《台
湾经济问题》（论文集）. 福州：福建人民出版社，1982.

[28] 李明. 台湾农业支持政策的演变与借鉴[J]. 中共济南市委党校学报，2006

（1）：69-71.

[29] 林卿. 海峡两岸农地制度改革比较与分析[J]. 福建农业大学学报（社会科学版），2001，4（1）：20-31.

[30] 刘斌，张兆刚，霍功. 中国三农问题报告[M]. 北京：中国发展出版社，2004.

[31] 刘涛. 我国农民专业合作社发展的调查与建议[J]. 北京工商大学学报（社会科学版），2012（6）：32-36.

[32] 罗大伟，张起燕. 科技促进台湾现代农业发展——剖析台湾农业科技研发体系[J]. 海峡科技与产业，2013（8）：20-26.

[33] 吕从周. 台湾农业技术推广[J]. 台湾农业情况，1985（2）：19-23.

[34] 吕翾. 促进农民增收目标下两岸农地产权保障制度比较探析[J]. 湖南科技大学学报（社会科学版），2013（3）：62-66.

[35] 缪建平. 台湾的蔬菜、水果市场体系建设考察[J]. 中国农村观察，1998（2）：63-67.

[36] 牛若峰. 台湾农产品运销制度与批发市场[J]. 中国农村经济，1994（3）：39-44.

[37] 农业部，财政部. 农业部办公厅 财政部办公厅关于印发2009年基层农技推广体系改革与建设示范县项目实施指导意见的通知[EB/OL]. http://www.moa.gov.cn/ztzl/njtgtxgghjs/gztz/201002/t20100203_1427597.htm，2010-02-03.

[38] 农业部科技教育司. 全国农民教育培训"十二五"发展规划[EB/OL]. http://www.moa.gov.cn/govpublic/KJJYS/201201/t20120105_2451706.htm?keywords=%E5%8D%81%E4%BA%8C%E4%BA%94. 2012-01-05.

[39] 农业部科技教育司. 农业部办公厅关于新型职业农民培育试点工作的指导意见[EB/OL]. http://www.moa.gov.cn/govpublic/KJJYS/201306/t20130605_3484776.htm. 2013-06-04.

[40] 农业部农产品加工局. 2015年我国农产品加工业运行稳中有进[EB/OL]. http://www.moa.gov.cn/govpublic/XZQYJ/201603/t20160315_5053208.htm. 2016-04-18.

[41] 农业部. 农业部关于促进企业开展农业科技创新的意见[EB/OL]. http://www.moa.gov.cn/govpublic/KJJYS/201301/t20130121_3202984.htm. 2013-01-08.

[42] 农业部. 农业部办公厅关于印发《全国生猪遗传改良计划（2009-2020）》

的通知[EB/OL]. http://www.moa.gov.cn/zwllm/ghjh/200908/t20090806_1327041. htm. 2014-07-20.

[43] 农业部发展计划司. 农业部办公厅关于国家农产品质量安全追溯管理信息平台建设项目初步设计的批复[EB/OL]. http://www.moa.gov.cn/zwllm/tzgg/ tfw/201603/t20160301_5034380.htm. 2016-03-01.

[44] 彰化县政府农业处. 休闲农业区[EB/OL]. http://agriculture.chcg.gov.tw/ 07other/other01_con.asp?topsn=17&data_id=2568. 2016-04-30.

[45] 祁春节，蔡荣. 我国农产品流通体制演进回顾及思考[J]. 经济纵横，2008（10）：45-48.

[46] 祁胜媚，杜垒，封超年，等. 台湾地区农产品运销体系的建设经验与启示[J]. 世界经济与政治论坛，2011（3）：145-159.

[47] 钱纳里，等. 工业化和经济增长的比较研究[M]. 上海：上海三联书店，1989.

[48] 乔娟，曹蕾. 基于食品质量安全的农户认知、行为、态度和意愿分析——以江苏省如东县长沙镇水产养殖为例[J]. 中国畜牧杂志，2009（14）：24-28.

[49] 邱章泉. 台湾农产品运销的形式和启示[J]. 台湾农业探索，1999（2）.

[50] 人民日报. 2016年中央一号文件（全文）[EB/OL]. http://www.farmer.com.cn/ xwpd/jsbd/201601/t20160128_1176309_5.htm. 2016-01-28.

[51] 单玉丽，刘克辉. 台湾工业化过程中的现代农业发展[M]. 北京：知识产权出版社，2009.

[52] 单玉丽. 台湾农产品运销发展的历程及趋势[J]. 现代台湾研究，2001（6）：27-30.

[53] 商务部. 2015年消费报告——我国消费驱动型发展模式将基本确立[EB/ OL]. http://china.cnr.cn/news/20150505/t20150505_518456203.shtml. 2015-05-05.

[54] 申红芳，廖西元，王志刚，等. 基层农技推广人员的收入分配与推广绩效——基于全国14省（区、市）44县数据的实证[J]. 中国农村经济，2010（2）：57-67.

[55] 施洁斌. 日本殖民时期的台湾农业科技[J]. 古今农业，1999（1）：66-72.

[56] 台湾土地改革纪念馆. 寻访历史——第五章　三七五减租[EB/OL]. http://www.landreform.org.tw/html/02-05.htm#chap05.

[57] 台湾"财团法人畜产会". 2013 台湾养猪统计手册 [EB/OL]. http://www.naif. Org.tw/upload/238/20141103_153131.96748.pdf. 2014-12-24.

[58] 台湾"财团法人畜产会". 种猪产业现况[EB/OL]. http://www.naif.org.tw/ industrialist.aspx?frontTitleMenuID=12. 2014-07-20.

[59] 台湾"财团法人畜产会". 2013 台湾养猪统计手册[EB/OL]. http://www. naif.org.tw/upload/238/20141103_153131.96748.pdf. 2014-07-20.

[60] 台湾"经济主管部门统计处". 工业生产统计年报[EB/OL]. http://www. moea.gov.tw/Mns/dos/content/ContentLink.aspx?menu_id=9426.

[61] 台湾农产品安全追溯资讯网 TAFT. 什么是产销履历[EB/OL]. http://taft. coagov.tw/ct.asp?xItem=4&CtNode=296&role=C. 2014-07-20.

[62] 台湾"行政主管机关农业主管部门". 农业统计年报（2013 年）[EB/OL]. http://agrstat.coa.gov.tw/sdweb/public/book/Book.aspx. 2014-07-07.

[63] 台湾"行政主管机关农业主管部门". 台湾养猪产业的发展[EB/OL]. http://kmweb.coa.gov.tw/subject/ct.asp?xItem=111690&ctNode=3810&mp=25 9&kpi=0&hashid=. 2014-07-20.

[64] 台湾"行政主管机关农业主管部门". 推动"小地主大佃农"政策执行方案 [EB/OL]. 台湾农业主管部门网站. 2009-05-27.

[65] 台湾"行政主管机关农业主管部门畜产试验所". 技术移转公告[EB/OL]. http://www.tlri.gov.tw/page.aspx?path=117. 2014-07-20.

[66] 台湾畜产种源咨询网. 台湾地区种猪场猪种介绍[EB/OL]. http://www. angrin.tlri.gov.tw/indexi.htm. 2014-07-20.

[67] 台湾养猪产业之问题与对策[EB/OL]. kdais.coa.gov.tw/htmlarea_file/web_ articles/kdais/1697/26-4-04.txt. 2014-12-26.

[68] 涂勋. 台湾农业发展历程与演变[J]. 中国乡镇企业，2001（10）：17-18.

[69] 王树华. 关于我国工业化发展阶段的评估[J]. 商业时代，2008（29）：4-5.

[70] 王双进，高贵如. 农产品流通：市场约束与市场化改革[J]. 粤港澳市场与价格，2006（8）：19-21.

[71] 王小刚，鲁荣东. 库兹涅茨产业结构理论的缺陷与工业化发展阶段的判断 [J]. 经济体制改革，2012（3）：7-9.

[72] 吴丽民，袁山林. 台湾农业合作社的发展及其对大陆的启示——以台湾汉光果菜合作社为案例的实证分析[J]. 现代经济探讨，2006（5）：37-40.

[73] 吴群. 工业化发展阶段评价标准综述[J]. 经济研究导刊, 2014（21）: 8-9.

[74] 相重扬. 台湾农产品运销制度[J]. 世界农业, 1995（12）: 6-8.

[75] 晓邢. 试比较大陆与台湾的土地改革[J]. 殷都学刊, 1995（4）: 101-102.

[76] 谢金箫. 经济增长之路——从"工业化"到"四化"同步发展[J]. 学术交流, 2014, 214（4）: 102-106.

[77] 新华社. 2015年中央一号文件(全文). http://www.farmer.com.cn/uzt/ywj/gea/201601/t20160128_1176622.htm.

[78] 新华社. 中共中央办公厅 国务院办公厅印发.《深化农村改革综合性实施方案》[EB/OL]. http://www.gov.cn/zhengce/2015-11/02/content_2958781.htm. 2016-06-03.

[79] 台湾"行政主管机关农业主管部门". 产销履历——安全、永续、信息公开之可追溯农产品[EB/OL]. http://www.coa.gov.tw/view.php?catid=2503971. 2016-04-15.

[80] 台湾"行政主管机关农业主管部门". 瞧!转变中的农民[EB/OL]. http://theme.coa.gov.tw/storyboard.php?web=S&parcat=12333&id=12339. 2007-02-01.

[81] 台湾"行政主管机关农业主管部门". 本会中程施政计划（2013至2016年度）[EB/OL]. http://www.coa.gov.tw/view.php?catid=2446218.

[82] 台湾"行政主管机关农业主管部门". 2017—2020年发展计划（农业部分）[EB/OL]. http://www.coa.gov.tw/view.php?catid=2504512.

[83] 台湾行政主管机关生产力4.0产业与技术发展策略——农业生产力推动策略[EB/OL]. http://agritech-foresight.atri.org.tw/archive/file/2015-33.pdf.

[84] 台湾"行政主管机关农业主管部门". 跨世纪农业建设方案（1997年07月—2000年12月）[EB/OL]. http://www.coa.gov.tw/view.php?catid=2953.

[85] 台湾"行政主管机关农业主管部门农粮局". 公粮稻谷保价收购政策[EB/OL]. http://www.afa.gov.tw/Policy_index.aspx?CatID=18. 2012-03-03.

[86] 台湾"行政主管机关农业主管部门". 农业统计年报2015年.

[87] 台湾"行政主管机关农业主管部门". 强化体制、创新价值，共创台湾全民农业新愿景[EB/OL]. http://www.coa.gov.tw/view.php?catid=2504755. 2016-05-20.

[88] 徐刚, 吴振雄. 我国农民专业合作社发展现状及对策[J]. 安徽农学通报, 2015（19）: 6-8.

[89] 徐孝林，沈晓梅. 两岸农地产权制度的演变及启示[J]. 台湾农业探索，2005（3）：13-15.

[90] 徐兆基. 海峡两岸农地制度改革比较与启示[J]. 中国农学通报，2009（9）：294-298.

[91] 许文富. 农产运销学[M]. 台北：正中书局，2004.

[92] 薛莉，任爱荣. 台湾农地政策变迁及其对农业经营模式的影响[M]//农业经济与科技发展研究 2009. 北京：中国农业出版社，2010.

[93] 亚当·斯密. 国民财富的性质和原因的研究[M]. 北京：商务印书馆，1983.

[94] 杨海军，肖灵机，邹泽清. 工业化阶段的判断标准：霍夫曼系数法的缺陷及其修正——以江西、江苏为例的分析[J]. 财经论丛，2008（2）：7-14.

[95] 杨俊亮. 台湾的农产品运销[J]. 北京市农业管理干部学院学报，1999（2）.

[96] 杨秀平，张昭. 我国农民专业合作社的发展现状、存在问题与发展趋势[J]. 农业展望，2011（8）：20-24.

[97] 杨雪. "机器换人"让蔗糖真正甜起来[N]. 农机化导报，2015-11-30.

[98] 应廉耕. 台湾省农业经济[M]. 北京：农业出版社，1983：47.

[99] 宇赟. 台湾第二次农地改革对解决大陆农业问题的启示[J]. 改革与开放，2009（12）：104-106.

[100] 周向阳，赵一夫. 台湾生鲜农产品在大陆流通的模式与创新思考[J]. 台湾农业探索，2013（5）：22-25.